AF421832

宪政中国的当代叙事

第二卷

Constitutional Narratives in Contemporary China

Volume 2

张千帆

Qianfan Zhang

博登书屋
Bouden House
New York

宪政中国的当代叙事 第二卷
Constitutional Narratives in Contemporary China (*Volume 2*)

作者：张千帆（Qianfan Zhang）

出版：博登书屋·纽约（Bouden House·New York）
邮箱：boudenhouse@gmail.com
发行：谷歌图书（电子版）、亚马逊（纸质版）
版次：2024 年 1 月 第一版 第一次印刷
字数：224 千字
定价：$38.00 美元

总　序

　　如果说八十年代总体上是中国改革的"黄金年代"，1982 年颁布的现行宪法本身就是这个年代的产物，那么从 2003 年孙志刚事件到 2012 年十八大这十年可以说是中国式维权的"黄金年代"。在这期间，由邓小平九二"南巡"开启的"中国模式"已经产生了足够严重和普遍的社会后果，社会矛盾急速积聚，而相对宽松的舆论环境尤其是互联网的发展为不满情绪提供了出气孔。也就在此之前，我刚好从南大转来北大任教，因为宪法职业使然也不由自主加入到"公知"行列。2004—13 年间，我在国内官方媒体上发表了约 300 篇针砭时弊的评论，内容全部是拿八二宪法说事儿。当然，如果舆论环境更为宽松，我可以比此高产得多，但这些已足够让人看到现行宪法和日常生活的联系。作为一个坚定的改良主义者，我一直认为宪法不能落地不代表宪法"无用"。在宪政民主实现之前，宪法固然用处不大，但正如我在一篇反驳"革命派"的评论中所说，一旦自动放弃宪法，我们将真的"一无所有"。宪政中国当下和未来的第一要务是踏踏实实地行宪，不论多么艰难乃至徒劳，而不是好高骛远的"制宪"。事实上，官方对拿宪法说事儿的恐惧本身即足以说明宪法的力量。

　　中共十八大之后，舆论空间逐步收紧，官媒上发评论越来越难，更多的文章转向《华尔街日报》中文版、FT 中文网等当时还没有"被墙"的境外媒体。即便如此，直到 2016 年，言路尚未被完全堵死。那一年，我在北大做完了最后一届"世界宪政暑期班"；连续八年，再也坚持不下去了。那一整年，官媒上我只在腾讯《大家》《南都观察》、凤凰网"大学问"发了三篇评论，但那时仍然有"三剑客""剑客会""知识分子—思考者"这样影响较大的自媒体。后来这些思想类自媒体也被封了，境外媒体则悉数被墙。如今，八二宪法已入"不惑之年"，而宪政中国的前路却变得越来越迷惑，以至于"宪政"竟成了不可言说的"敏感词"。

尽管如此，我仍然认为宪政中国的可见前景仍然是落实现行宪法，无论它具有何种缺陷——事实上，只要落实紧挨着的宪法第 34 条（选举权）、第 35 条（言论自由）、第 36 条（宗教信仰自由）即足以让中国走上宪政的康庄大道，至多加上第 33 条（人权保障、法律平等），而所有这些条款的落实最终都要靠公民自己。因此，宪法那些事还得说下去。虽然普通人往往认为"宪法不管用""宪法很遥远"，宪法其实和日常现实生活很相关。恰恰是因为宪法规定没有发挥应该发挥的作用，因而我们现实中的宪法事件尤其之多，几乎天天都有。如果你是一个有心人，每天都会发现新的值得书写的宪法素材。

事实上，素材如此之多，以至于即便在出版空间严重受限的情况下，并不高产的我近年来积累的时政评论也汇集成这里的四卷本——本来想编一套上中下就齐活，没想到竟超出了三卷本的篇幅。这样也好，言论限制毕竟只是一时的，在不远的未来肯定还有针砭时弊的机会，到时候第五卷、第六卷……再继续出下去。目前的四卷本收集了我近二十年来发表在报刊或电子媒体的数百篇评论或演讲，其宗旨只有一个，那就是从日常生活中看似不起眼的小事，探索中国宪政艰难前行的足迹。八二宪法目前还不可能在司法等制度层面上得到有效实施，但这并不等于宪法和现实生活无关；恰好相反，正是因为宪法未能彰显出正式的国家法律权威，学者才尤其需要挖掘并发扬光大宪政本身的固有精神，至少在遇到具体事件的时候替宪法说话，告诉人们宪法要求怎么做。而即便今天环境恶劣、空间逼仄，公民也没有放弃自己的宪法权利。公民为自己的基本权利抗争的事例比比皆是，2022 年末的"白纸运动"就是最有力的证明。赋予宪法生命的不是干枯抽象的条文或了无生气的程序，而是具体生动的公民行动。这部由公民行动叙写的中国宪法是值得学者言说的。

宪政中国的当代叙事至少有双重意义。一是防止健忘。因为无法依靠成型的宪政民主及时化解社会矛盾，当代中国的社会问题尤其之多，几乎每周都有人事发生。发生伊始，社会震动很大，但焦点很快转移到接踵而至的下一个公共事件；原先那件事并没有解决，却很快淡出公共视野，甚至被彻底遗忘。譬如，现在还有多少人记得 2009 年底震撼全国的唐福珍自焚事件？一个健忘的民族是没有前途的，因为它不会有长进。回顾、梳理、分析近年发生的重要宪法事件，有助于汲取教训、亡羊补牢。

二是书写当代中国的民间宪政史。2003 年"孙志刚事件"的时候，我曾提出中国宪政存在官方与民间两条路径。如今"宪政"已成敏感词，宪政的官方路径已被彻底堵死，只剩下民间路径，虽然困顿难行，却是当下中国惟一值得书写的宪政材料。四卷本所涵盖的所有宪法事例都表明，宪政不是理论家画饼充饥建起的空中楼阁，而是普通公民在行使权利的一步一个脚印中走过的荆棘路。公民的每一次亲身参与都是在为中国的宪政大厦添砖加瓦，也是宪政精神的灵光闪耀。在这个意义上，挖掘中国宪政精神的根本力量与其说是学者，不如说是公民自己。学者只是一个见证者和诠释者，一部真正的宪法是由公民用自己的维权行动写就的。

四卷本按时间顺序记述 2009—21 年前后的宪法事件及其评论，中国宪政晴雨表恰如经历了春夏秋冬四个季节。如今已然进入冬季，下一个春天也就不远了。

第二卷　序

　　本卷涵盖了 2010—12 年间关于改革方向、选举民主、公权制衡、道德信仰、死刑存废、拆迁制度改革、招生考试改革、言论与结社自由等八个方面的宪法事件。

　　进入 2010—11 年，困惑中国的老问题自然依旧存在。2009 年底唐福珍自焚视频疯传之后，网络民意波涛汹涌，废止 2001 年恶法《城市拆迁条例》的呼声不绝于耳。然而，和 2003 年"非典"期间发生孙志刚事件后，胡温新政迅速废止《城市流浪乞讨人员收容遣送办法》不同的是，取代旧拆迁条例的新办法却迟迟出不来。过了大半年，国务院的征求意见稿终于出台，但是其国家主义倾向却造成改革方案"治标不治本"。在此期间，我和腾讯合作，对拆迁制度改革征求网络民意，并主持北京大学人大议会研究中心召开多次研讨会，对国务院草案提出修改意见。同时，我的关注焦点开始转向问题更大的农村土地制度改革。土地公有制可以说是"中国模式"的核心，掌握着近三十年"高速发展"的命门，其改革绝非一朝一夕所能实现。作为学者，我更在意的是对土地制度改革这个复杂问题形成自己的法理思路，为未来的改革做好学理准备。

　　2010 年初，学者联名要求大学招生改革后，正好许志永团队也联络了一群要求随迁子女"异地高考"的非京籍家长，考试公平自然就成了我的一个关注重点。我们很快联手，他主要负责组织社会运动，我主要负责总结随迁子女家长诉求，形成和提出改革方案。知行合一，当下阶段行动显然比求知更难、风险更大。虽然改革方案很快形成，家长也多次向教育部门提议，并通过媒体报道产生了较大压力，招生考试和拆迁制度一样，都涉及庞大的既得利益，推动改革举步维艰。"异地高考"不仅触动官员利益，而且也动了京沪

"土著"的奶酪，更增加了改革难度与复杂性。

2011 年，不同层级的地方人大开始选举，多地出现了"独立候选人"现象，知名大 V 李承鹏等人一度参选。我记得卡特中心的刘亚伟先生组织了一次研讨会，政法大学的吴丹红（网名吴法天）也参加并表示愿意竞选人大代表。虽然当时外界对他已有非议，我在会上还是肯定了他的诉求。候选人是一切选举的核心，任何有意义的选举都从候选人的自由产生开始，因而独立参选意义重大。但也正因为意义重大，所以很容易被视为"洪水猛兽"，独立参选很快被叫停。

1989 年试验村民自治，村委会选举还有点意义，但二十多年过去也开始走下坡路。2010 年，人大法工委为修改村委会组织法组织专家研讨，主题之一是将村委会任期从 3 年延长至 5 年。会前，公民维权人士熊伟向我强调了延长任期的弊端，我认为颇有说服力。研讨会上，我明确反对延长村委会任期，后来在《新京报》发表评论，引起了一定的社会关注。部分出于这个原因，这次的村委会组织法修改没有延长任期，但法工委再也不找我开会了。2018 年底，村委会组织法再次修改，任期也"顺利"延长至 5 年。之后更是强调村主任和村支书"双肩挑"，村民自治也就名存实亡了。

没有选举民主，问题自然层出不穷。从人大预算无人监督、市政建设成为领导"拍脑袋"决定的形象工程到"三公"消费、政府在国外"乱撒币"，一切都显得那么见怪不怪。在自上而下的非选举体制下，中国特色的上访制度当然解决不了什么实质性问题，"接访"变味为"截访"也很正常，老上访户被关进"黑监狱"，"收容遣送"死灰复燃……没有民主，就不会有实质意义的法治。不受选票制约的政府也不会尊重法律的制约，更不会为司法保留独立空间。近年来，中国自由派经常争论"民主优先"还是"法治优先"。对于这两个紧密关联的概念，这个问题基本上是伪问题。鉴于"法治国家"概念自 2004 年即已入宪而至今原地徘徊，我认为目前的当务之急是基层选举。

　　2011 年 10 月发生的小悦悦事件也说明了另一个层次的问题，即无论是推进民主还是法治都离不开必要的道德动力。一个只顾自己眼前利益的民族必然会深陷于各种"囚徒困境"之中，无法形成对于社会合作而言必要的集体行动。毋庸置疑，信仰与言论自由之缺席造成国民的道德信念偏低，遇事不敢出头维护自己的合法权利，由此引发悦悦之死、环境污染、黑砖窑奴工等各种物质危机。中国的法治进步需要国民的道德勇气，复兴孔孟传统道德不失为提升民族道德信念的一种途径。但复兴传统显然不等于回归"独尊儒术"，真正的信仰只有在信仰自由的体制下才能形成。事实上，没有信仰与言论自由，赞美圣人的电影也显得庸俗乏味。

　　2012 年初，吴英案将死刑存废问题带入到中国的公共视野。此前，药家鑫案已经在国内引起了激烈争议，我因无暇参与而未发表评论。之后，他年仅 21 岁即被执行死刑，令我颇为自责。其实当时双方胶着，药案翻盘不是没有可能的。如果说药家鑫实施了行为犯罪，吴英的"非法集资"则是典型的非暴力经济犯罪。但是在"仇富""仇官"心理十分强烈的中国社会，经济犯罪能否"免死"？这个问题争议很大。我主张废除死刑从非暴力犯罪做起，被不少人解读为替贪官提供"免死金牌"。吴英当时已被判处死刑，但是在经济学界和法学界同情者居多。好几个研讨会和媒体报道都对她有利，终审终于改判死缓。

　　进入 2015 年，贾敬龙案的死刑判决再次引发争议，但和富豪与贪官不同，贾敬龙是因为遭遇拆迁不公而暴力杀官的"英雄"。我关注他的时候，已经终审判决，进入最高法院死刑复核。记得某天晚上写了段话发不出去，于是发了微信截图。经贺卫方教授评论转发后，成为舆论热点。一时间，反对死刑判决的民意汹涌，贾案颇有反转之势。一位律师乐观地认为，判决应该没有悬念了。我提醒她，这个国家的事情不到出结果是不能定论的。等到最高法院组织刑法学者参与"论证""座谈"，我知道贾案凶多吉少。果然，贾敬龙最后还是被执行了死刑。

　　言论自由是个老话题，每年都少不了。2010 年的特点是发生了深圳富士康十连跳事件，折射出青年工人劳动强度大、心理压力重、缺乏友情关怀等恶劣的工作条件。如果宪法第 35 条规定的结社自由得到实施，工人能选出代表自己利益的工会，这样的恶性事件就不会发生。不仅人民生活会变得更加幸福，社会也会更加稳定。2011 年 11 月底，放宽结社这样的文章还能在《南方都市报》刊登出来，令人有恍若隔世之感。

目　　录

壹、改革方向与动力

如何让改革越改越好，而不是越改越糟？"正确答案"当然就是"宪政民主"。不少中国自由派不认可 1982 年宪法，我认为这种态度是偏颇的。尽管现行宪法有诸多瑕疵，但它总体上是一部"良法"，看看第 33—36 条就知道了。只要实施其中任何一条，中国社会马上就不一样。

事实上，鉴别良法恶法的一个简单方法就是看它是否得到实施。假如宪法是一部恶法，为什么政府还那么害怕宪政呢？宪政不是别的，就是实施宪法。既然宪法对党和政府有利，那为什么不赶紧大力实施呢？！套用相声演员于谦的话说，他不实施，咱得实施呀！

对于人民来说，改革方向应当由宪法来决定。符合宪法的改革就是"改良"，违背宪法的改革就是"改恶"。宪法规定了选举、言论自由、信仰自由，好的改革不能违背这些基本原则。要让改革越改越好，就得落实宪法的这些基本原则。

实施宪法靠谁？那得看宪法对谁有利。宪法对官员有利，他们自己就会迫不及待地落实宪法，就如同他们雷厉风行地落实征地、拆迁一样。他们对宪法避之唯恐不及，就表明宪法对人民有利，落实宪法也只有靠人民自己。

人民要落实宪法，就得积极行使宪法规定的选举权、言论自由、信仰自由等诸多基本权利。指望政府帮你落实这些权利，当然是与虎谋皮。人民践行基本自由确实有风险，但不践行的风险更大，因为不能用制度维权，就只能"身体维权"；但那样的话，"截访""黑监狱"乃至精神病院，总有一款适合你……

如何让改革越改越好

改革开放以来，中国取得了令人瞩目的经济与法治成就，不仅经济迅速增长、基础设施得到大规模修建、人民收入与消费水平不断提高，而且立法体系初步形成、法治理念深入人心。然而，尤其是近年来，改革也呈现出不少问题，甚至某些成就本身就是产生问题的原因。虽然经济总量增长快，但是人民幸福指数并没有显著提高；社会资源、收入与机会的分配仍然存在巨大不公，收入增长远远赶不上物价上涨，畸高房价产生了众多"房奴""蚁族"，众多家庭仍然被房子、教育、医疗"三座大山"压得难以喘息，滥征强拆造成了众多冲突和悲剧，成为中国社会不安定和不安全的巨大隐患，重复建设、资源浪费和环境污染的势头未得到有效遏制，可持续发展的前景面临严峻挑战。更重要的是，虽然法律体系初步形成，不少立法规定了保障人民权利的先进理念，但是这些法律难以得到有效落实，行政权力尚未受到有效约束，司法不公现象普遍存在，以至公权滥用和贪污腐败日趋严重；司法改革开始满怀希望，十余年后却走到了方向不明的十字路口；个别法律修改不但没有进步，反而发生倒退……所有这一切都令人对改革的风向忧心忡忡。未来改革之路怎么走、如何保证改革越改越好而非越改越糟，确实是整个中国社会面临的根本问题。

这里首先需要澄清的是，什么是改革的"好"或"糟"？这个问题不难回答，因为任何合法的政府措施都必须以人民利益为目标，因而一项改革的"好"就好在其促进人民的利益，而所谓"糟"即意味着损害人民的利益。问题在于，什么决定了改革的"好"或"糟"？由于任何人都主要是理性自私的，官员有官员的理性，百姓有百姓的理性，任何理性人都首先会做对自己有利的事，因而谁是改革的主导者，改革就对谁有利。人民主导改革，改革就对人民有利；官员主导改革，改革就对官员更有利。因此，要让改革对人民有利，人民必须成为改革的主导者，至少是参与者。只有在人民的主导和参与下，改革才能越改越好；反之，如果官员主导了改革，人民不能通过宪法制度有效防止官员滥用公权和贪污腐败，那么就难免官员利用改革为自己谋利，而这样的改革只能越改越糟。

然而，1990 年代以来的改革恰恰是由政府主导的。1993 年起实行的干部考核体制将官员命运和改革力度巧妙结合起来，地方 GDP 成了评价官员政绩的主要标准。地方领导要想升迁，至少得在 GDP 数字上过得去。当然，作为客观经济数据，GDP 确实和地区经济发达程度及人民生活水平相关，但是一旦成为中央衡量各级官员政绩的主要标准，GDP 增长不仅未必等同于社会财富增长，而且可能成为社会畸形发展的代名词，进而蜕变成各级官员为自己谋利的工具。在经济发展成为"硬道理"的大前提下，各级干部都把拉动本地经济发展当作首要任务，想方设法、不择手段提升本地 GDP 数字，而 GDP 增长的窍门除了招商引资之外，就是农村城市化和城市改造。无论是建水库、架桥、修路、造房或把旧房换新房，还是把附加值较低的农业变成工商业，都能给地方 GDP 加分，而中国农村足够大、城市建筑质量不够高，似乎永远都能为各地政府提供滥征乱拆的工地。在无所不在的 GDP 思维驱使下，各地政府大肆征地拆迁，美其名曰"发展"，实质则是扰乱社会正常生活秩序和经济自由发展规律，结果不仅造成环境恶化、资源浪费乃至枯竭，而且因为滥征乱拆、克扣补偿而产生大批失地农民、城市"钉子户"和未安置移民，由此引发大量"上访"和群体性冲突。GDP 思维表面上看是重视社会发展，实际上由此带来的盲目"发展"和公权滥用是中国社会稳定的最大威胁。

从这个角度看，2001 年施行的《城市房屋拆迁管理条例》就是一次缺乏人民参与下发生的制度倒退；它在没有广泛征求民意的情况下，将原先的实物补偿改为货币补偿，取消了先安置、后拆迁的原则，并授予地方政府和开发商不受控制的征地拆迁权力，形成了根深蒂固、难以撼动的地方既得利益堡垒，同时造成全国成千上万唐福珍式的个人悲剧和群体冲突。这些冲突和悲剧充分验证了一条简单道理：一旦人民缺位，那么改革必然停滞甚至发生倒退。

在没有人民参与的政府主导下，即便良好的制度改革也会变形。1994 年的分税制改革被普遍认为是对中国税制的重要完善，有人甚至将其誉为中国的"财政联邦主义"。但是分税制不仅没有像通常的财政联邦主义那样强化地方自治，反而一举扭转了国家财政总收入占 GDP 比例以及中央财政占总财政比例逐年下降的双重趋势，开启了这两个比例逐年上升的"国进民退"时代，成为强化中央财政和国家作用的制度基础。直到 2009 年底发生唐福珍事件，随着强制征收和拆迁造成的社会悲剧愈演愈烈，城市拆迁条例和《土地管理法》的修改先后提上议事日程，我们才体会到"土地财政"的祸根早在 1994 年即已埋下。这次良性的税制改革造成了不少地方入不敷出的分配后果，促使地方政府以"发展"的名义通过征地拆迁、压低补偿等途径再次向人民伸手。

事实上，如果没有人民参与，整个公共财政必然沦为政府官员的私人"小金库"。无论税收在中央和地方各级如何分配，中国各级政府的财政总收入即使和发达国家相比也不算低，更不用说除了财政预算之外政府还有各种名目的收费，但是这笔高达数万亿元的资金用到哪里去了呢？这是一个比中央与地方财政收入分配更为严重的问题。我们看到，政府该投入的社会保障、医疗保险、义务教育、生产安全、环境保护、食品卫生等民生亟需的诸多领域远没有达到适当投入，大量资金却流向了"维稳""三公"消费、豪华办公楼乃至官员个人灰色收入等制度缺陷本身造成的问题"黑洞"。即便对于公开的财政预算和开支，也很难弄清那些粗线条的数字究竟意味着什么——医疗开支是用在了缓解看不起病的农民们的疾苦，还是用在了离休干部疗养上面？政府财政支持的经济适用房是帮助了城市低收入家庭，还只是为特权阶层获得二套甚至多套房产提供了方便？在财政预算不受人民有效监督的情况下，取之于民的税钱自然不会用之于民。人民为国家财政付出了成本，但是并没有尝到充分的好处；在退休、下岗、看病（有时是"结石奶粉"、艾滋输血或环境污染致病）、为子女教育缴纳学费的时候，他们不得不再次透支在还贷和通胀后所剩无几的积蓄。

如果经济改革造成的盲目发展、社会不公或资源浪费会使我们失去和谐生存的物质环境，那么教育改革的退步会使我们失去这个国家的精神和希望。作为计划经济思维的"最后堡垒"，中国教育体制更让我们看到一幅越改越糟的直观图景。不仅基础教育水平在全国各地千差万别，尤其是在城乡之间天壤之别，广大民工子女也无法和城里的孩子分享同等质量的义务教育，而且大学招生地域歧视使高等教育机会本来就极其稀缺的许多欠发达地区雪上加霜。由于国立名牌大学人都集中在京沪等大城市，而这些大学一直对本省市考生实行特殊录取标准，其录取本地考生的比例比外地高几十倍甚至数百倍。由于农业比重高、考生基数大的省份是首当其冲的地域歧视受害者，而这些地区吸收本地考生的高等教育资源尤其稀少，知名大学农村学生数量连年下滑便成了自然现象。2002 年以来，一些发达省市开始实行"自主命题"，名义上是为了高考地方"多元化"，实际上是为差别录取设置"障眼法"，使全国考试失去统一衡量标准。近年来，某些重点大学也是以"多元化"改革的名义实行"自主招生"，但是在地域歧视的招生考试体制下，所谓的"自主招生"只能加剧地域歧视乃至本地不同高中之间的歧视。既然全国失去统一衡量标准，地域歧视、"高考移民"以及特权阶层加分舞弊等乱象愈演愈烈，而究其根本原因，仍然是深受歧视之害的全国人民不能有效参与招生考试制度改革。一旦人民缺位，改革必然倒退。

由此可见，凡是进步的改革都离不开人民的有效参与。事实上，1978 年启动的经济改革本身充分证明了这一点。众所周知，农村承包制改革不是由政府发明的，而是由安徽小岗村的 18 户村民自愿签约发起的。当然，当时的中央和地方领导人审时度势，从十一届三中全会开始全面推行承包制改革，但是小岗经验表明这种改革至少反映了民意并获得了广大农民的默许。虽然三十年后来看，承包制改革也产生了农地细碎化等技术问题，但是这次改革对于解放亿万农民、激发农业生产积极性乃至解除中国粮食危机显然功不可没。这场改革之所以取得如此伟大的成就，正因为它在本质上是由人民发动并体现人民意志的。

近二十年来，少数地方的公民积极要求参与影响地方民生的重大决策，促成了官民良性对话并取得了良好效果。2007 年夏天，厦门市民通过手机短信相约在市政府门前"集体散步"，反对市政府在中心地区筹建 PX 化工厂，最终促使市政府改变决定；数月之后，上海市民针对可能产生电磁波污染的磁悬浮列车工程诉诸类似行动，并成功促使市政府中止工程计划；2009 年，广州居民到市政府抗议在番禺区建造垃圾焚烧厂的市政计划，并提出垃圾处理的替代方案，市政府最后公开表示愿意考虑多数民意支持的替代方案。在所有这些事件中，政府对民意的尊重多少是被"逼"出来的，而事后都应该庆幸事件的圆满结局；虽然官民对话乃至对峙看上去有点"不和谐"，但是总比自焚、群体暴力冲突、大规模上访或事故发生后被迫"引咎辞职"和谐得多。

然而，在更多的地方，公民主动参与的动力和压力都还远远不够，以至地方官员在决策过程中依然我行我素、独来独往、闭门造车；如此在政府主导下形成并强力推行的政策自然未必符合多数民意，而更可能满足官员自己和少数特权集团的利益。这样的改革之所以不仅没有越改越好，反而越改越糟，以至最后闹得民怨沸腾、悲剧丛生、冲突四起，实在是改革的性质本身就已先天决定的。

要使中国今后的改革越改越好，人民必须能有效参与改革进程。要让人民参与，首先要让人民讲话；无论官员是否爱听的话，都得让人民说出来。否则，人民如何表达民意？执政者又如何了解真正的民意？因此，要让人民畅所欲言，首先要尊重人民受宪法第 35 条保障的各种言论自由。其次，还要通过各种渠道保证民意受到政府的重视。当前，要做到这一点更难，因为各级人大的选举和运行尚不规范，各级官员都唯上不唯下。尽管如此，中央也还是可以采取诸多措施促进公民参与，至少应废除造成中国社会非正常发展的 GDP 考核制度。即便仍然维持自上而下的政绩考核体制，也应该从考核指标中删除"地方GDP"这个中国发明的概念，并让当地人民的实际收入和满意程度发挥更大的作用。

让宪法指引改革方向

2011 年 6 月 27 日，总理温家宝在英国皇家学会讲话，满怀信心地宣布"未来的中国，将是一个充分实现民主法治、公平正义的国家"，同时坦率承认"目前中国社会还存在着贪污腐败、分配不公以及损害人民群众权益的种种弊端"，而解决这些问题的根本途径是"坚定不移地推进政治体制改革"，建设"民主法治国家"。总结温家宝的讲话，未来中国的改革应体现三大价值取向：民主、法治、人权。其实这些基本取向不仅反映了各文明国家共享的"普世价值"，也是中国 1982 年宪法确立的基本价值与制度。只要认真对待宪法，将宪法规定落到实处，贪污腐败、分配不公等困扰中国社会的种种问题自然会迎刃而解，"民主法治、公平正义的国家"也将水到渠成。

众所周知，1982 年宪法第 2 条明确规定："一切权力属于人民"，人民通过全国及地方各级人大行使国家权力。由此可见，人大制度是中国作为民主国体的基础，也是国家理性发展、长治久安的基本保障。如果人大制度出了问题，或人大选举不够规范，或人大代表不能有效履行职责，那么法律政策就不能充分体现民意，政府权力就得不到人民的有效约束，侵犯民权、贪污腐败、官商勾结、分配不公等各种问题也就必然层出不穷。不能不承认的是，虽然中国近年来在政府预算和政务公开、听证制度等方面有诸多可圈可点之处，但是这些改革都局限于行政性质，未能触及国家政治生活的根本层面，人民的参政议政权利仍有待进一步保障。

最根本的是，由于人大制度长期没有受到应有重视，各级人大对于政策制定、官员任免、预算监督等本职工作未能独立发挥有效作用，人大代表本身也未能受到选民的有效监督。自下而上民主渠道不通，则自上而下集权官僚之风盛行；如此不仅不能控制官员违法腐败，也不能保障人民基本权利。要解决所有这些体制问题，起点在于落实基层人大选举。2011年拉开了新一届县乡人大选举的序幕，各地选民的参选情绪相当积极。这是一个值得珍惜的良好开端，中央宜出台相关政策保障选民参政议政的权利，尤其要防止各地政府对竞选活动的不正当压制。如果基层人大能够真正代表老百姓的利益，那么绝大多数的地方问题都能在地方获得解决，群体性冲突和上访事件将大大减少，中央以及各级政府的维稳压力将大大减轻，中国的人权与法治状况也将获得极大改善。

法治国家与人权保障早已成为中国社会的普遍共识，并通过宪法修正案相继入宪，成为中国宪法基本原则。然而，虽然中国特色的立法体系已经形成，不可否认的是社会现实离法治国家的理念仍然相距甚远，尤其是政府违法、公权滥用、侵犯民权的现象仍然相当普遍。虽然尊重与保障人权、私人财产和征收补偿等概念已经入宪，但是由于缺乏人权保障的有效机制，人民权利屡屡受到公权侵犯，却得不到适当救济，进而造成大规模上访和群体性冲突，严重影响了人民幸福和社会稳定。由此可见，如果宪法原则得不到落实，改革未必会越改越好。

要让改革越改越好、让中国式发展走上正常轨道，关键在于落实现行宪法，尤其是其中规定的民主、法治和人权保障原则。目前，宪法实施尚缺乏有效机制，宪法争议得不到及时有效的解决，公权力违宪的现象得不到及时有效的纠正，致使宪法未能彰显"最高的法律效力"。要像温家宝讲话所说的那样"充分实现民主法治、公平正义"，当务之急在于建立更有效的宪法实施机制，让宪法和普通法律一样走进平民百姓的日常生活。只有这样，才能保证改革沿着宪法指定的方向进行下去。

从"身体维权"到制度维权

自 2009 年底发生的唐福珍事件以来，各地强制征收和拆迁行为引发的自焚事件可谓此起彼伏。9 月 10 日，江西抚州宜黄县凤冈镇的强制拆迁又导致三人自焚。记得十几年前有农民工因讨不着工资而跳楼，很快引发农民工的"跳楼热"，如今偶尔仍有所闻，因为只有通过这种极端方式才可能吸引媒体和社会关注。唐福珍事件又产生了被征地者或被拆迁户的"自焚热"，同样是因为制度内维权之路走不通，因而这些弱势群体只有依靠制度外的"身体维权"。无论是自焚还是跳楼，都是"身体维权"的一种消极方式。对于绝大多数没钱没势的平民百姓来说，制度是保护生命、自由、财产不受侵犯和伤害的外壳；当这层外壳形同虚设、失去作用的时候，我们剩下的就只有身体了，"身体维权"就是在弱势群体被逼迫到走投无路的境地时不得不采取的激愤之举。只要还有其它路可走，无论是农民工还是被拆迁户都不会选择这条不归路。当前各地频发的"身体维权"以及各种威胁"稳定"的群体性冲突，归根结底都是制度维权失效的直接后果。

制度维权失效当然不是独特的当代现象，而是中国数千年专制造就的一贯传统。早在《尚书》就有记载，传说中的暴君夏桀曾大言不惭地说："天之有日，犹吾之有民。日有亡乎？"意思是我的统治就好比天上的太阳，难道太阳还会灭亡吗？后来商汤率兵攻打夏国，不愿替夏王卖命抵抗的夏邑百姓说："时日曷丧？予及汝皆亡。"意思是这个太阳什么时候才灭亡啊？我们巴不得早一点和你一起死呢。由此可见，传统中国的老百姓对于暴君是一点都没折，只有等他自然灭亡之后才能获得解放，而往往暴君的胡作非为早已使家国破败，最后确实只有和暴君同归于尽了。《老子》也说过："民不畏死，奈何以死惧之。"可见即便在那个人烟相对稀少、老百姓至少还能遁入深山老林的年代，社会矛盾和压迫已时而积聚到白热化的程度，以至人民动不动就抱定"要钱没有，要命一条"的想法。当然，实在走投无路，也会发生"逼上梁山"、揭竿而起，成功的农民起义甚至能实现改朝换代，从而形成中国朝代的周期性大动荡和大更迭。但是在平时，专制统治早已扼杀了老百姓的反抗精神，更没有为制度维权提供任何余地，以至百姓有冤情只能指望通过"上访"等途径遇到"包青天"这样的清官为自己做主，否则就永无出头之日。

在任何国家，政府和人民永远是一个钱币的两面。专制国家的臣民在长期压抑下泯灭了主动维权的意识、热情和诉求，把希望完全寄托在统治者的恩赐和清廉之上，而专制统治也正是建立在一群忍气吞声、被动依赖、至多消极自戕的顺民人格基础上。反之，民主国家的公民则是一个积极向上、主动维权的群体；他们通过亲自参与制度设计，让宪法充分保障公民的选举权、言论自由等基本权利，及时反映民情、疾苦并从源头上控制政府官员的滥用公权和贪污腐败，而政府也在制度约束下主动或被动地选择顺应民意。在制度外层的有效保护下，诸如土地财政、补偿不公、强拆强迁等造成社会悲剧的制度性缺陷根本不会发生，社会自然也就不会发展到人民不得不诉诸"身体维权"的地步了。只有从"身体维权"过渡到制度维权，中国才能从根本上杜绝拆迁自焚等愈演愈烈的社会悲剧。

要完成这个过渡，政府和人民需要实现双重转变：人民首先要有制度维权的明确诉求，民意关注的焦点必须从具体问题上升到制度层次，获得民意广泛支持的制度、程序或原则应成为宪法的一部分；面对民意压力，政府要有诚意落实宪法规定的制度，从而使制度维权成为可能。然而，在一个专制传统的国家，双重转变恰恰是相互制约的难点。一方面，由于宪法停留在纸面上，制度实际上不存在，人民无法通过制度维护自己的权利，因而也缺乏制度维权的习惯、热情、动力和勇气；另一反面，在缺乏民意压力的状态下，受制于既得利益障碍的政府根本没有主动转变的动力，乐得让制度成为有名无实的空架子。既然制度维权在本质上是为了维护人民的权利，转变的根本动力还是在于人民。当然，在制度失效、公民社会也不健全的情况下，人民的集体行动是极其困难的，但是中国似乎没有别的选择；要维护人民的利益，人民自己还得行动起来，克服专制社会下的臣民心态，培养民主社会的公民精神，做自己命运的主人。

要从"身体维权"走向制度维权，人民自己需要从臣民转变为公民。但是当前，人民遇到冤屈大都通过上访等传统解决途径，问题解决不了则只有采取自我伤害的不理智行为，或诉诸"土炮抗法"等暴力抵制手段，而看不到通过积极的公共参与改变政府决策甚至政府构成的希望。如何在制度失效的环境下实现公民人格的转变，进而在公民社会基础上推动制度建设，将是转型中国面临的最根本难题。

为良性地方竞争创造制度环境

1978 年，安徽小岗村启动了中国农村改革。五年之内，在中央大力推广下，小岗村民的包产到户成为风靡全国各地的"家庭联产承包责任制"。事后看来，小岗模式其实是中国的一次地方制度试验。包产到户犹如一颗死而复生的新苗，直接挑战了禁锢数亿农民的"人民公社"制度。两种制度对垒的结果高下立见，无论从农民的拥护程度、生产积极性还是社会效益来看，小岗模式都大获全胜；"人民公社"剩下河南南街村等寥寥无几的"遗老遗少"，也只是靠中央输血才得以维持虚假繁荣。小岗村的启示在于，只要维持基本公平和自由的竞争秩序，地方试验往往能产生最好的制度。事实上，各地都可以推出自己认为最好的制度，从而在全国范围内形成一个"制度市场"。譬如重庆可以推出"重庆模式"，广东可以推出"广东模式"，而究竟哪个更好，需要在一个公平竞争的环境下由全国人民来评价。就和商品市场有能力拣选性价比最高的商品一样，制度市场也有大浪淘沙的能力，把坏制度淘汰掉，把好制度留下来。

然而，要让制度市场真正发挥作用，国家制度框架本身必须符合三个条件。首先，必须广开言路，并从制度上保证宪法第 35 条规定的言论自由。地方模式的公平竞争意味着公正评价，而公正评价首先是建立在基本知情的基础上。如果连地方模式的真实效果都不知道，谈何公正评价？重庆"唱红打黑"以来，重庆市民似乎热情高昂，有的法学家据此评论"人民也会堕落"。作为大街上的普通男女，人民当然可能"堕落"，问题在于人民为什么会堕落？究竟是什么造成他们堕落？在重庆人民穿着专门制作的制服兴高采烈"唱红"的时候，他们是否知道自己为此付出的代价？当全国不少人为李庄案"打黑"喝彩的时候，他们是否知道法庭审判背后的"内幕"？

如果人民只是一群"不明真相的群众"，那么他们基于虚假信息做出的判断必然是扭曲的、"堕落"的、"离谱"的，但是问题的根本显然不在于"人民"，而在于不让人民知道真相的制度。因此，要形成地方模式的公平竞争，政府首先不得压制、控制或扭曲言论，就和政府不得通过指令干预市场、保护某些企业、歧视其它企业一样，否则所谓的"市场"必然是变相的国家垄断。

其次，在言论自由和基本知情的基础上，人民应被赋予自由选择的权利，尤其是通过宪法第 34 条规定的选举权促使地方模式选择符合地方多数民意。假如"重庆模式"实行充分的信息公开，尤其是财政与司法信息公开，重庆市民在知道自己的付出并做出机会成本判断（譬如制作制服的经费可以用于医疗、社保或义务教育）之后，仍然拥护"唱红打黑"的现有模式，那么这完全是他们的自主决定权。当然，如果"唱红"费用其实是来自于中央某部的转移支付，重庆市民实际上是在不亦乐乎地花全国人民的钱，那么全国各地的纳税人都有必要反思这种模式的合理性。事实上，由于地方模式首先对地方人民产生后果，因而在绝大多数情况下地方"人民的眼睛是雪亮"的，完全可以对当地实行的政策做出明智判断。如果地方选民被赋予自主决定权，那么许多地方农民"被上楼"等变相剥夺农民权利的土地制度"改革"根本不可能存在；只要多数农民的选举权和发言权对当地官员发挥一点作用，就没有人敢公然制定侵犯农民利益的政策，更不用说在全国各地蔚然成风。相反，有口皆碑的"成都模式"则不仅会受到当地农民的强烈拥护，而且也会自动得到各地纷纷效仿。

最后，地方制度竞争还需要在基本公正与法治的秩序下展开。有些地方改革虽然增进了多数人民的利益，却可能侵犯少数人的合法权益。如果改革在总体上得大于失，且没有更好的替代模式，这样的改革仍然可以推进，但是必须赋予因此而受损的群体适当补救，允许他们通过法律机制维护自己的权利。一个突出的例子是农村城市化必须建立在民主和法治基础上，赋予失地农民公正而充分的补偿，让他们公平分享发展的成果，至少做到任何人的基本生计不会因为"发展"而受到损害。如果能做到这一点，全国各地的"血拆"、上访乃至暴力冲突将自动消失，中国的农村改革和城市发展将从此走上理性轨道。

只要符合自由、民主与法治的基本原则，良性的地方制度竞争与相互借鉴效仿将自动开展，而不需要中央直接出面推行。可惜的是，由于采取中央集权模式，像小岗村这样成功的制度试验在中国并不常见。当然，中央也清楚知道，对于这样一个庞然大国，不可能所有政令都一律来自中央，否则必然回到计划经济的万马齐喑局面。另外，在实施效果未知的情况下，贸然在全国推行一项政策会产生极大风险，"大跃进"造成的悲剧可谓殷鉴不远。因此，中央在诸多领域推行"试点"，但是这些试点一般局限于技术政策层面，而且中央指导作用过大，地方自主创新动力不足。更重要的是，一部单一制宪法往往对涉及地方自主决定的事宜规定过多，从而束缚地方创新的手脚。虽然宪法第 3 条规定了"在中央的统一领导下，充分发挥地方的主动性、积极性的原则"，但是并没有规定适当界定中央与地方职能的合理机制，因而在实践过程中"统一领导"往往压倒了地方"主动性、积极性"。譬如在上一届选举中，有些地方尝试乡镇长直选试验，最后被全国人大叫停；2011 年，四川罗江县尝试人大代表工作室，也很快受到上级干预。

其实，按照以上三大原则衡量，这些地方试验并无不妥之处，因而上级干预是不必要的。中央需要做的不是通过行政命令直接干预，而恰恰是通过法律机制保证地方试验符合自由、民主与法治原则，从而为良性的地方模式竞争创造并维护制度环境。只有这样，中国改革才能续写小岗传奇。

GDP 思维是"维稳"最大障碍

2010 年 9 月 10 日，江西抚州宜黄县凤冈镇的强制拆迁导致三人自焚受伤。事实上，自 2009 年底发生的唐福珍事件以来，各地强制征收和拆迁行为引发的自焚事件早已不是什么新鲜事，由此引起的其它暴力冲突和社会悲剧更是此起彼伏。如今，强制征地和拆迁已成为"上访"和群体性事件的首要原因，也是威胁中国社会稳定的最大因素。近年来，各地"维稳"成本越来越高，"维稳"总开支已经赶上了国防预算，而实现"维稳"却越来越艰难和遥远。其中原因并不难找：只要各地政府仍然为了政绩大兴土木、滥征乱拆，那么中国社会就不可能稳定和安宁。

各级政府之所以如此热衷于征收和拆迁，除了"土地财政"和各类开发项目提供的寻租空间之外，一个最大的诱因是 GDP 主导的政绩标准。在民主与法治国家，老百姓首先看重自己口袋里的钱包，GDP 增长并不是衡量政府政绩的主要标准，"地方 GDP"更是一个不存在的概念。但是在我们这里，至少从 1993 年实行干部考核体制以来，地方 GDP 成了评价政绩的主要标准。地方领导要想升迁，至少得在 GDP 数字上过得去。在"经济发展是硬道理"的大前提下，各级干部都把拉动本地经济发展当作首要任务，想方设法、不择手段提升本地 GDP 数字，而 GDP 增长的窍门除了招商引资之外，就是农村城市化和城市改造。无论是建水库、架桥、修路、造房或把旧房换新房，还是把附加值较低的农业变成工商业，都能给地方 GDP 加分，而中国农村足够大、城市建筑质量不够高，似乎永远都能为各地政府提供滥征乱拆的工地。

在无所不在的 GDP 思维驱使下，各地政府大肆征地拆迁，美其名曰"发展"，实质则是扰乱社会正常生活秩序和经济自由发展规律，结果不仅造成环境恶化、资源浪费乃至枯竭，而且因为滥征乱拆、克扣补偿而产生大批失地农民、城市"钉子户"和未安置移民，由此引发大量"上访"和群体性冲突。GDP 思维表面上看是重视社会发展，实际上由此带来的盲目"发展"和公权滥用是中国社会稳定的最大威胁。

中国的广大农村和城市确实需要发展，但绝不是在危害中国环境资源、个人幸福和社会稳定的 GDP 思维牵引之下。无论是农村城市化还是城市居住质量的改善，都完全可以通过人民之间自愿交易的市场行为来实现；政府的主要任务则不是主动介入经济发展并拉动 GDP 增长，而恰恰是保护环境、限制开发、维持安全与健康，并为市场经济的自由发展提供有效的法治秩序。只要保证一方水土平安，只要当地穷人有饭吃、儿童有学上、老人有保障、病人有医疗，他就是一个十分称职的地方官。我们有什么理由不满足于一个更为消极自律的政府呢？

"解铃还须系铃人。"要革除危害社会稳定的 GDP 思维，中央有必要改革官员考核体制，取消 GDP 作为地方官员的政绩指标。只要 GDP 思维一日不除，"维稳"的结果只能是越维越不稳。

终结"截访"须改政绩体制

据 2010 年报道，北京安元鼎保安公司与地方政府签订协议并收取佣金，在京设立多处"黑监狱"，专门用于关押并押送到京上访者。这种"公权外包"或公权私用的做法当然是对公民人身自由的严重侵犯，也严重违背了《立法法》第八条的规定：凡是涉及"限制人身自由的强制措施和处罚"，都只有全国人大或常委会的法律才能规定，而国家法律显然没有授权各地屡屡发生的"截访"，更不可能授权地方政府将限制人身自由的公权力"转包"给私人行使。没有任何正当法律授权却每天在从事绑架、拘禁和押送公民的严重违法行为，这样的私人"公司"只能被定性为黑社会组织；地方政府和黑社会组织沆瀣一气，委托授权其行使地方原本就不能合法行使的公权力，只能被定性为黑白勾结，其后果是十分深远和可怕的。

自人类有国家以来，政府的一个核心职能就是垄断暴力的合法行使；之所以如此，是因为法治国家的政府受法律控制，在行使暴力过程中必须遵守法律规定的程序和实体义务，从而能保证政府不会任意滥用公权并侵犯人民的基本权利和自由。如果纵容地方政府动用私人力量镇压上访，无异于完全规避国家法律对公权力的程序和实体限制，让一群私人超越法律之上对另一群私人公民行使暴力，不仅使公民基本自由面临任意私权侵犯的巨大风险，而且也放弃了本来只有国家才能履行的核心职能，最后必然是国将不国、公权横行、私权泛滥。

当然，即便没有发生公权私用，压制上访也同样是没有获得法律授权的违法行为；不论《信访条例》是否有权界定合法与违法上访行为，作为国务院制定的条例都无法授权任何地方政府限制上访人员的人身自由。各地"截访"所伴随的非法拘禁、虐待、强制参加各种"学习班"，并将不听劝阻的老上访户劳教、判刑甚至送进精神病院等行为，更是无法无天的公权滥用。长期以来，"截访"职能主要由地方政府驻京办履行。2010 年 7 月，国务院撤销了 146 家地方政府职能部门的驻京办和 436 家县级政府驻京办，但讽刺的是，正是地方驻京办的撤销成就了安元鼎之流的财路，因为"撤掉了驻京办，撤不掉驻京办的需求"，而安元鼎提供的"服务"恰恰满足了这种"需求"。一些地方驻京办撤销后，各地政府驻京工作组主要采取三种方式处理上访人员，或自己租用房屋或宾馆设置临时劝返分流点，或雇用安元鼎这样的专业保安公司负责看管，或直接雇用社会闲散人员提供地点和看管。处理上访的方式更为多样化了，但不论哪种方式都是为了同样的"需求"服务的。

这个"需求"究竟是什么？一言以蔽之，无非是"维稳"。仿佛把这些上访人员带回他们的老家，从首都或省会消失，上访就消失了，他们想要反映的问题也消失了，中国社会也就稳定了。假如问题真这么简单，这些人一开始就不会长途跋涉、千里迢迢来京上访了。"截访"好比给癌症病人吃止疼药，当然只能是维持一时的表面文章，不仅不能解决任何实质问题，而且必然在"截访"过程中产生更多的暴力、冤屈和不公，如此"维稳"必然是越维越不稳。

地方政府官员不会不明白这个简单道理，但是他们为什么还偏偏乐此不疲，动用一切可以动用的力量"截访"？难道他们真的那么在乎上级政府的"维稳"指示？地方政府官员未必那么在意"维稳"，但是他们确实极为在乎中央和上级的政绩考核，而上访已被作为地方政绩的一个主要指标，处理上访不力足以成为"一票否决"的理由而让他们丢失"乌纱帽"。

数千年来，中国一直实行自上而下的政绩管理体制，官员惟上不惟下，从而造成无所不在的欺下瞒上现象。既然官员不对人民负责，他们可以滥用手中掌控的公权力鱼肉人民，从而造成大量侵犯民权事件，而人民则不能通过制度内的正常渠道维护自己的权利，从而造成了自古至今源源不断的上访现象。"上"访者，向上级政府申诉下级官员腐败不公、以求讨还公道之谓也。照理说，在一个自上而下的体制中，上级掌握着下级官员的命运，理应惩治贪腐、为民伸冤。问题是，自上而下的体制自身具有不可克服的局限性。别的且不说，偌大中国那么多的地方官员，一个中央政府显然是管不过来的，不然怎么会出现"上有政策、下有对策"等一系列见怪不怪的现象？因此，政绩体制不可避免地蜕变为"政绩工程"；地方政府只要把表面文章做好，就能应付差事、加官进爵，而高高在上的中央则无法核实地方"政绩"的真实性和准确性。《信访条例》的本意是让地方政府认真对待上访反映的问题，从源头上杜绝上访现象，但是地方却只要通过各种手段"围追堵截"，保持上访"零记录"就圆满完成任务了。归根结底，"截访"不过是政绩体制的一个衍生物而已。

政绩体制不仅不能解决上访问题，还是造成大量上访的主要根源。我们知道，目前多数上访和群体性冲突都是因为农村征地和城市拆迁引起的，人为压低补偿的征地拆迁已经成为造成唐福珍自焚等大量社会悲剧的主要原因。地方政府之所以如此热衷征地拆迁，除了出于"土地财政"和官员个人寻租动机之外，一个重要原因是城市化和城市改造有助于拉升地方 GDP，而 GDP 增长速度正是考核地方官员的主要指标。在 GDP "大跃进"的政绩思维牵引下，各地强征强拆、大兴土木，弄得到处鸡犬不宁，在大肆破坏环境、浪费资源、重复建设"豆腐渣"工程的同时，也严重侵犯了农民和城市居民的基本生存权，进而造成了牵动各级政府神经的大量上访。

如此看来，即便各级政府停止"截访"、认真对待信访，也不可能有效解决上访问题。作为困扰中国历史的独特现象，上访由自上而下的政绩体制产生，自然不是几名信访干部热情接待、倒茶送水就能解决的。只要官员只对而不对下负责，只要人民无法通过宪法规定的民主选举、人大监督和独立司法等制度为自己讨回公道，用自下而上的自治代替自上而下的政绩体制，那么他们的权利仍然将受到公权力的随意侵犯；既然上访不可避免，同为"政绩"产物的

"截访"——不论是通过驻京办还是安元鼎——也就成了十分自然乃至"必要"的"需求"了。

人民并不那么在意 GDP，也不在乎"维稳"，更不愿意被"截访"，但是要对这些所谓的"需求"说"不"，他们还得站出来维护宪法为自己保障的权利。

规范上访不是一个法律问题

2010 年 5 月 1 日是《信访条例》颁布施行五周年的纪念日，但迎接它的却是一则"河南农民进京上访'被精神病'六年半"的报道。[1] 性情耿直的徐林东只是因为看不惯"一个腿脚不灵的女人在村里常常被打"，帮她到北京"越级上访"告乡政府的状，就被政府送进精神病院。没有精神病鉴定，也没有监护人的签字，医院却强行收治了病人，理由就是"政府送进来的"。精神病院的逻辑是"乡政府说你有精神病，你就有，说你没有就没有"；乡政府的逻辑则是"他在认识上偏执，偏执本身就是个精神问题"。这位"为人热心，就是太直""不知道拐弯儿"的农民就这样被诊断为"偏执性精神障碍"，据他自己统计在医院里被捆绑过 48 次、电击 54 次，并长期接受注射镇静剂等各种强制"治疗"。我原以为如此严重侵犯基本人权的事情只在前苏联等极权国家发生过，但是据近两年报道，这类现象在中国各地似已成为司空见惯的家常便饭，地方精神病院成为老上访户的"收容所"，甚至连拍摄上访也能被送进精神病院。[2] 像徐林东这样诚实、耿直、热心的公民本来是一个健康民族的精神支柱，却落得如此悲惨的下场。要说这样的事情还算得上"法律问题"，简直就是弱智，因为无论是 2005 年施行的新条例还是 1995 年施行的老条例，任何一部立法都不可能纵容如此无法无天的迫害行为。上访及其引发的诸多权力滥用显然不是一个法律问题，也不是像某些专家想象的那样，[3] 只要出台一部《信访法》就"终结"的。

上访之所以成为一个独特的"中国现象"，固然和自上而下集权

1　《南都周刊》2010 年 4 月 30 日。

2　"湖北两男子拍摄上访被送精神病院"，《羊城晚报》2010 年 4 月 11 日。

3　譬如见"专家建议制定信访法终结非正常上访"，《瞭望东方周刊》2010 年 4 月 19 日。

体制下长期形成的臣民心态有关，但究其制度根源无非是地方民主缺失造成的。由于缺乏周期性选举、独立司法、舆论监督等民对官的实质性制约，不仅人民无以安身自立，不得不通过托人情、拉关系甚至赤裸裸行贿来买通控制其命运的官员，而官员则更是被权力"宠坏"了，对上拍马奉迎、行贿买官，对下则搜刮民脂民膏甚至草菅人命，有的甚至发展到人格扭曲、精神变态的地步。如此便一面产生了大量肆无忌惮、无法无天的贪官污吏，另一面则造成了全国各地每年数以万计的征地、拆迁等引发的群体性冲突。这些问题在本源上由唯上不唯下的地方各级产生，自然不可能在当地得到解决，于是人民除了"上访"之外别无出路；到上一级政府上访符合法律规定，但仍然跳不出官官相护的权力运行规律，问题得不到解决、正义得不到伸张，于是才产生了大量法律禁止的"越级上访"。各地访民云集北京，巴不得总书记、总理亲自出面解决自己的问题。我不是说这支浩浩荡荡的的上访大军中没有"精神偏执型"的，为了一点小事而耗费自己的生命和国家资源，但是各地访民"被精神病"等近年公开报道的大量遭遇表明，中国上访问体的症结恐不在此，更不在于如何界定"正常"上访或"终结"上访的法律边界。

在一个地方官员权力得不到有效约束的集权体制下，上访是公民不得不以代价极为高昂的方式维护自身权利的一种言论自由和人身自由，本来便不存在是否"越级""合法"或"正常"一说。难道一部条例就有权规定什么是"越级"吗？难道一部法律就有权限制宪法赋予公民的人身和言论自由吗？即便个别访民无理取闹、胡搅蛮缠，也至多只是有损某些政府部门的"形象"，对于中国社会究竟产生了什么大不了的危害呢？和各地政府侵犯访民权利造成的大量悲剧性后果相比，即便无理上访对政府产生的困扰也是微不足道的。现在不集中力量从根子上解决产生上访以及严重侵犯访民人权的制度问题，却还要在法律文本上绕弯子、做文章，而法律再怎么修也只是在琢磨如何更有效地对付访民、如何"规范"（也就是限制）上访、如何界定"终结""越级""非正常上访"这些站在管理者立场上自说自话的法律概念；至于如何切实有效地解决访民的问题，却只能说些便民利民的空话，请问这不是忽悠又是什么呢？这是为什么我一直不看好《信访条例》的修改。新条例施行五年，上访数量和激烈程度不降反升便足以表明，上访不是一个修改法律就能解决的问题；把希望寄托在制定更新更好的法，一开始就把"宝"押错了地方。即便以后再升级为《信访法》，法律条文规定得更完善、更先进，一定还是重蹈《信访条例》的覆辙。

由于信访制度解决问题的速度永远赶不上制度产生问题的速度，靠完善信访来根治上访显然是行不通的。要根除中国的上访现象，必须将社会治理模式从自上而下变成自下而上，不是让百姓"上访"官员，而是让官员为了争取选票而"下访"百姓。当然，在目前自上而下的官治积重难返、自下而上的民治一时难以建立的情况下，信访不失为政府了解民情并解决部分社会矛盾一个渠道，完善信访制度确实也有一定的必要性。但要实现这个目标，与其盼望中央制定更完善的信访立法，不如期待地方制度创新。目前沈阳和江苏淮安等地的信访制度创新都是在现有法规框架下进行的，譬如沈阳对"终结信访事项"采取公开评议的"答辩"方式，邀请访民和人大代表、政协委员及专家学者一起参加；淮安则采取阳光信访和权力下放模式，力求地方问题当地解决，而这些改革举措都不和现行信访立法相抵触。事实上，由于各地情况和需要都不同，信访制度的具体设计没有必要全国统一，各地尽可以为自己量身定做最有效解决当地问题的信访程序。如果苛求中央规定统一的信访程序，那么难免会束缚某些地方锐意进取的手脚，而那些习惯了阳奉阴违的地方则将依旧无动于衷、无所作为，甚至变本加厉地迫害和自己"过不去"的访民。

退一步说，即便中央要制定一部信访法，其所要考虑的重点也绝不是统一的信访程序、"合法"上访的边界或"终结"信访的步骤，而恰恰是如何统一保障访民受宪法保护的基本人身和言论自由，防止"被精神病"这类恶性事件重演。

"接访"变"截访"，根源在体制

据 2010 年 6 月的一则报道，发生在辽宁抚顺小瓦村的一桩命案成了上访悲剧的另类注脚。年仅 16 岁的上访少年杀死了一名截访者，引来全村过半数村民联名请求法院轻判。[1] 这也难怪，因为截访显然是和中央精神背道而驰的；中央一再下达文件，要求各地党政领导拨出时间专门"接访"，可是一到地方却偏偏演变成了"截访"。"接访"之所以屡屡变成"截访"，其实不是个别地方官员故意为难中央或访民，而是由深层制度原因造成的。

作为数千年一贯的政治文化现象，"上访"一直是中国社会的一道独特"景观"。近年来，随着经济开发导致社会冲突加剧，上访数量不断上升，从中也衍生出五花八门的怪象。不少上访"钉子户"确实成为所在地政府的"眼中钉"，受打击报复者有之；因害怕迫害而不敢回家、只好继续在外上访或流浪的，亦有之。地方官员为了实现上访"零记录"而急于抚慰者有之，抓住官员心理漫天要价、无理取闹者确实也有之。在有的地方，颇为"火爆"的上访形成了一种"产业"，专门替别人上访的"专业户"竟能以此谋生。甚至有农民从上访悟出了其中的"门道"，冒充中纪委或其他有来头者前后讹诈官员十余次，敛财数百万元。为了让上访机制发挥有效的作用，国务院曾于 2005 年 1 月发布新的《信访条例》，明确规定了政府部门及信访机构的法律责任，不过从这几年出现的上访问题来看，似乎未能从根子上解决问题。中央明明要求各地各部门信访办端茶倒水、热情接访，但是到了地方却"异化"为截访；各级官员对可能辱没其政绩的上访者如临大敌，大道小道层层设卡、围追堵

1　"16 岁上访少年杀死截访者，900 村民联名求情"，《京华时报》2010 年 6 月 17 日

截。2009 年，河南两家"驻京办"买了 777 瓶假"茅台"，引发众多网民质疑各地驻京办的正当性，最后促使中央决定撤销数千家驻京办；其实除了"跑部钱进"之外，驻京办的一大任务就是将当地赴京的上访者遣送原籍，而这大概也是外国闻所未闻的稀罕事情。不过这种种怪象其实并不怪，都是中央集权和自上而下体制的自然产物。

与自上而下的监督模式一脉相承，上访的独特之处正在于"上"字。老百姓在当地解决不了问题，因而不得不辗转跋涉，向当地官员的上级领导直至中央反映冤屈，并企求他们为其"做主"解决问题。这和民主与法治国家解决问题的方式是截然不同的。任何国家都存在需要解决的社会问题，但在民主和法治国家，地方问题基本上在地方"消化"，用不着上升到中央。事实上，在联邦制国家，中央政府一般无权干预地方的政治或司法决定。如果地方官员滥用了他们的权力，那么老百姓首先可通过地方的民主政治过程将他们选下来，或通过舆论的压力迫使有关机构罢免其职务，至少也可以通过地方法院撤消其违法侵权行为。只有在多数人垄断了政治过程或地方法院对维护当事人的联邦权利不力的情况下，这个问题才上升到联邦，且即使在这种情况下，一般也是由联邦法院出面解决；只有在需要专门通过一部联邦法律的时候，才轮到联邦立法机构，行政部门则基本上没有干预的机会。这些国家之所以不存在"上访"现象，并不是因为它们不存在社会矛盾——无论经济如何发达，社会矛盾总是存在的，而是因为地方民主和法治有效解决了地方矛盾。中国的"上访"现象如此普遍，正说明其地方民主和法治严重滞后，因而不能及时与有效解决地方发生的问题。

问题在于，"上访"并不能有效解决地方问题。即便上级部门有意愿解决下级问题，也必然受到时间、精力和资源的限制。须知我们只有一个中央，却有许许多多个地方；中央不可能准确了解地方发生的每一件事情，在市场经济和机构精简的大环境下也没有足够的人力去调查每一件上访的事由。事实上，上访已经给中国的地方治理产生了巨大成本。在安徽涡阳县，农妇王凤枝为了一起小冤案连续上访 20 年，不仅耗费了她个人的青春，也浪费了巨大的社会资源，使各级党政机关和司法部门付出了"必要但不该付出"的精力。别的且不说，仅涡阳县纪检委信访室主任就曾接待王凤枝不下 100 次，最后还是在原任安徽省委书记、现任国家广电总局局长的亲自干预下才解决了问题。试问中国上下每天发生多少起比此更严重的纠纷，难道可能都通过这种方式加以解决吗？这么来看，大多数上访申诉杳无音信、不了了之，也就毫不奇怪了。

要从根子上解决上访怪象，惟有从体制上改变这个"上"字，从自上而下转变为自下而上的治理模式。只有让人民行使自己的宪法权利，通过真实和规范的选举让地方官员对自己负责，才能让绝大多数地方问题在地方得到化解，从而从根本上消除"上访"的需要；否则，如果上访队伍依然浩浩荡荡、源源不断，那么即便中央将上访数量作为考察地方政绩的头号指标，仍然解决不了什么实质性问题，至多只是让神经紧张的地方官员产生"截访"冲动而已。其实"接""截"一字之差，连音都一样，基本上只有软硬之分、态度之别，本来便没有太多值得深究的名堂。只要体制不变，接访注定会蜕变为截访，而从中衍生的各种暴力冲突也就成了家常便饭了。

让参与成为每个人的习惯
——我的一次亲身经历

2011 年，恰逢辛亥革命百年，中国最重要的话题是公民参与。百年前，武昌首义振臂一呼，各路豪杰纷纷响应参与，不可一世的大清王朝很快岌岌可危。今天，中国式参与却成了一个复杂乃至令人难堪的故事。广东佛山，两岁的小悦悦不幸遭人碾压趟在路边，18 位过路行人竟麻木不仁、视而不见；媒体一报，世界哗然，我在加拿大访问都听说学生在议论这件事情，国人情何以堪？时至今日，不行动、不作为、不参与似已成为国人的常态。当然，常态之下也有例外。该年地方人大选举揭开帷幕之后，主动独立参与竞选的参选人络绎不绝，和以前几届选举形成鲜明对比。如果这种势头能够持续下去，普通百姓积极参与下届人大选举，则中国改革就有了新的希望，也算是当代中国人对辛亥百年的一点交待。

盘点 2011，自己做的一件事情也是亲身参与。3 月中旬，我刚回国就接到吉林老上访户李桂荣的电话，说她在"两会"期间上访时被打伤，已被遣送回辽源市中心医院治疗，当时无钱无助、生存困难，"坚持不下去了。"21 日凌晨四点，我和记者冯军乘火车到了辽源。走前，一些朋友劝我别去。有的担心我的"安全"，对此我倒不认为是一个问题；其实之所以我自己去，而不是小冯一个人去或请我的学生代我去，正是因为这样更"安全"。有的则多少认为有点"不值"，因为李桂荣上访是一个很普遍（因而很普通）的个案，不具备新闻和制度性价值；作为学者，应该把有限的时间和精力投入到制度改善上，因为这样风险更小而影响更大。我同意这种看法，平时对制度也确实有所关注，但之所以还是选择去一次，实在是因为自己有诸多"无奈"。

我的无奈之一恰在于这是一个"普通"案件，至少在中国是一个极普通的案件；我自己在讲座中说过，如今中国诸如此类的事件太多，以至不死人就不算什么吸引眼球的大事。我认识李桂荣，是在三年前的一次讲座结束后；当时她拄着双拐来到讲台前，诉说她十多年上访的遭遇，并给了我一叠控告材料。作为学者，除了同情之外，我首先感到一种无奈或无力，因为自己并没有什么帮她解决问题的神通，于是转给了毕业后在中纪委工作的学生。但是我也知道，这只是一个程序而已，不会有什么结果；那位学生也如是说，因为这类案件实在太多了。中国每年有多少上访？一个中纪委又怎能处理过来？不是不想帮，而是帮不了。果然，最后的结果是没有结果。

同时，我也把材料转给了媒体的朋友，希望哪个见义勇为的记者能进一步调查，但是给了不止一家媒体，同样没有结果，不是因为他们不愿或不敢——我认识的这几位朋友在道义和胆识上是毫无问题的，而是因为他们不能——同样因为类似的事件实在太多了。事实上，正是出于媒体人的职业判断，李桂荣案件没有"新闻价值"。李桂荣既不是孙志刚或佘祥林，也不是唐福珍、邓玉娇或哪怕只是许霆；和绝大多数上访者一样，她的故事过于平淡，有悲情但是不够震撼，也不具备足以激发人们兴奋、幻想或雄性激素的戏剧性材料。我相信媒体朋友的判断是准确的，这就是中国社会的现实。一个最需要得到关注的弱势人群因为数量太大而无法得到政府、媒体和我们普通人的关注，这不只是我个人的无奈，也不只是记者们的无奈，而是这个体制造成的无奈，是整个中国的无奈。

既然没人肯出马，我只好自己走一趟；我不去，记者不会主动下去。但是鉴于一个长期蜗居"象牙塔"的学者颇不谙国情，不知道去当地该找谁，所以必须和记者同去。其实，与其说是记者陪我，不如说是我陪记者；他负责采访，出什么事我可以担着。至于去这么一次能达到什么效果、解决多少问题，我并不乐观；许多因素未知或不在个人控制范围内，因而也只能走一步看一步。虽然选择去显然是出于对她个人遭遇的同情和关注，但是作为法律人，我当然不能偏信一面之词，去的主要目的也就是尽可能多方了解真实情况，尤其是听听政府部门对其案情的处理和意见。事实上，我们要了解的真相不是什么敏感机密；在法治国家，一次公开和公正审判便足以掌握主要真相。但让我无奈的是，我们的审判没有此等可以信赖的公信力，判决结束后当事人照常上访。因此，如果自己不走一趟，李桂荣问题将永远是留在我心中的一个沉重的问号。[1]

当然，我也可以选择不理会这个问号；三年多来，她偶尔联系我寻求帮助，而我之所以一直没有诉诸行动，也是因为自己作为理性的法律人在犹豫和权衡中——究竟能为她做什么？直到躺在开往辽源的火车上，我还在想，如果她的材料不真实怎么办？她会不会就是孙东东教授说的"精神偏执"的老上访户？会不会在"利用"我达到什么目的？我知道，这些问题很可能对她是极不公正的，但是在一个不容易弄明白真相的国家，作为众多"不明真相的群众"之一，我情不自禁会问自己，我想任何理性的正常人也都会这么问。然而，和那 18 位路人一样选择性"失明"又不符合自己的一个基本信条。这个信条不是什么崇高的道德境界。它既不要求我们像耶稣教导的那样"热爱自己的仇敌"，也不要求我们像墨子那样"摩顶放踵"、为天下苍生奔走呼号。它只是申明了一个基本世界观，从中衍生出来的一点底线伦理是每个普通人都能做到的。

我曾为北大学生写过一篇课程结语——"我们都是朋友"，希望学生们能把每个人都当做朋友对待。这个世界人很多，中国人尤其多，我们确实不可能对每个"朋友"都做好事，但是即便对于素不相识的人，至少也应该在可预见的范围内做到相互尊重、互不伤害（难以预见的事情除外，譬如谁都没有预见到日本强震或导致核电

1　对于这次探访的报道，见"北大教授亲自调查上访案，称应促进官民良性互动"，《中国新闻周刊》2011 年 12 月 23 日，
　　https://www.chinanews.com.cn/fz/2011/12-23/3555305.shtml.

站泄漏）。对于那些因为生活、工作或各种机缘巧合而和自己走得更近的朋友，则在自己能力范围内稍多做一点也是理所应当。我不了解李桂荣，但是一位年过半百的老太太数次找我求助，自己却以不了解、没时间、管不了等理由推脱，在别人看起来似乎没什么大错，却通不过自己内心的审验。既然我有缘遇见了这位朋友，不妨赋予对一个朋友的基本信任。更何况如果我们不认同孙教授那个著名的"99%"论断的话，绝大多数上访户的冤情都不是空穴来风；退一步说，即便她反映情况属实的可能性只有50%，去的后果至多是"被利用"，而不去的后果则可能是将自己归为见死不救、麻木不仁之类"下三滥"的行列。这显然不是待友之道。即使在中国，也没有必要一定等到出了人命关天的大事再去关注吧。

"朋友"——这个称呼对于国人来说何其熟悉，但是我们似乎没有足够认真地考虑过这个称呼的含义，以至它在我们的现实生活当中一直异化为一种排斥法治的"关系文化"，交朋友的目的往往是便于"托人情""拉关系"，进而建立起一个个法律规则不能渗透的"小圈子"。一个圈子内的"朋友"相互勾结谋利，不把规则当回事；圈子之外则相互歧视甚至敌视，同样不把规则当回事。即使在高谈"法治"的法学院，我依然如此清晰地感觉到这种现象存在，以至不得不得出中国人不善于和陌生人交往的结论：我们或者是气味相投的好友，或者是死活都和自己无关的陌路人，殊不知在我们把一群人当"朋友"的时候，可能就已经做了其他人的敌人。狭隘的"朋友"观念让我们因偏私而远离法治，因漠视他人存在而欠缺公德，因感受不到他人的存在而无力形成集体行动，最后每个人都被一大堆的"无奈"包围着。

中国要实现法治，首先要恢复"朋友"的真义；只有当我们尊重每个人，把每个人都当做朋友对待，我们才可能尊重保护所有人的法律。一旦达到这个基本境界，许多"无奈"也就自动消失了。中国今天之所以有那么多的上访，不就是因为我们的某些政府官员太不把供养他们的人民当朋友了吗？中国儒家文化教导我们，对于个人来说最重要的还不是把别人当朋友，而是首先把自己当朋友。换言之，做事得首先对得起自己；对得起自己，也就无怨无悔了。国家法治不彰，现实和理念之间反差巨大，或许令每个法律人都颇感无奈和困顿，但是只要尽力，没有必要过分自责；然而，如果我们自己可以做的事情没有做，那么我们就不得不接受良心的拷问，除非我们不把自己当回事。在我看来，即使在目前的法治环境下，学者也还是有事可做的。我们成天把人权、法治这套"仁义道德"挂在嘴上，但是如果这套东西只是停留在我们自己书写的字里行间，也未尝不是一种个人缺憾；如果每个人都能偶尔走出书斋，关心一点自己身边的事，兴许会发现法治状态的改良也不是那么难的。因此，当记者问起我对李桂荣案件的感受，我除了对她的遭遇感到同情、对自己的无能感到无奈，个人倒并没有感觉太多"痛苦"；事实上，我正是为了避免内心的痛苦才去的。

　　辽源之行虽是一则个人故事，却牵扯出当今影响公民参与的诸多话题。假如当地官员能真正把李桂荣当朋友对待，这起让他们自己也头疼不已的陈年旧案本来不会发生；像她这样的寻常百姓也就没有必要耗费十几年青春，经受颠沛流离的上访之苦。假如那 18 位路人能把小悦悦当朋友对待，势必不会如此无动于衷，小生命或许就能得到及时抢救，至少他们不会引来全国人民的道德谴责并经受自己良心的谴责。如果我们每个人都能认真对待自己，把自己作为积极主动的公民而非消极被动的臣民，依法履行自己的道德和政治责任，至少在选举那天出来投一票，让选举产生的人大代表监督各级官员，那么李桂荣等成千上万的上访悲剧根本不会发生，即便发生也寥寥无几，纪委当作重要案件一查就水落石出，媒体当作重大新闻一报就成众矢之的，事情自然不会拖到现在仍然悬而无解，芸芸大众也就不会面临那么多的苦闷和无奈了。一旦参与成为每个公民的习惯，中国社会的人格状态和生存环境会是完全另一种面貌。

　　事后说一句，辽源之行后来还是得到了当地重视。次年，我和政法大学刘莘教授、北京市律协宪法与人权委员会的丁锡奎、李国蓓律师又去了一次辽源。那个时候我对"审议民主"比较感兴趣，想让当事人和政府双方面对面对话，然后让台下听众作为"大陪审团"判断是非。当事人很有兴趣，但最后没搞成，估计是政府方面不愿意。尽管如此，李桂荣一家还是拿到了一定的补偿。当时，她的身体状况已经很差，没几年就不幸去世了。好在她上访八年期间被关在福利院的幼女已经长大，此事也就基本划上了一个句号。如果她家现在回归生活正常，也算是此次维权经历带来的些许安慰。

贰、选举民主

对于当下中国，最重要也最难落实的宪法条款就是第 34 条，没有之一。托克维尔说，美国社会的几乎所有问题都会归结为法律问题，法律问题则最终会上升为宪法问题。那是因为美国在那个年代就基本上已经有了民主与法治——当然，还有致命的种族和妇女问题没有解决。对于迄今为止一无所有的中国来说，几乎所有社会问题归根结底首先是选举问题。有没有选举民主，这个问题是给国家定性的。如果连真实的选举都没有，那这个国家还能有什么？

选举权至关重要，其有效行使却比所有其它权利都难。行使信仰自由，你自己有信仰、去教会就行了；行使言论自由，你坚持说话、转帖、"封建"就行了。但选举本身是一个很复杂的制度，政府对于选举制度的设置发挥关键作用。政府不想让你选，你还要选，那是极不容易的。2011 年基层人大选举，曾涌现出不少"独立参选人"，不久就被掐灭了。

不容易也没辙，因为没有其它选择。如果你自己都不认真对待选票，政府再高兴不过了。然后，你就会看到很多"然后"，譬如人大代表在所有公共事件全体缺席、"两会"提案作秀、城市"发展"就得砍树、预算得不到控制、开个亚运会就挥霍几千亿那些事……

认真对待选票

2011 年开始县乡两级人大换届选举，也是近六十年来首次实行城乡同比例选举。据统计，这次换届选举产生了两千多个县级政权、三万多个乡级政权、200 多万名县乡两级人大代表；参与这次乡级选举的选民达 6 亿多人，县级选民更达 9 亿多人，无疑是世界上最大规模的选民团体。[1] 这个庞大的选民团体如何对待自己的选票，将不仅直接决定此次选举的成败，而且也将决定中国社会的健康与稳定。

众所周知，中国宪法规定了自下而上的民主代议制度，由选民直接选举县乡两级人大代表，再由县级人大选举省级人大、省级人大选举全国人大，各级人大产生同级"一府两院"的主要官员。通过这种制度安排，宪法的基本用意在于让各级官员对同级人大负责，各级人大则最终对广大选民负责；选民监督人大，人大监督政府，由此保证"执政为民"。人大是为政权输送合法性的枢纽，选举则是保证整套体制运行完好的动力。在周期性选举的政治压力下，人大代表不能不兢兢业业，而政府官员则不敢为非作歹。

这样的社会一定不会有那么多的违法征地、"强拆"自焚，不会有此起彼伏的"被精神病"或"跨省追捕"，也不会有源源不绝、浩浩荡荡的上访大军。政府遵纪守法，百姓安居乐业，为什么还要不远万里、千辛万苦跑省城、上北京呢？这样的社会也不会发生严重的环境破坏或食品安全危机，因为人大不及时立法控制灾害就要面临选民改选，政府不积极执法则要面临人大罢免。如今中国社会之所以发生如此普遍威胁稳定的群体性事件或公共安全危机，无非是

---

1 "县乡人大换届全面启动，县级选举选民将达 9 亿人"，《新京报》2011 年 5 月 8 日。

因为官员对人民做了不该做的，自己该做的却没做好。之所以如此，根源便在于人大没有发挥应有的作用，而人大职能缺位的根源则在于人大选举不规范。

长期以来，人大选举在各级各地都不受重视。由于各级人大代表屡屡在重大事件中集体失声，选民看不到人大的作用，因而也看不到参与选举的价值和意义，往往连代表或候选人是谁都不知道。但是一旦选民不积极参与，那么选举就失去了基本动力，宪法设计的自下而上民主体制也就必然异化为自上而下的集权控制。在一个自上而下体制中，官员的提拔任命掌握在上级领导手里，买官卖官盛行、人大代表内定，选举自然就失去了意义，选民也就更没有参与积极性。选民政治压力消失，人大角色自然缺位，不受监督的政府官员必然我行我素、为所欲为，各种违法作为或不作为也就屡见不鲜、见怪不怪了。

选民不积极，选举不规范，体制不畅通，中国便只剩下媒体曝光这惟一的维权途径。问题在于，媒体或网络虽然有助于个案维权，却无法根除体制痼疾。全国网民的眼球本不可能不眨不停在各地流转，对类似的恶性事件很容易产生"审丑"疲劳；媒体自身也追求"新闻价值"，难免曝一漏万，即便曝光也未必能保证解决问题……这一切都表明，人民要维护自己的权利，只做网民是不够的；至少在选举那一天，他们还得做一次合格的选民。

如今我们经常看到网民抱怨政府这个不是、那个不是，但只是抱怨或批评显然是没有用的，怨天尤人的心态也不可取。其实宪法还是把权利给了我们，是我们自己没有足够重视属于自己的那张选票；对于今天这种状态，我们不能全怪别人，还应该问问自己对改变现状究竟做过什么。可别再说"我一介小民能做什么"，至少你可以在这次选举中认真对待那张选票。也别指望选举那天搭别人的便车，自己躲在家里；你的一张票确实不能改变现实，但是如果所有人都那样想、什么都不做，就永远不可能改变现实。

改变中国，就从你投出的那张选票开始。

独立参选人激活地方人大选举

2011 年以来，江西新余女职工刘萍、成都作家李承鹏、上海作家夏商、中国政法大学副教授吴丹红（网民"吴法天"）、北京新启蒙公民参与立法研究中心主任熊伟等先后通过微博等方式，表示自己将参与新一轮地方人大代表竞选。公民自发参选的热情不仅难能可贵，而且有望激活各地人大选举。地方选民之所以长期对人大选举缺乏热情，一个重要原因就是无人可选。一旦候选人被"内定"，选举便失去了意义。一场无意义的选举怎么可能吸引选民的兴趣？又如何要求选民认真对待自己的选票？要让地方人大选举产生活力，不仅需要选民自发出来投票，而且需要参选人自发出来竞选。

在一个民主制度和文化不发达的国家，民主往往被我们视为一种近乎神圣、高不可攀的理想。其实从实用层面上看，民主就是决定"谁在什么时候得到什么"（英国政治学家拉斯韦尔语）的决策程序，选举则是不同利益集团通过多数表决机制推选自己的人进入立法机构的过程。不同利益的代表人当选后相互妥协和协商，再通过多数表决制定法律。按照"一人一票"的选举规则，利益集团人越多，选举产生的立法代表也越多；多数代表通过的法律和政策将最大程度地满足多数人的利益和需求，否则就会在下次选举中面临被多数选民淘汰出局的命运。在一个法治国家，选举是国家法律符合最广大人民的最根本利益的保障。

因此，民主的成败取决于选举是否运行良好，而选举的关键在于选民和候选人之间的利益表达和交换过程。不妨把选举类比为购物，如同你去商店买东西。你是消费者，候选人就是商品；要买到满意的商品，首先必须有不同品牌的商品可供选择。在计划经济国家，生产什么、生产多少都是由计划者政府说了算，你往往只有一种"选择"，爱买不买；这样，当然就很难买到真正让你满意的商品，甚至没有比较，你根本不知道自己更喜欢什么。只有在市场经济国家，大量不同品牌的商品摆在面前供你选择，你才能在"货比三家"的基础上选择你最中意的品牌。同时，为了尽可能多地吸引顾客，商家之间相互竞争，并在竞争过程中推出自己最好的产品。

选举也是一样。不同的候选人代表不同的利益、立场、能力、个性，选民根据自己的需要或爱好选择自己最中意的候选人。不可否认的是，资源是有限的，利益是相互冲突的；在义务教育上多花一块钱，就意味着在养老、医保或国防军备上少花一块钱，而每个选民都有自己的需要和偏好。穷人希望国家多征富人的税并为自己提供更多的福利，因而会选择持相同立场的候选人；富人则反其道而行之，因而会选择减税并减少社会福利的候选人。在两者之间，没有两全其美的立场；候选人必须做出选择并把自己的立场包装得最好，等待选民投票，就如同商家包装好自己的商品，等待消费者掏腰包一样。在一个民主国家，只有吸引到多数选票的候选人才是选举的赢家。

要保证获选的代表真正是多数选民中意的人选，首先必须有候选人可选。如果候选人由政府"内定"了，那么就和商品被计划者内定一样，选民其实无人可"选"。就和计划经济产生的懒惰、怠工、劣质、商品供给不能满足消费者需求一样，内定候选人不需要和任何对手竞争，也不需要讨好选民就能当选，当选后自然也不会为选民办实事。整个选举就是一次走过场，选民甚至不知道候选人是何方神圣，更不明白他上台后能为自己做什么，投票自然失去了意义。选民没有动力，候选人没有压力，选举了无生气、死水一滩，如此"选举"产生的机构也必然只是一个"橡皮图章"。

由此可见，候选人的自然产生是民主选举的起步。人大选举法第 29 条规定，选民十人以上提名即可"推荐代表候选人"。这是一个极低的门槛，只是第 31 条又规定，正式候选人的产生须经选区选民小组的"反复酝酿、讨论、协商"。如果一腔热情的参选人像江西刘萍那样，以上访记录等莫须有的罪名被"酝酿、协商"掉，那么选民又将面临无人可选的困境。要让宪法规定的人大选举制度落到实处，必须慎重对待"酝酿、讨论、协商"这些弹性很大的概念；如果没有法律禁止参选的理由，便不得随意排除符合法定条件的参选人。此次多位公民自发参与地方人大选举，对于激活地方人大选举是一件大好事。只有他们被给予参选机会，其所在的地方人大选举才能充满意义和活力。

最后，公民参选不只是一种资格，而更是一个过程。被允许参选之后，候选人还需要和选民自由交流和沟通，通过演讲、传单、微博各种方式传播自己的立场和主张，甚至可以在选民面前公开辩论。只有这样，选民才能真正了解候选人，如同消费者了解商品一样。如果不了解商品的消费者必然会吃亏，不了解候选人的选民又怎能做出明智的选择？不要忘记，候选人不只是张三李四，而是一整套主张、立场、措施的代表；选举其实就是选民在不同的施政纲领之间做出选择，而竞选过程的目的就是完成选民与候选人之间的信息传递，不仅让选民了解候选人的立场倾向，而且也让候选人了解选民究竟有什么需求。

当然，候选人偶尔会蒙骗选民、做出虚假承诺，就和个别商家会欺骗消费者、推销假冒伪劣产品一样。但是这种现象并不可怕，因为民主具有自我纠正的能力，周期性选举本身就是摧毁选举谎言的最有效武器。毕竟，选民不是白痴。他们可能受骗一时，却不可能受骗一世；说谎者可以赢得一次选举，却迟早会为他的谎言付出选票的代价，最终为多数选民彻底唾弃。因此，即便少数候选人的言论不切实际、表达方式夸张，也不能成为地方政府干预竞选的理由。否则，如果不让候选人表达自己，就无法完成选举信息的双向交换。到那时，不论台上的候选人站得再多，选民也只有根据候选人的性别、长相、服饰这些和选举不沾边的因素做出五年才轮一次的选择。

人大代表"被顶替"事件的制度症结与出路

2010 年，湖南邵东县人大代表赵芳群因交通事故致残后，被当地干部"劝退"并让一位当地民营老板"顶替"，为此赵可以得到报销一万元医药费的"补偿"；在遭到拒绝后，当地干部瞒着她向县人大常委会捏造了一份"辞职报告"，结果赵的人大代表职位就这样糊里糊涂在 3 月人大会议上被人"顶替"。人大代表"被顶替"事件折射出现行制度中诸多令人担忧的问题。

这起事件的发生首先提出一个令人警觉的问题——为什么有人抢着当人大代表？众所周知，目前绝大多数人大代表都是兼职代表，在自己本职工作之外履行人大职责，而兼职补贴可以忽略不计；事实上，个别热心公益、主动履职的代表都是自掏腰包，有的甚至不得不辞去本职工作。然而，个别例外并不能替代规则，绝大多数代表不会有这么高的"觉悟"。既然如此，为什么那位民营老板那么急切地想"顶替"这份看上去吃力不讨好的兼职工作？难道他真的是一心想为当地选民服务的"活雷锋"吗？答案恐怕是"否"。作为一个理性人，他当然首先是为了自己（而不是选民）的利益才这么做。各级人大代表的现状是履职不多，却享有诸多好处乃至"特权"。当人大代表不仅是一种荣誉，而且可以通过开会等各种场合与领导"套近乎"，进而为企业经营、工程招标等过程提供各种方便。

因此，民营老板争做人大代表的事实本身表明中国三十年经济与法治改革的局限性。虽然民营经济得到巨大发展，但是其中的市场因素仍然相当有限。一方面，民营企业仍然受制于政府的任意干预；另一方面，企业笼络官员总是能得到远超过贿赂成本的回报。一言以蔽之，地方官员仍然掌握着控制当地经济的大权，在很大程度上并不受市场规律和法律的约束，更不受地方人大的约束。相反，人大为官商结合提供了一个方便平台。企业老板进入人大的目的不是提供选民服务，而是让自己的企业获得官方保护和特殊优待。这样虽然纠正了以往对民营企业的歧视，却偏离了宪法对人大制度设计的初衷。人大本来是代表广大人民控制和监督行政的"权力机关"，现在则成为少数既得利益从行政那里套取权力资源的工具。

人大之所以发生角色变异，关键在于人大代表的选举和罢免机制未能落实到位。这从此次"顶替"事件本身即体现得相当清楚。根据宪法和人大选举法规定，人大代表由其选举主体罢免；谁选举的人大代表，即由谁罢免。县级人大代表由该县具备资格的选民直接选举产生，因而也应该由同样的选民团体罢免。人大选举法第45条规定，原选区选民30人以上联名，可以向县级的人大常委会书面提出罢免要求。县级的人大常委会应当将罢免要求和被提出罢免的代表的书面中辩意见印发原选区选民。经原选区过半数的选民投票通过后始得罢免。然而，法律明确规定的这套程序在邵东县领导那里犹如一张废纸。他们通过公然造假免去了赵芳群的代表职位，而民营老板的"顶替"同样不符合代表补选程序。这背后究竟存在什么权钱交易，外人不得而知，也不是问题的关键，但是它所折射的人大选举和罢免不规范却远非个案，而是各地各级都存在的普遍现象。

人大代表选举不规范严重削弱了宪法规定的民主政治的现实作用，构成了当前中国所有制度和社会问题的症结。1982年宪法第2条规定，"一切权力属于人民"，而人民正是通过各级人大行使权力，各级人大是人民自下而上表达立场和利益诉求的主要制度渠道。在现行宪法框架下，县级以下人大是人民直接选举产生的惟一机构。如果人大代表的选举不规范，代表人选由地方政府内定而非由地方选民选举产生，在任期间无论选民是否满意代表的表现甚至是否知道他的存在都不影响他的仕途，那么所谓当选的人大代表就不会有代表选民利益的动力和压力。这也就难怪人大代表没有足够动力积极履行宪法和法律赋予自己的职责，在当今此起彼伏的重大社会冲突中我们也从来听不到甚至根本不期望听到他们的声音了。人大代表的沉默和消失直接打击选民参与选举的积极性，因为没有哪个理性人会起劲参与选举一个和自己利益无关痛痒的人，而选民的缺位则进一步为代表内定和幕后操作提供了极大便利；两者形成恶性循环，将人大选举锁定在不规范状态。

　　然而，人大职能的缺位和变异必然让公权力失去最直接有效地约束，进而从根本上制约中国社会和谐与可持续发展。从 2003 年的孙志刚悲剧到 2009 年末的唐福珍自焚事件，中国社会的所有重大冲突都是公权力制定和实施的政策严重侵犯人民利益造成的，而收容遣送条例和旧拆迁条例等恶法或恶性执法方式之所以存在，正是因为全国人大制定的宪法和法律对人民权利的保障得不到有效落实；各级政府之所以敢于不落实良法甚至制定侵犯基本权利的恶法，在很大程度上是因为它们缺乏来自各级人大和选民的压力。一旦人大代表不代表选民利益履行职权，那么老百姓就失去了影响政府决策和执行的基本杠杆，无法运用宪法和法律保障自己的基本权利，各种公权滥用及其引发的群体冲突也就自然产生了。

　　由此可见，要扭转这种现象并在现行宪法框架下维持社会的和谐稳定和良性发展，根本在于落实宪法规定的人大选举制度，将人大代表的产生从违背宪法本意的自上而下变成民主政治所要求的自下而上过程，通过完善具体的选举细节将宪法赋予人民选择代表的权利落到实处。譬如代表候选人的产生应该是一个平等竞争而非内定的过程，候选人应被允许通过各种合法方式和当地选民自由沟通，以增进选民和候选人之间的了解；只有这样，选民才有动力积极参与选举并认真对待自己的选票，最后通过多数表决确定真正符合自己利益的人大代表。

　　如果选举过程的任何环节打了折扣，都会削弱人大代表的民意代表性，加剧选民惰性和公权干预，最后造成代表指定、贿选乃至"顶替"现象盛行，中国的社会稳定与和谐也就失去了最重要的制度保障。

"两会"提案反映制度弊病

2011 年 3 月，《新京报》总结了当年"两会"代表提出的十大热点议案，集中反映了中国改革多年来一直面临的两大"不力"：公权力控制不力和弱势群体保护不力。事实上，两者都和人大制度本身相关。对弱势群体救济不力，是因为作为立法机构的各级人大未能及时制定保护性立法；而公权不受有效控制，则是因为各地人大尚未充分行使宪法赋予的监督职能。该年部分"两会"代表重提常年存在的问题，但愿能对这些问题的解决多少产牛一点触动。但更重要的是，更多的人大代表需要积极行动，履行宪法赋予的代表人民行使权力的职责。

对于公权力的控制，2011 年的"两会"关注更多集中于政府财政开支和官员财产公示。例如全国人大代表、湖北省统计局副局长叶青连续 8 年提交公车改革议案，可谓持之以恒；尽管如此，但是收效仍然不大。同时，中国科学院院士郑兰荪等 30 位全国政协委员针对当前层出不穷的公款消费"天价烟""天价酒"现象，联名提交了建议限制公款消费烟酒的提案。在政府工作报告中，总理温家宝也强调出国经费、车辆购置及运行费、公务接待费等"三公"支出原则上实现"零增长"。另外，全国人大代表韩德云连续六年提交议案，要求对公务员财产申报问题立法，中纪委也明确表示正在起草财产公示建议稿。

官员的贪污腐败和"三公"消费显然是对国家财政的侵吞挥霍，其制度症结则在于人大尚未有效履行宪法赋予的预算监督职权。宪法第 62、99 条分别规定，全国人大审查和批准国家的预算及其执行情况的报告，县级以上各级人大审查和批准本行政区域的预算及其执行报告。如果各级人大真正控制了当地政府预算并有效监督其执行，那么屡禁不止的"三公"消费、豪华办公楼等大肆挥霍现象就不可能普遍发生，地方官员更不可能将国家财政纳入自己私囊。然而，江西鄱阳县一个小小的财政股长就能贪污上亿元潜逃，[1] 表明各级人大并没有行使有效的财政监督。每年"两会"期间，人大代表审议的预算仍然只是一个冠冕堂皇的粗线条，根本看不出钱究竟花到哪里，"审查"和"批准"都只是徒具其表。如果不从根本上改变这种情况，那么中央规定无论如何严厉，都难以在地方得到真正落实，也无力消灭大大小小侵吞人民财产的各地蛀虫。

和掌握公权的官员横行无忌相对比，众多弱势群体却无力改变自己的命运。对于弱势群体的保护，2011 年的"两会"关注主要针对乞讨儿童、低收入人群以及父母长期在大城市工作但是不具备本地户籍的考生。譬如 2011 年春节期间，微博上曾兴起"随手拍照解救乞讨儿童"活动，引起了广泛的社会关注。曾收养 200 余名孤儿的全国政协委员韩红建议严打拐卖儿童人犯，并提交了关于"严厉打击和惩罚拐卖儿童"的提案。全国政协委员甘连舫则处于对低收入人群的关注，建议将个人所得税起征点调高至 5000 元。另外，万名以上非北京户籍但在北京长期工作的家长曾于 2010 年联名上书教育部，要求允许其子女在所在城市而非回原籍高考。此次"两会"期间，全国人大代表、原北京大学校长许智宏表示，北京和上海应该打破户籍限制、允许异地高考。

其实中国的弱势群体几乎包括任何人群，远不只是乞讨儿童或期盼异地高考的考生家庭。在众多弱势人群中，没有独立能力的儿童无疑是最弱势的一个。除了被迫乞讨的儿童之外，在杂技班忍受超常训练的儿童、身心遭受家庭暴力摧残的孩子、睡眠被奥数等各种补习班剥夺的孩子……都需要国家法律保护，但是这个最需要立法的领域却偏偏一直是一片空白。父母长期在京工作却不能在北京

1　吴齐强、卞民德："江西贫困县财政局官员套取近亿公款携妻儿出逃"，《人民日报》2011 年 2 月 18 日。

参加高考的考生确实遭到了不公平的地域歧视，但是招生与考试歧视的受害者又岂止是他们？他们在河南、山东、广东等各省的广大父老乡亲是一个更加庞大也更无力的弱势群体，而在目前的分省考试、按指标录取的招生考试体制下，土生土长在外省的孩子接受高等教育的机会也同样受到严重歧视。异地高考只是解决外地在京考生的考试资格问题，而无法解决每年几百万外省考生所遭受的招生歧视。其实解决这个问题很简单，那就是在全国实行真正意义的统一考试并对各地考生在原则上采用同样的录取标准。这样既不会产生"异地高考"的困惑，又不会造成由此加剧的"高考移民"现象。许智宏校长与其主张北大没有权限解决的异地高考方案，不如呼吁他原先任校长的北大废除地域歧视、实现招生公平。

无论是宪法平等原则的搁置、弱势群体保护立法的缺失还是公权力的失控，都是人大职权没有落到实处造成的。少数代表屡次提案，固然体现了他们对体恤民生的坚持，但是要真正突破造成这些问题的制度瓶颈，只有通过规范人大选举对大多数代表产生压力，迫使他们更加积极主动地代表各地民意。在人大选举一时得不到规范的现状下，人民没有别的办法，只能像参与万人联名上书的家长那样，用行动影响公共决策并以此捍卫自己的合法权益。

人大预算监督亟需制度改革

在 2011 年"两会"上，全国人大代表、陕西咸阳市委书记千军昌在审议人大常委会工作报告时提出，人大会议应设置预算修正案议程。[1] 虽然每年都有代表对预算草案提出意见，但是这些意见从来得不到采纳，因为代表提的意见再多，也没有一个预算修正案的表决制度纳入这些意见，因而预算案照常获得通过。另外，每年全国人大开会都只安排一天的时间审议预算草案，代表在短时期内难以熟悉内容庞杂的预算项目，很难提出有针对性的意见和建议。事实上，千军昌代表只是提出了人大在预算审查过程中长期面临的细节问题；如果这些问题得不到解决，人大对预算的审查和监督将不可能落到实处。

众所周知，预算监督是宪法赋予人大行使的最重要职能之一。1982 年宪法第 62、99 条分别规定，全国人大审查和批准国家的预算及其执行情况的报告，县级以上各级人大审查和批准本行政区域的预算及其执行报告。如果各级人大真正控制了当地政府预算并有效监督其执行，那么屡禁不止的"三公"消费、豪华办公楼等大肆挥霍现象就不可能普遍发生，地方官员更不可能将国家财政纳入自己私囊。然而，江西鄱阳县一个小小的财政股长就能贪污上亿元潜逃，足以表明各级人大尚未行使有效的财政监督。

以往"两会"期间，人大代表审议的预算只是一个粗线条，根本看不出钱究竟花到哪里，"审查"和"批准"都只能徒具其表。近年来，交付人大代表审议的预算案逐步细化，预算审查开始具有实质意义，但是其它问题随之产生。首先，预算审查时间太短，通常

1　"人大代表建议对预算草案设表决机制"，《新京报》3 月 13 日。

只有一天，在此期间根本不可能就庞杂的政府预算开支进行详细的了解和质询。其次，由于以往缺乏经验，人大代表本身对预算审查不够熟悉，加之时间太短，以至难以有效质疑政府预算提案的合理性。最后，即便少数代表提出了有针对性的意见，但是这些意见因为缺乏正式的表决程序而得不到应有的重视。如果不解决这些问题，纵然预算案本身不断细化，人大的预算监督仍然将流于形式。

应该看到，预算监督不仅控制着政府职能的命脉，而且是一件相当繁重复杂的任务。欧美等国议会每年都把大半年时间用于开会，而开会的大部分时间又在讨论预算。政府对哪些人群征多少税、这些税分别用于哪些公益事业、每个部门具体能花哪些钱、地区之间收支如何平衡等，都是议员们不断进行相互辩论、妥协和交易的话题；最后，政府提交的预算案往往被改得面目全非才获得议会多数通过。如此复杂的任务显然不是一朝一夕所能完成的。事实上，政府预算的审查和修改不仅耗时费力，而且要求议员们对预算审查相当熟悉。只有这样，才能真正管好议会掌控的"钱袋子"。

由此可见，要有效落实人大预算监督职能，必须将预算审查作为人大工作的重中之重，延长人大代表审查预算的时间，增设预算修正案的表决制度，并为代表们熟悉预算事务提供必要的帮助和培训。当然，预算审查并不是孤立的，完善人大预算监督必然要求与之相适应的人大制度改革，譬如适当延长人大会期、增强代表的专业化程度并通过规范选举增进代表和选民的沟通。只有这样，才能保证"取之于民、用之于民"，让政府财政为公共利益服务。

人大常委兼任官员有违宪法精神

虽然现行宪法明确规定了人大常委和国家干部职务不兼容原则，但是兼任现象仍屡屡发生。据 2011 年初报道，湖南省公安厅厅长李江当选为省人大常委会副主任。[1] 律师周泽发现，人大常委兼任机关干部并非仅此一起孤立事件，类似的现象在其它省份也曾发生，譬如浙江省人大常委章猛进便在 2007 年 2—3 月期间兼任常务副省长。无论是省公安厅厅长还是常务副省长，都是十分繁忙乃至"日理万机"的职位；人大常委也是十分繁忙的工作，更不用说常委会副主任。除非有"三头六臂"，一个人不可能在如此繁忙的同时还能兼任人大常委并把两份工作都做好，最后必然顾此失彼。更严重的是，兼任造成权力过分集中，显然不利于人大对其它部门的监督。

不可否认，中国人大制度和以英国为代表的"议行合一"模式十分相似：英国奉行"议会至上"，首相和内阁成员必然都是下院议员；中国各级人大则是宪法上的"权力机关"，党政领导多为全国和地方各级人大代表。然而，中英类比到此为止；中国的人大常委会具备独立的立法权，在英国却找不到对应物，而人大常委不得兼任国家干部。1982 年宪法第 58、65 条分别规定，全国人大常委会和县级以上各级人大常委会的组成人员"不得担任国家行政机关、审判机关和检察机关的职务"。之所以如此规定，是因为和普通人大代表不同，人大常委更为专职化和专业化。人大每年只开十来天的会，人大常委会则一般每两个月就开一次会；和人大不同的是，人大常委会确实是一个"常设"立法机关。多数人大常委也兼任专门

1　"李江当选为湖南省人大常委会副主任"，《湖南日报》2011 年 1 月 26 日。

委员会委员，立法事务更为繁忙。虽然现行宪法不接受"三权分立"模式，但是任何国家的职能都必须有分工，而人大常委会的立法职能定位决定了它不能和行政与司法职能兼容。宪法第 58、65 条的规定只是体现了国家职能科学分配的合理要求而已。

更重要的是，各级人大及其常委会还承担着监督国家机关的使命，而兼任必然使监督流于形式。众所周知，在现行人大制度下，各级重要行政、审判和检察机关领导都由同级人大选举产生；在人大闭会期间，人大常委会代行部分补选与罢免职权。如果人大常委都由国家机关干部自己兼任，宪法规定的监督机制岂不蜕变为官员自己选自己、自己罢免自己的形式？中国推行法治建设已三十年，"依法治国""法治国家"等理念入宪也有二十余年，而法治的真谛恰在于他律而非自律。假如我们能信任官员凭借良好的道德素质约束自己，那么官员岂不成了不会犯错的圣人？忧国忧民、大智大慧的圣人怎么可能犯法？其超凡脱俗的境界又岂止是法律规定的道德底线？这样的话，我们还有什么必要如此艰辛地推行法治？

问题在于，现实存在大量贪官的事实充分表明，官员不是圣人，而是和普通百姓一样会犯错犯法的凡人。既然如此，约束官员就不能只靠道德自律，而必须依靠他人通过制度实现的他律。民主与法治就是实现他律的主要制度。如果法治的基本要素是独立与公正司法，法治精神强调"任何人不得做自己案件的法官"，否则必然发生自我偏袒，那么民主的基本要求是选举人与被选举人、监督者与被监督者相分离，至少被监督者不能兼任监督者，否则宪法规定的选举和罢免等监督机制必然只是徒具其表的形式。

作为省公安厅厅长，李江是湖南省党政领导任命的；现在他又兼任湖南省人大常委会副主任，如何可能按宪法要求有效监督对他掌握任免权的上级？即便他想行使自己作为人大常委的监督职权，上级一个指令就足以让他位置不保，而绝大多数官员都和普通人一样是理性自私的；在宪法规定职责和自己的"乌纱帽"之间，会毫不犹豫地选择后者。这样，宪法规定的监督机制必然落空。要让他切实履行人大常委的职责，就不能给他那顶受制于人的"乌纱帽"；只有当他是一个不依附于行政任免的专职委员或从事独立职业的兼职委员，才有可能有效监督那些和他个人利益没有直接关系的当地领导。

事实上，同样的逻辑不仅适用于人大常委会，也适用于各级人大。虽然宪法没有明确禁止官员兼任人大代表，但是如果兼任成为一种普遍现象，必然会削弱人大监督的力度。这和英国的"议行合一"逻辑并不矛盾，因为"议行合一"的本意是让议会多数选举产生内阁并监督内阁的运行，而兼任部长的议员毕竟只是极少数，绝大多数议员都是没有任何行政或司法职务的专职代表；假如英国下院的多数议员都和官沾上边，那么所谓的"议行合一"将严重违背民主与法治原则。目前，中国各级人大代表的官员比例普遍过高，通常远高于50%，首长、书记都是坐在主席台上的人大代表，开人代会就好比开政府工作会议。在这种状态下，身兼数职的人大代表如何能按宪法要求有效监督自己的上级领导？

要从根本上扭转人大监督不力的现象，让人大切实履行宪法规定的职责，必须有效限制人大代表的官员比例，并杜绝人大常委兼任官员的现象。中央应统一规定，各级人大代表的官员比例不得超过50%，并应逐届降低到30%以下；同时，为了防止官商勾结，应要求公布并限制代表中的企业老板比例，把更多的代表名额分配给普通工人、农民、农民工等底层人群，因为他们才是中国社会的大多数。最重要的是，必须规范各级人大及其常委会的选举，让人民选择真正能够代表自己利益的人大代表。李江之所以能以违反宪法规定的方式当选人大常委，根本原因仍在于人大及其常委会选举不规范。如果人大代表确实是由多数人的选票产生的，那么代表中官员比例过高的现象马上会自动消失，李江现象也将随之无疾而终。

南京梧桐是政府主导发展模式的牺牲品

2011 年 3 月，南京市太平北路 40 多棵梧桐老树为了给新建地铁"让路"，被"砍头"放倒、等待迁移。[1] 虽然市城市管理局已经过"各方协调"，将地铁部门要求迁移的 2600 多棵行道树减少到 1100 棵，而且是迁移而不是简单的砍树，但是此举仍然引发了南京市民的强烈不满。以往的教训表明，如果维护不当，树被移植之后很可能死亡。为了保护南京城引以为傲的梧桐，有的市民走上街头，给幸存的行道树系上绿丝带。市政府也在网上回应，将优化地铁方案并尽可能减少移植数量。不过从市民反应和市政府的临时补救来看，城市管理局在 2010 年制定地铁方案的时候并没有广泛征求市民意见，以至等到砍树"生米煮成熟饭"、引起市民反应之后才不得不调整方案。

梧桐树早已是公认的南京象征，而南京市砍树也不是第一次成为全国关注的新闻，当年因受贿而被判死缓的王武龙就有"砍树市长"之称。砍树当然不是没有由头，而是带着"城市发展"的美名；地铁显然是城市发展的一个组成部分，也确实给市民交通带来许多便利。然而，发展就要砍树吗？问题当然不是南京必须在地铁和梧桐之间做出一个选择，而是在保护自己的自然和人文环境的前提下理性发展，并将发展所带来的环境破坏降低到最小。虽然南京有 15 万株行道树，但是难道就没有可能避开这些树造地铁吗？也许这样造地铁的成本会更高，也许地铁站的位置对行人不如现在那么方便，但无论是地铁成本、行人便利还是绿色环保最终都是南京居民

---

[1] 周亦楣："南京官方回应梧桐树遭砍伐，称将尽量减少移植数"，《新京报》2011 年 3 月 16 日。

自己需要权衡的选择，市政府不应在没有征求市民意见的情况下越俎代庖。

归根结底，还是一个南京究竟是谁的问题。在一般人看来，南京显然是南京居民的南京，而不是南京市长或市政府的南京。事实上，南京市已经换了不知多少任书记、市长，多数干部升迁之后根本不在南京住。他们为什么要在乎南京会发展成一个什么样子？即便他们退位后住在南京并在乎自己的居住环境，也不表明他们对南京的发展规划选择应凌驾于多数南京居民之上；更何况即便他们真心想把南京治理好，他们的方案也未必是最合理的。城市往哪个方向发展？南京是否需要更多的地铁？建造地铁是否可能不或少迁梧桐？如何权衡地铁的成本和梧桐的成本？这些都应该由居住在南京的市民（包括长期在南京工作的"外来人口"）在自由讨论之后作出决定。政府有义务向居民如实披露必要的信息，通过公开听证等程序让多数居民在知情基础上作出明智的决定。

由此可见，南京梧桐事件的关键并不在于是否应该砍树；如果多数居民在经过考虑之后同意，未尝不能为造地铁而砍树。关键在于市政府理应向居民公布地铁方案及其对居住环境的影响，包括需要迁移多少梧桐以及不同的替代方案，允许居民发表意见、回答居民提出的疑问并充分尊重在此过程中形成的多数意见。既然南京属于南京居民，他们才应该是城市发展的主导者和决定者；否则，如果继续由政府主导城市发展，恐怕地铁将永远占上风，而南京梧桐也就不可避免成为政府主导发展模式的牺牲品。

"洋挂职"是另一种公费旅游

"挂职"本来是一种特有的中国现象，为其它国家所无，不过2010年出台的"洋挂职"还真能锻炼国人乃至世人的想象力。据《北京晨报》2010年11月23日报道，"北京东城区拟派干部赴美国政府部门挂职。"东城区的十二五规划提出了"十大人才工程"，其中一项是"党政人才素质提升工程"，计划分批选送"优秀人才"到国际组织、跨国企业和发达国家政府部门挂职。"洋挂职"将作为人才发展专项基金列入财政预算，每年投入资金至少5000万元。事实上，"洋挂职"此前就已存在，只不过主要目的地限于韩国，期限半年；今后东城区打算增加去美国挂职"锻炼"的机会，期限增加到一年。

"洋挂职"和干部短期出国"考察"等"三公"消费一样，纯粹是在浪费纳税人的钱，而且"挂职"时间越长，浪费得越厉害。我真不知道已经去过韩国的三名东城区干部是如何"挂职锻炼"的。如果没猜错的话，他们都不懂韩语，而且不值得为了"挂职"一年半载而专门学一门外语，即便想学在短时间内也学不好。连语言都不通，跑到异国他乡呆上几个月，能学到什么回来呢？即使这几名干部会点英语，大多数韩国人的英语水平就不行；我和他们的大学教授沟通起来都很困难，没有受过专门训练的官员或普通公务员就更不用说了。也许能找个韩语翻译，但是那样不仅增加成本，而且也不足以克服语言障碍。关键是别人国家根本就没有"挂职"这一说，一般政府或企业部门也都比较精简，根本没有冗员陪着咱们这些"洋挂职"们；或更准确地说，这些人本身就成了别人的"冗员"。他们跑去"挂职"究竟能帮别人做什么？又能从中学到什么名堂？

当然，干部也因人而异，不能排除个别干部利用出国考察或"挂职"的机会学到一点真本领的可能，但这种可能性是得不到任何保证的。和学生出国学习或教师出国进修不同，干部出国的收获很难受到任何标准的检验。出国学习要读学位，自己必须学到真本事才能毕业。出国进修的效果已经在很大程度上取决于教师个人，但教师到国外大学进修毕竟是很"对口"的；这么多年的对外交流应该说效果也不错，我确实亲眼看到许多进修教师起早贪黑、勤奋苦学，回来一般也都有论文或专著作为访学成果。"洋挂职"的"验收"能要求什么标志性成果呢？至多是一篇讲述个人体会的报告，真正学到的经验属于很难外在化的"内功"，因而这些人学没学到任何有价值的东西也就不得而知了；说不定，随着"洋挂职"的普及化，网上随便就能搜到一篇泱泱大洒、有声有色的"挂职报告"。既然无法检验"洋挂职"的真实收获，那么就无法防止它对于大多数干部来说只是换了一种形式的公费旅游。

这种方式的公费旅游要比短期考察更从容潇洒，在长达一年的"挂职"期间可以"考察"很多景点，尤其是在美国、加拿大、澳大利亚这样"地大物博"的国家。况且这些国家都比较"人性化"：既然"挂职"长达一年，一般都允许携带妻儿老小，一家人在大西洋彼岸其乐融融、美轮美奂、何乐不为！甚至为一些贪官铺垫出国潜逃之路，也未可知。从数额上看，东城区的投入是相当大的。假定 5000 万在五年内花完，每年 1000 万，那么东城区会选拔多少人"洋挂职"呢？大概不会太多吧，一个区级政府哪来那么多的"优秀人才"？假定每年选拔十来位，每个人身上的花费就达到近百万。和为期十来天的出国"考察"就轻松花费好几万相比，这个预算似乎也不算奢侈；不过和一个年花费不超过二十万的"穷酸"访问学者相比，"洋挂职"可是阔绰多了。无论从哪个角度看，"洋挂职"机会必然是众多官员或公务员竞逐的美差。

至于选谁去，固然只有"优秀人才"才有资格；问题是"优秀人才"也是由领导选出来的，除了英语水平之外主观随意性很大，真正愿意做事的则完全未必被选中。我不反对私营企业选人出国学习管理，因为老板花的是自己的钱，他要为自己的选择负责；东城区花的则是纳税人的钱，而不是领导自己的钱。在一个唯上不唯下的体制中，地方领导有什么必要选择真才实学之士呢？难道是期望他们学成回国后改变自己如鱼得水的体制吗？乱花别人的钱，自己不但不会心疼，而且乐得享受，就和美国、韩国这些接受"洋挂职"的国家花人民币一样；别人会替自己的纳税人节俭，但是没有义务替中国纳税人省钱。这些国家经常为中国学者提供访问经费，但是可别指望它们会为"挂职"这类莫名其妙的"中国发明"买单；假如它们哪天真的钱没处去，以至要为中国"洋挂职"买单，那我举双手赞成。

关键在于，我们似乎已经形成了一种思维习惯，那就是好像什么都是一个"学习"的问题，官员素质也不例外；素质不够高是因为没学好，出国深造就能提高。其实对比中国和美国的政府办公楼就知道，我们的设备及其运用能力绝不比他们差；他们有的我们有了，他们没有的我们也有。我们的官员之所以素质不高，固然是因为学习得不够，但不是因为他们学不来，更是因为他们不愿意真学。如果体制是自下而上的，地方官员真正对人民负责，真正愿意为人民办实事，这点经验有什么学不会的呢？一定要花 5000 万"洋挂职"才能学到手吗？为什么韩国官员没有去美国"挂职锻炼"，就发明了自己的"新村运动"呢？我们那么多的村干部去韩国"学习"新农村建设，又学来了些什么？在一个不想学的体制下，别说花 5000 万，就是把全部财政收入用来"洋挂职"，也不可能提升哪个党政人才的"素质"。

中国外交政策须符合国内人民根本利益

经中国外交部发言人证实，2010 年 6 月 4 日凌晨，朝鲜边防部队向越境贸易的辽宁丹东居民开枪射击，造成三人死亡、一人受伤，而这一切就发生在金正日访华不久之后。这则消息令人震惊，不仅因为越境贸易显然"罪不至死"，朝鲜军队开枪滥杀平民将其极权国家的一贯本质显露无遗，而且更因为中朝两国历来是"一衣带水"的"友邦"，两国友谊甚至说是"用鲜血凝成的""牢不可破的"。至少从"抗美援朝"开始的半个多世纪以来，中国为朝鲜提供了大量无偿的人力、物力、财力、军事援助，最后却得到这个结果，不能不令人反思这么多年来的对朝乃至整个对外政策。归根结底，这些援助都不是政府凭空变出来的，而是国内人民用自己的劳动甚至生命创造的。这些援助究竟给谁或不给谁，这些财富究竟是援助外国还是留在国内自用，应该由人民作为财富的原始创造者最终决定。在决定对外关系中，政府当然应该考虑地缘政治等多种因素，但是无疑应将国内人民的根本利益放在首位。

不可否认，在任何国家，外交事务一贯是政府首脑说一不二、独断专行甚至可以说是宪法触及不到的领域，而针对外交决策的民主监督相当有限。美国联邦宪法规定只有国会才有权"宣战"，但是美国总统完全可以在没有国会批准的情况下攻击朝鲜、越南、阿富汗或伊拉克。当然，如果在两个月后国会多数公开表态拒绝宣战，那么总统必须把部队拉回来，只是在"生米煮成熟饭"的情况下，即便某些国会议员本来不倾向开战也不得不迁就总统制造的既成事实。伊拉克战争可以算一个典型的例子。如果拿到今天来表决，美国国会和社会多数很可能会旗帜鲜明地反对战争，但是可惜现在早已进退维谷、骑虎难下。即使如此，对外关系的原则是不变的；

政府首脑可以大权独揽，但是他毕竟是民选产生的，因而最终还得给国内人民一个说法，反之将在下一次大选中付出代价。美国总统可以编造理由"先发制人"，然后将整个国家和人民绑在战车上；再成熟的民主和新闻监督可能也不足以防止政府在关键问题上酿成大错，但这不过是任何一个国家的制度都不得不面临的实际挑战而已。即便布什当初撒谎也至少表明总统是有义务向人民解释发动战争的理由并获得支持的，而他的政党也为其发动战争的所作所为付出了代价；假使没有这场战争或战局不像后来这样糟糕，那么赢得08 年大选的很可能不是文质彬彬的奥巴马，而是退役军人麦凯恩。

关键在于，一国外交显然不是游离于整个国家政治之外的"独立王国"；和国内政策一样，对外政策也同样耗费国家资源并影响国内人民的权利和义务，甚至可能对全体人民带来灾难性后果，因而理应和国内政治一样对人民负责、受人民监督。无论是政府在外交事务中享有更大的自由裁量还是民主监督的实际难度，显然都不能否定对外政策必须符合国内人民根本利益的基本原则。

在中国当代史上，对外交往对于中国社会的影响是举足轻重的。如果说和美欧交往促进了中国的改革开放，我们对朝鲜的长期援助究竟给中国人民带来过什么呢？除了牺牲 50 万中国将士的生命，维持了一个不断制造冲突和紧张气氛的割裂半岛、一个儿孙世袭的"民主主义人民共和国"政权和两千多万长期处于饥饿状态（长期需要中国援助）的可怜臣民之外，我们的人民究竟得到了什么？给世界带来了什么？又给朝鲜人民带来了什么？如果当初朝鲜战争或许是国际"冷战"局面下的不得以之举，难道现在朝鲜对丁中国的国际政治角逐真的那么重要吗？他们吃着中国生产的粮食，拿着中国制造的武器，竟然开枪滥杀中国平民，这样的国家值得我们援助吗？我们为什么非要把这样的国家当作自己的朋友呢？

中国有句古话，择友不可不慎。中朝边境的枪声，这些已经是执政者不得不认真对待的问题了。作为一个负责任的大国，中国的对外政策不仅要对国际社会负责，更应首先对国内人民负责。

村委会延长任期弊大于利

2010 年，全国人大常委会即将修改村委会组织法，其中一个争论焦点是村委会的任期究竟应该维持目前的三年，还是和政府任期一样改为五年。据调查，绝大多数干部都清一色主张五年，但是华东师大农村研究中心的调查却发现，超过 3/4 的农民反对延长任期。谁是谁非，是一个必须弄明白的问题，因为它关系到村民自治的前途。既然村民自治的出发点是为了村民而不是干部的利益，法律修改理应尊重农民的想法；在农民普遍反对的情况下，延长任期的主张必须具备过硬的理由才能成立。

归纳起来，主张延长任期的理由主要有三条。一是节省成本。据估计，每次村委会换届选举的全国总成本达 30 亿元。这可能在某些人看来是天文数字，但是这个数字对于每年数万亿元的国家财政收入来说显然是微不足道的，在每年高达数千亿的"三公"消费面前也只是一个零头而已。中国有能力负担各级地方政府的公款吃喝、公费旅游和公车费用，负担这区区几十亿选举开销自然也不在话下；更何况五年一选也同样有成本，只不过比三年稍加节省而已。

相比之下，美国联邦众议院选区有好几十万人，选举成本也远比中国村委会高，但仍然是每两年就改选一次，也没听到谁抱怨成本太高。事实上，只有在民主意识极不发达的国家，才会把选举看成是一个纯粹的负担，才会在选举上花一点小钱都觉得心疼。成本考虑显然忽视了规范的村民自治给中国社会带来的巨大好处。如今农村征地拆迁引发的许多群体性冲突都是因为村委会不维护农民权益造成的。如果维持任期有助于村委会选举和运行的规范化，有助于减少农村征地拆迁造成的社会悲剧和群体性冲突，有助于维护真正的社会和谐与稳定，那么延长任期表面上节省了一点选举成本，实际上是得不偿失之举。

延长任期的第二个理由是治理效率，有人认为村委会在三年任期中"一年看，二年干，三年等着换"，真正干事的只有一年；延长任期有助于村委会干部安心工作，提高效率。这种论点对于治理中国这个大国来说也许成立，但是对于治理一个村庄来说则过分夸大了难度。美国那么大一个国家，总统任期也才四年，难道中国一个几千人的村庄比整个美国还复杂不成？众所周知，中国农村是一个规模不大的半熟人社会，并不存在村委会必须长时间熟悉工作才能进入状态的问题。更何况村委会可以连选连任，也不存在第三年村主任心不在焉、忙着琢磨选举的问题；事实上，村委会要想连任，就必须为本村做实事、做好事。如果村委会在任期间不好好干，甚至滥用权力、胡作非为，那就不是任期三年五年的问题，而是需要反思和改进整个村民自治的模式；这样人与其延长他的任期，显然不如早点把他选下来。

如果农民对选举产生了"厌倦"情绪，正确的对策是探讨并消除农民厌选的根源，而不是降低选举频率。效率论的错误在于只看到延长任期的好处，却忽视了它对村民自治的弊端。尤其在民主自治尚不成熟的中国农村，选举和治理必然是一个试错的过程；一任村主任干得不好，就得让他早点下台换人，而不是过早将某个人选长期固定在村委会职位上。在中途罢免事实上很困难的情况下，及时换届选举是村委会代表村民利益的重要制度保障。

延长任期的第三类理由也和效率相关：因为乡镇换届是五年，村委会换届与之衔接便于乡镇指导工作。一个值得注意的普遍规律是，所有强调上级领导的集权国家都喜欢把各级任期规定得整齐划一，因为任期不统一会产生诸多"不适应"——原先的领导还在，下边的人换了，上下还得重新磨合、"熟悉"，反之亦然，似乎都是徒然劳神费事。问题在于村委会组织法强调的不是上级领导，而是村民自治；乡镇确实可以提供"指导、帮助"，但是不得"干预"村委会工作。就村委会工作本身而言，有什么理由强求村委会任期和乡镇一致呢？

　　事实上，法治国家的经验恰好相反。要保证地方自治，正确的做法不是统一任期，而恰恰是刻意对不同层次的政府设置不同任期。美国联邦宪法只管联邦政府任期，根本没有提到州和地方政府任期，因而五十个州政府及其下属地方单位完全各行其是；即便在联邦政府内部，任期也不统一：总统四年，众议员两年，参议员六年，法官则采取终生制，目的正在于保证这些机构独立行使职权。统一乡镇和村委会任期固然便利了政府对村委会的领导，却恰恰削弱了村民自治，为乡镇控制、干预村委会提供方便，而与村委会组织法的精神背道而驰。

　　村民自治施行二十余年以来，确实积累了大量问题，因而确有必要修改村委会组织法，但是立法改革一定要保证越改越好，而不是越改越糟。尤其对于这部关系村民自治前途和亿万农民切身利益的重要立法，立法者还是应该多听听农民自己的意见。

否决申亚拨款显示立法会管用

2011 年初，大陆媒体不无遗憾地报道"香港申亚梦碎"。香港立法会在经过两个多小时辩论后，以 40 比 14 投票否决了香港申办 2023 年亚运会的 60 亿元拨款申请，为香港申办亚运划上了句号。[1] 事实上，早在拨款辩论前夕，立法会财委会已有逾半数议员表态反对香港申亚。多数委员认为，港府申亚存在费用预算混乱、没有清晰交代巨额开支如何使用、没有解决精英运动员退役出路等问题。在这种情况下，"申亚梦碎"不仅未必是香港的遗憾，甚至可能是香港社会的福音，而香港立法会以多数投票否决申亚拨款，至少表明它对于维护香港社会的公共利益是相当管用的。

香港《基本法》采用了"行政主导"模式，这从有关行政长官和行政机构的规定排在立法会之前的《基本法》结构就可见端倪；但是作为香港的立法机构，立法会毕竟行使着《基本法》第 73 条规定的诸多职权，其中除了"制定、修改和废除法律"之外，还包括"根据政府的提案，审核、通过财政预算""批准税收和公共开支""听取行政长官的施政报告并进行辩论""对政府的工作提出质询""就任何有关公共利益问题进行辩论"以及"接受香港居民申诉并作出处理"。换言之，立法会的基本职能就是对诸如亚运这样的项目可能为香港带来的公共利益进行辩论，并根据其成本决定政府申请的项目是否得不偿失。精打细算、收支平衡听起来有点小家子气，却是任何一个理性政府的必备条件，而政府的基本理性正是由立法会这样选举产生的议会保证的。没有称职的议会，就无从防范政府的好大喜功、劳民伤财乃至挥霍浪费。

---

[1] 康殷："香港立法会否决 60 亿申亚拨款申请"，南方网 2011 年 1 月 15 日报道。

　　申办亚运也许对于香港来说是一件好事，除了我们普遍（香港人未必如此普遍）感受的民族荣耀之外，还可能增加香港的旅游收入、促进公共设施建设和个别"明星运动员"的培养，甚至促使整个香港社会更加重视体育锻炼。但任何好事都不是免费午餐，最后都要由人民自己来买单；因此，是否值得花钱去买某个项目给他们带来的好处，最终也要由人民自己来决定。在我们看来奥运、亚运也许就等于至高无上、压倒一切的"公共利益"，但是在香港人眼里却未必如此；假如大陆人愿意出钱替他们办亚运，他们应该愿意，但是让他们自己掏腰包就不一定了。举办亚运究竟需要多少钱？门票收入是否足以收回投资？即使香港有必要促进全民体育，但是促进这样的目标是否一定要经过亚运才能实现？这些问题本身都是只有通过议会和社会充分辩论之后才能弄清楚。即便举办亚运是利益远超过成本的盛事，但是如果资金分配或使用不当，亚运能否成功举办还是一个未知数，更不用说它能否兑现申亚推动者承诺的给香港社会带来的积极意义了。

　　当然，普通老百姓由于信息、时间、精力和专业知识等方面的限制，往往无法亲自调查每一个复杂问题，而这也恰恰是为什么议会和媒体对于现代社会如此重要，因为它们受人民委托履行着获得信息和权衡利弊的重要职能。如果媒体受到管制，人民就失去了耳目；如果议会不能正常发挥作用，人民更是失去了判断和行为能力。如果一个议会真正是由人民选举产生的，因而确实对人民的利益负责，那么它就相当于一架判断"公共利益"的自动机器，多数议员对特定事项的投票结果就是其是否符合公共利益的可靠试金石。香港立法会此次投票否决申亚之所以令人欣慰，正在于其体现了自己有能力充当香港社会公共利益的试金石。

　　香港"申亚梦碎"，这个梦想却在杭州成真了。2023 年 9 月，杭州举办的亚运会据说耗资近 2500 亿人民币，但收入仅 57 亿。这样的"亚运梦"真的是中国人想要的吗？

叁、权力制衡

1978 年改革开放，孟德斯鸠 230 年前出版的《论法的精神》开始慢慢进入中国大陆。虽然没几个人读或能读懂他的大部头，"法治""制衡""三权分立"这些概念很快耳熟能详。但是对于几千年的集权大国，尤其是经过近几十年登峰造极之后，中国的行政主导却积重难返，行政权力渗透了社会的每一个角落。行政化与政治化成了中国社会每天都呼吸的空气，连最不需要"管理"的法院和大学都不幸免。

一个崇拜权力的国家其实是很难改革的，因为它的国民气质是革命。社会也需要革命，因为权力永远是霸道的，改良根本进行不下去。1911 年最后的短短两三个月，就完美诠释了这个逻辑。我们记得这个年代，是因为那一年发生了"辛亥革命"——之所以发生革命，就是清廷自恃"我有枪"的逻辑，一而再再而三地扼杀改良。其实在起义演变成革命之前，短暂上演过君主立宪，这是真正意义的革命性的改良。但是因为中国人自己不珍惜，白白错失了这个千载难逢的机会。

毋庸赘言，一个不珍惜改良机会的民族不可能改良成功，也不可能真正实现法治和权力制衡。

孟德斯鸠的"精神"

　　用中国当代的学术标准来衡量，孟德斯鸠进高校的话肯定要"下岗"，因为他毕生基本上只在 1748 年出了这一本专著——《论法的精神》，论著数量肯定不"达标"（另一本《波斯人的信札》是虚构的游记，应该够不上"评职称"的标准）。用他自己的话说，这部倾注其毕生之学、参考了 300 余篇文献、历时二十年写就的巨著"差点要了命"。仿佛是为了庆祝自己的寿辰，他终于在六十大寿那年出版了这部让自己永垂青史的经典。要不是殷实的贵族家庭背景支撑着，只怕他早就得为了养家糊口搁笔经商或务农了。好在天助英才，良好的家境并没有让这位男爵像其他贵族那样游手好闲、荒废时光，而是帮助他完成了这部旷世巨著。两三百年后翻开这部思想经典，非但没有过时之感，而且不时让人茅塞顿开、拍案称奇；尤其是它对中国专制传统的批判入木三分，至今读来仍令人感觉余音缭绕、回味无穷。重读《论法的精神》英文版，颇有新得，故不惮冒昧，在此与读者分享。

一、"法"的涵义

　　虽然这部包含了近 3000 脚注的巨著共六大部分、三十一篇，流芳后世的主要是前两部分。第三、四部分分别处理法与生活气候以及贸易之间的关系；第五、六部分则讨论法律和宗教与革命之间的关系。但是孟德斯鸠的目的并不是讨论世界各国的实体法本身，而是探讨各国法律所共享的"精神"——规律、原则、灵魂。值得注意的是，孟德斯鸠故意回避了"自然法"，因为至少自阿奎那的《神学大全》以来，西方自然法传统带有鲜明的神学色彩，自然法就是上帝刻在人们心中的律法。

开门见山第一篇，孟德斯鸠讨论了"一般意义的法则"。之所以把这里的 laws(*lois*)翻译为"法则"，是因为孟德斯鸠对"法"的定义是相当宽泛的，不仅包括统治人类的法律，而且也包括统治自然世界的规律："法则就是从事物本质中推导处理的必然关系，并在这个意义上，所有存在都有自己的法则：神有神法，物质世界有自己的法则，智力比人类更优越的外星人也有自己的法则；野兽有它们的法则，人类则有自己的法。"（第一部分、第一篇、第一章，以下简写为 1.1.1，其余类推）

然而，"人类有自己的法"这句话说得比较暧昧——究竟是人作为道德主体主动为自己制定的法，还只是和其它动物一样被动遵循某些上帝为其制定的自然法？孟德斯鸠没有解释，但是从后文似乎表明两者皆有。法语的 *loi* 固然是指实定法，但同时也有定律、规律的意思。譬如"动物有自然法则，因为他们是被感觉联合在一起；他们没有实定法，因为他们不是被知识联合在一起。"（1.1.1）和其它动物一样，人作为物质上的存在也受"不变法则"的统治。但和其它动物不同的是，"作为智能动物，他会不断违反上帝确立的法则，并改变他自己建立的法律。"（1.1.1）

事实上，作为一种"感觉动物"，人受制于错误、无知以及"成千上万种激情"，让他经常忘记造物主、同胞甚至自己的真性，因而需要上帝的律法、道德的律法和政治与民事的律法加以不断约束和提醒。《论法的精神》后文指出，针对人的立法是不能和关于神的立法混为一谈的，因为"人类立法是为了善，宗教则是为了至善。善可以有其它对象，因为存在好几种善；至善则只有一种，并永远不会改变"；另外，"宗教的主要力量来自被人信仰，人类立法的效力则来自被人畏惧。"（5.26.2）

虽然孟德斯鸠的重点在于探讨法律作为统治人类的理性，他的自然法理论本身是相当单薄的，只花了一章匆匆带过。他认为统治人类的自然法则主要有四类：和平、生存、两性之间的吸引力以及对社会群居生活的向往。这些法则与其说是"法"，不如说是造物主赋予人类的自然禀性；只有进入社会之后，人类才开始制定自己的法。有趣的是，孟德斯鸠不同意霍布斯的自然状态理论，认为人在自然状态下的主要问题不在于各自为战，而在于虚弱和恐惧；只是在进入社会、团结起来之后，人才变得强大，这时才发生国家（或部落）之间的战争。为了确立国家和国家以及国家和公民以及公民和公民之间的关系，社会相应需要国际法、政治权利法和民事权利法。但作为统治人类的理性，法律并不是抽象的，而是和特定国家的风土人情乃至物理地貌紧密相连。《论法的精神》之所以洋洋大洒、鸿篇巨制，正是为了系统探讨复杂人类关系的方方面面。

二、政府形态

既然孟德斯鸠认定"社会不可能没有政府而存在"（1.1.3），他首先需要探讨政府的性质与类型。虽然政体分类早在柏拉图和亚里士多德那里就已基本完成，但是孟德斯鸠的分法略有不同。他受后人公认的一个"创新"是将政体分为三类：共和的、君主的、专制的。"在共和政体，人民作为一个整体或人民中的部分拥有主权；在君主政体，只有一个人统治，但是依据确定的法律；在专制政体，一个人根据自己的意志和能力统治一切，既没有法律、也没有规则。"（1.2.1）共和政体又分两类：民主的或贵族的。在民主国家，人民通过代表其意志的表决而成为"君主"，因而在民主国家，关于选举权利的法律是至关重要的。通过选举，人民任命治国有方的官员，尽管他们自己未必有治国能力："就和绝大多数公民有足够能力选举，却没有足够能力作为候选人，人民有足够能力让别人对治国承担责任，却未必适合亲自治国。"（1.2.2）

三种政体各受不同原则的统治：无论是民主还是贵族统治，共和政体的原则是美德；君主制的原则是荣誉，专制的原则是恐惧。专制国家不需要荣誉，因为专制国家的人都是奴隶，在这一点上彼此完全平等。然而，不同政体之间的界限并非泾渭分明。民主和贵族统治之间的区别只是统治人数不同，君主制和专制之间的差别则似乎主要取决于统治者个人是好人还是坏人。事实上，孟德斯鸠从雅典城邦民主的实践认定："以抓阄为方式的表决是民主制的性质，以选择为方式的表决是贵族制的性质"，（1.2.2）因为只有抓阄才能让每个公民获得为国家服务的合理机会和预期。因此，现代的所谓"民主"选举在他看来其实更多是贵族制的特征。他还认为最好的贵族制其实就是多数统治，因为那样极少数被统治者根本不能争夺统治权，因而多数人也无意压迫之："贵族制越是接近民主制就越完美，越是接近君主制就越不完美。"（1.2.3）

孟德斯鸠认为，每个国家的法律都必须和它的性质与特征相符。譬如民主国家"热爱平等"，平等是民主国家的"灵魂"，因而要维持民主，必须谨慎维持社会的平等状态，通过建立类似于罗马等级制度等再分配措施防止社会两极分化。国家有义务发展贸易，"让每个穷人足够舒适并能够和其他人一样工作，把每个富人降到中产层次，从而为了维持或获得财产需要工作。"（1.5.6）相比之下，贵族制在本质上是一个不平等的国家，因而只能指望达到一种"适度"，因为统治者和被统治者之间的过度不平等是颠覆贵族制的根源。和古希腊思想家一样，孟德斯鸠也认为不同政体是可以相互转换的。譬如民主国家如果出现过度不平等就会向贵族制或君主制过渡，如果过度平等则会向专制国家过渡。

孟德斯鸠认定，不同性质的政体和政体规模直接相关。这一论断有时被上升到"孟德斯鸠定律"的高度，并稍后直接为卢梭借鉴。他认为大国只有专制才能维持，中等规模国家更适合君主制；共和则只有在小国才能生存，理由是大型共和国必然积聚大量财富，"因而温和精神式微"；"在小国，公共利益更为直观、更为人所知、更贴近每一个公民，公权滥用则不那么普遍，因而也不那么容易受到保护。"（1.8.16）今天看来，这一论断稍显粗略，尤其是美国联邦制的建构打破了"定律"关于"共和只适合小国"的预言，但是这一论断提出的命题是不朽的；即便对于实行高度地方自治的美国等联邦国家，大国的民主仍然是一个难题。

事实上，孟德斯鸠自己已经预见到"联邦共和国"的可能性，因为"如果共和国太小，它会被外国武力所摧毁；如果它太大，它会被自己内部的恶习所摧毁"；因此，"人类最终不测不永远生活在一人统治的政府之下，如果他们不能设计一种宪法，使其同时具有共和政体的所有内部优势和君主政体的外部力量。"（2.9.1）正是共和联盟使得希腊和罗马繁荣强盛了如此之久。"由小共和国组成，联邦对内享受每个小政府的好处，对外则通过联合的力量具备大型君主国的全部优势。"（2.9.1）今人一般认为，孟德斯鸠对现代宪政的最大贡献在于三权分立理论，联邦制则是麦迪逊等美国立宪者的独创，但是以上论述提醒我们，《论法的精神》这个思想宝库也为联邦主义者提供了最初的灵感。

对于实行中央集权的单一制中国，"孟德斯鸠定律"不仅解释了数千年延绵不断的专制传统，而且也揭示了当今中国的民主难题。要在中国达到和美国联邦众议院类似的代表水平，就必须设立目前规模达三千人的全国人大，从而陷于难以运转的困境；要提高立法效率，则似乎有必要设立规模小得多的人大常委会，但是那样一来又牺牲了立法机构的代表性。"孟德斯鸠定律"仿佛成了中国民主的魔咒，时至今日依旧难以打破。

三、自由与专制

毫无疑问，孟德斯鸠是一位自由主义者。这位"光荣革命"的同龄人和英国颇为有缘。事实上，他的温和渐进理性更像是英国的伯克，而和大革命后法国本土的激进性格形同陌路："人能感受过去的滥用并看到纠错办法，但是人还看到纠错本身也会滥用。人可以留着弊病，如果害怕更糟糕的事发生的话；人也可以留着优势，如果怀疑更好的是否存在。"（前言）"剥夺个人利益，哪怕只是通过政治的法律或规制剥夺微不足道的一点点，也从来不符合公共利益。"（5.26.15）只此一句，就把他的学说和功利主义者密尔等"半调子"自由主义区分开来；他应该被定位于偏保守的古典自由主义行列，而这在法国人当中是极少见的。当然，在孟德斯鸠那里，自由并不是随心所欲、为所欲为，而是"做所有法律允许之事的权利"；事实上，"如果一个公民可以做法律禁止的事情，那么他就不再自由了，因为其他人将具有同样的权力。"（2.11.3）因此，"宪法就是要防止任何人被迫做法律并不强制他做的事情，或被禁止做法律允许他做的事情。"（2.11.4）"要让人不能滥用权力，制度安排必须让权力制约权力。"众所周知，这正是孟德斯鸠分权理论的核心思想。（2.11.6）

站在自由主义立场上，孟德斯鸠清醒认识到法律制裁的局限性以及思想与言论自由的重要性："法律仅负责惩罚外在行为。"（2.12.11）"只是在言论预备、伴随或追随犯罪行为的时候，言论才成为犯罪"；事实上，"沉默有时比任何言论表达得都多，没有什么比它更模棱两可了。"（2.12.12）假如法律可以惩罚言论的话，那似乎在某些情况下更应该惩罚沉默，但是这又如何可行呢？《论法的精神》在言论自由问题上所花笔墨不多，但是点到之处及其精当；170 年之后，孟德斯鸠的真知灼见为美国联邦最高法院的大法官所肯定。在 1919 年的"抵制征兵系列案"中，霍姆斯大法官为了解释第一修正案而发展了"清楚与现存危险"标准，大意正是只有当言论会产生清楚而非模糊、迫在眉睫而非遥不可及的社会危害时，法律才能事先禁止言论发表或事后进行惩罚，否则就不正当地侵犯了宪法保护的言论自由。当代美国关于言论自由的宪法规则就是建立在霍姆斯的"清楚与现存危险"标准之上，而后者与孟氏论断的相似之处是昭然若揭的。

当然，孟德斯鸠远不只是一个法学家，绝不会满足于法理阐释；他更是一位比较政治与社会学家，总是要探索造成不同政治制度的社会、文化乃至气候、地理等自然因素的各种根源。早年游历英国给他的启示是，岛国人民要比大陆人民更倾向于自由，因为岛国通常很小，因而不能很容易调用一部分人民压迫另一部分；另外，"海洋把它们从庞大帝国分离开来，暴政不能抵达他们。"(3.18.5)这些观察和他的"定律"是完全一致的，并为"定律"提供了例证。小国之所以相对比较容易实现自由民主，是因为人民的力量和政府相当；大国之所以更容易维持专制，是因为人民的集体行动更难，而政府则可以轻易调动全国的力量来镇压局部的起义。

正因为如此，他认定平原比山区更容易产生并维持专制，而且平原更易于受到外敌入侵，因而更有必要维持一个强大的政权，尽管政权强大实际上很可能用于镇压国内民众而非抵御外敌。亚洲平原比欧洲更为辽阔，因而"权力在亚洲总是专制的，因为假如那里的奴役不够极端的话，立即会出现国家性质不能承受的分裂。"（3.17.6）相比之下，"山区人民保留了比较吻合的政体形式，因为他们并不面临外来征服的巨大威胁。"(3.18.2)"山区人民不惜任何代价坚持民选政府，平原的人民则希冀强人政治，海边的人民则喜欢两者混合的政府。"（3.18.1）这些论断显然过于绝对，但是对于解释专制的成型仍然具有一定说服力。自然地理障碍不是不可以克服，尤其是现代交通和网络的发展为信息自由交流、打破专制垄断提供了极大便利，但不能否认的是，自然地理对于原始政体的形成具有决定性作用，而制度一旦巩固之后，与其相适应的文化将对人民的思维习惯产生潜移默化的持久影响。

《论法的精神》处处洋溢着对自由的崇尚、对专制的鄙视："一个自由民族可以有一个解放者，一个被征服的民族只能迎来另一个压迫者"（3.19.27）；"所有人在共和政体都是平等的，所有人在专制政体也是平等的；前者平等是因为他们就是一切，后者平等则是因为他们什么都不是"（1.6.2）；"在一个自由民族，个人论理是好事坏往往无关紧要；只要他们论理就足够了，自由将保护他们免予论理的不良后果。类似地，在一个专制政府，个人论理是好是坏同样有害；只要他们论理，就足以和政体原则背道而驰"（3.19.27）；在孟德斯鸠看来，专制必然导致人治："一个懦弱、无知和沮丧的人民是不需要太多法律的"（1.5.14）；"专制国家没有法律，法官自己就是规则。"（1.6.3）专制社会由于缺乏法律保障，商人只能得过且过，而不能从事太多贸易。政府权力得不到约束，致使贪污盛行、征收和充公频繁发生，使得财产权失去可预期性。所有这些在今天听起来都十分熟悉，让人不得不惊叹孟氏的先见之明。

孟德斯鸠主要根据传教士的日记，认定传统中国是一个专制国家，但是并非简单的法家专制主义。（1.8.21）"和美德与荣誉作为源头活水的共和与君主政体相比，严刑峻法更适合将恐怖作为原则的专制国。"（1.6.9）在这个意义上，他认为传统中国有君主甚至"共和"政体的成分，因为儒家总是谆谆教导，刑罚越严酷就越接近革命。但是在总体上，中国执政模式无疑是专制的。"中国执政者有两个目标：他们想让人民顺服宁静，并勤勉用功……当每个人都服从、每个人都工作的时候，国家就处于幸运状态。"（3.19.20）这一点也在中国的"男尊女卑"传统上体现得相当清楚："对妇女的奴役非常吻合专制政体的性格，那就是喜欢虐待一切事物。因此，在亚洲，家庭奴役和专制政体并行不悖、代代相传。"（3.16.9）看来胡适的玩笑——"怕老婆"是民主社会的品性——还真有点道理。在一个专制社会，强势者总会以各种方式压迫弱势者；对待妇女，中国传统文化不仅没有多少"怜香惜玉"，而且还编出"饿死事小、失节事大"等一整套压抑妇女人性的专制"学说"，甚至心理变态到强求每个女性裹脚的地步。也许这一不可思议的陋习在孟德斯鸠的年代尚未大肆盛行，否则《论法的精神》一定会将其作为中国式专制的范例。

四、孟德斯鸠的启示

《论法的精神》洋洋大洒百万余字，涉猎了两三个世纪以前的大量风土人情、政治文化与法律制度，却一点不让今天的读者感到乏味，原因在于它是一本充满智慧的经典。每当你对古代风俗习惯的长篇大论开始厌倦的时候，他总会从中总结出一条在当代仍然熠熠闪光的格言。在《论法的精神》中，这些格言遍布全书、俯拾皆是："在无知时代，人做了最伤天害理的事情还毫无疑虑；在启蒙时代，人做着功德无量的大好事还战战兢兢"；（前言）"一个人之所以穷，并不是因为一无所有，而是因为他不愿工作"；（4.23.29）"虔诚的人和无神论者都谈论宗教——前者总是谈他的爱，后者总是谈他的怕"；（5.25.1）"正义的形式对于自由来说是必要的。但是如果它们变得繁琐不堪，那么就和规定它们的法律本身的目的恰好背道而驰"；（6.29.1）"法律不应该很微妙，因为它们是为了一般理解水平的平民制定的；它们不是逻辑演绎的艺术，而是普通一家之长的简单推理"；（6.29.16）"有时候变革要准备上好几世纪。等时机成熟了，革命才会到来。"（6.28.39）……

《论法的精神》对后人的教诲远不止其首次系统提出的三权分立理论。作为古典自由主义理论的集大成者，孟德斯鸠对后世思想的启迪是多方面的。譬如"在自然状态下，人生来平等，但是他们不能保持这种状态。社会使他们失去平等，而他们只有通过法律才能恢复平等。"（1.8.3）卢梭的《社会契约论》第一句和这句话很相似，只不过把"平等"改成了"自由"，而卢梭的自由和平等实际上是不可分离的；事实上，甚至可以说整部《社会契约论》和《人类不平等的起源》都是这句话的进一步展开。再如"要判断哪国的法律更符合理性，不能把单个法律逐条比较；它们必须被作为一个整体，放在一起比较。"（6.29.11）一个例子是刑事审判中的证人制度。法国对伪证规定了严厉惩罚，英国则不以为然。原因在于法国只允许检方证人作证，而不允许被告对质；英国则双方都可以提供证人并相互质证，因而伪证的风险或带来的伤害更小。通过一个简单的例子，这位制度分析大师充分形象说明了整体比较的必要性，而《论法的精神》显然就是这类比较研究的范本。对于一个多世纪以来不断借鉴与移植西方法律制度的中国来说，比较研究方法论的重要性是不言而喻的。

《论法的精神》毕竟属于前现代作品，有些地方难免失之教条或武断，例如他认定民主国家的原则是美德，因而必须具备审查官，但是后来的实践证明，恰恰是专制国家才有新闻审查制度。又如，"既然宗教和法律的主要宗旨在于将人造就成良好的公民，可以看到在两者之一偏离这个目标的时候，另一个就有必要更贴近这个目标；宗教越宽容，法律就应该越严格。"（5.24.14）然而，孟德斯鸠在这里的宗教"宽容"应该是指教义对人的行为要求不严，而不是人们的信仰自由以及对不同信仰的宽容，因为即便国家不能强求人民信仰，各种宗教仍然可能支配人们的信念并对人的行为产生严格约束，从而并不要求严格的法律约束作为补偿。在今天实行宗教信仰自由的国家中间，不乏信仰富有活力、人民遵纪守法而法律相对宽松的民族，宗教宽容和法律宽容未必抵触。再如，"确信来世复仇的人会逃避立法者，他们对死亡太蔑视了。"（5.24.14）虽然极端伊斯兰信徒更可能成为自杀式爆炸袭击者，但是他们毕竟是极少数；对于多数信徒来说，无论信仰什么，对来世的憧憬未必和现实主义甚至现世主义相矛盾。

尽管如此，零星的瑕疵只能更真实地确证经典的不朽。无论是作为法律史学还是比较制度学，《论法的精神》都代表了一个后人难以超越的境界。对于急功近利、随波逐流的当代中国人来说，孟德斯鸠的最大启示在于几十年甘坐"冷板凳"，敢为天下人不敢为、不敢想之事，方能成就此不世之功。试想，假如他像当年大小贵族那样好逸恶劳、碌碌无为，或像中国当代学术界这样浮夸虚荣、投机跟风，那么《论法的精神》就不可能诞生，今人也就不可能知道"孟德斯鸠"这个名字了。在《论法的精神》背后，实际上隐藏着孟氏本人坚毅沉稳、持之以恒、矢志不渝的精神。没有这点精神，非但一个人不可能成就杰作，一个民族也不可能开拓出法的精神。

中国法治的进步与局限

2010 年，中国制定了《社会保险法》和《人民调解法》，修改了《保密法》《国家赔偿法》《村民委员会组织法》等法律，同时出台了不少规章和规定。总的来说，这些法律规定的主要亮点在于技术细节方面的完善，其程序意义大于实质意义。

以新制定的《社会保险法》为例，这部法律的一大进步是实现了养老和医疗保险的"异地漫游"；对于跨统筹地区就业的个人，其基本养老和医疗保险关系随本人转移，缴费年限累计计算。这一规定为养老和医疗保险的全国联网提供了法律基础，也为劳动者跨地区工作清除了不必要的障碍。在网络技术高度发达的今天，建立这样的全国联网系统显然不是一件难事。但同时不能不看到的是，技术进步并没有解决这部法律解决不了的实体困难，那就是养老和医疗保险覆盖范围有限、保障程度过低。目前大多数人都不可能靠养老金过活，医疗保险也只管小病，大病对于许多家庭来说仍然是灭顶之灾。要让《社会保险法》真正发挥作用，国家今后还得投入比现在多得多的财政，增加社会保险的覆盖范围和力度。

《保密法》修改的主要亮点也在于技术细节，譬如以往中国只注重保密，而不知道解密的重要性；如果已经超过保密时效的事项仍然被保密，人民的知情权自然就遭到剥夺。因此，此次修改规定了两种解密制度：一是自动解密制度，保密期限已满的国家秘密自动解密；二是主动审查制度，要求有关单位"定期审核"所确定的国家秘密，不需要继续保密的应当及时解密。更重要的是，修改后的《保密法》有限度地上收了定密权。以前由于有权定密的政府单位过多，定密程序十分随意，造成"国家秘密满天飞"的现象，严重限制了公民知情权。现在县级以下的单位不再拥有定密权，而且规定了定密责任人制度；单位负责人及其指定的人员为定密责任人，负责本机关、本单位的国家秘密确定、变更和解除。新法对定密主体的限定和程序的完善有助于纠正国家秘密范围过宽的现状，但这种改善是有限的。严格来说，地方政府根本没有资格确定国家秘密，因为国家秘密应严格限定于国防、军事以及某些敏感的特殊外交事务等专属中央政府的事项，其余都属于必须向社会公开的政府信息，因而只有中央有关部门才有权决定什么是"国家秘密"，地方政府仅有权执行中央规定。这里涉及一个基本的治国理念——既然地方政府的主要职能是内部治理，有什么地方事务是不能或不应该向老百姓公开的呢？即便是公安侦破等当时不宜公开的信息，也属于信息公开的例外，而非严格意义的"国家秘密"，而我们一直将两者混为一谈，从而极大扩张了"国家秘密"的范围。现在规定县级以上地方政府都有权确定国家秘密，因而无法从根本上解决"国家秘密满天飞"。今后需要进一步上收定密权，将其严格限于中央有关部门，并使之接受全国人大有关专业委员会的监督。

《村民委员会组织法》的修改经过激烈争议，最后顶住各级官员的普遍压力，保留了任期三年的规定，有利于村民自治不受上级干预，因而这种不修改也未尝不是一种"进步"。新法进一步规范了委托投票，有助于治理选举舞弊。另一方面，新法没有对选举细节进行适当规定，例如没有规定当场记票制度，从而为选举舞弊留下空间。对于作用越来越重要的村民代表会议，新法也没有实质性地规范其选举和组成，成为今后村民自治的一大隐患。总的来说，新法对技术细节的改良不足以在整体上改善村委会选举质量，而自上而下的领导方式有所强化。在这种情况下，未来村民自治的前景面临诸多变数。

《国家赔偿法》自 1995 年施行后，由于赔偿范围小、标准低、程序复杂而备受诟病，甚至被戏称为"国家不赔偿法"。这次修改除了赔偿程序有所改进、赔偿时间有所限定之外，还扩大了赔偿范围，明确规定了获得精神赔偿的权利以及国家机关及其工作人员行使职权造成公民身体伤害或者死亡的赔偿责任，将监管人员虐待或放纵他人实施殴打、虐待等行为纳入赔偿范围。这类明显违法行为在许多国家被界定为工作人员的"个人行为"，国家并不承担直接责任，国家替代个人赔偿被认为有纵容个人犯法之嫌，甚至被认为是慷纳税人之慨以弥补政府管教不力的过失。从受害人权利保障出发，由于肇事者很可能赔偿能力有限，国家确有必要保证赔偿；但是从政府法治、责罚分明、提升威慑的角度来看，国家有必要在赔偿之后对明显的个人过错加大追偿力度。不可忽视的是，目前掌握公权力的某些人之所以肆无忌惮地侵犯公民权利，除了政治因素之外，正是因为法律责任太小；对于那些无法无天的公职人员，倾家荡产的罚款或许是最有效的震慑，而国家赔偿的目的显然不是为肇事者提供"保护伞"，而是为受害人提供充分救济。由于新法关于追偿力度和精神赔偿幅度的规定存在极大弹性，今后的司法实践有必要适当把握，在为受害人提供充分救济的同时适当追究肇事者的个人责任。

调解本来可以是解决纠纷的有效机制，只不过这套民间机制不太适合法院，反而容易混淆司法职能并加剧司法政治化。《人民调解法》明确规定了调解协议的法律效力，有助于将民间调解机制规范化和制度化，进而有望厘清调解和司法职能的分界。调解应该在法庭外进行，调解不成的案件进入庭内诉讼；对于调解达成的协议，法院的主要职能限于协议的解释和执行。只有这样，才能将属于司法的（诉讼）还给司法，属于民间的（调解）还给民间。

最后，程序性规定的作用当然未必仅限于形式，而是可能产生实质性效果。国家安监总局出台的《金属非金属地下矿山企业领导带班下井及监督检查暂行规定》将领导带班下井制扩展到所有矿山，要求每个班次至少有 1 名领导在井下现场带班，并与工人同时下井、同时升井。另外，矿山"领导"明确为矿山企业的主要负责人、领导班子成员和副总工程师。如果矿山企业没有领导带班下井，从业人员有权拒绝下井作业；如果从业人员发现并确认带班下井领导无故提前升井，经向班组长或者队长说明后有权提前升井。虽然这些规定在实际操作过程中可能打折扣，但是让矿山领导"陪死"确实有助于促使他们重视矿山安全，从珍爱自己的生命出发加强矿山安全保障，从而让广大矿工也能搭上安全保障的"便车"。和所有其它规定一样，这条规定的关键也重在落实。让领导和矿工"同生死"当然好，而目前将监督实施主要交给矿工自己，但是矿工是否敢坚持要求领导下矿？矿工自己是否有意识坚持这条要求？如果缺乏具体的监督措施，只有等到矿难发生后才发现领导没有下井，那么任何处罚都为时已晚。

司法公信力缘何缺失

2010 年 4 月 16 日，福州马尾区法院就严晓玲案判决范燕琼、游精佑、吴华英三名网友构成"诽谤"，并分别处以一到两年徒刑。从网络评论看，绝大多数网民对判决结果持负面评价，并对法院陈述的案情表示不信任。造成社会不信任司法的原因固然多种多样，但是司法判决本身的说理方式也是重要原因之一。对于司法判决，公信力的基础在于其说服力；如果一篇判决书说理不清楚或有漏洞，那么它注定不会赢得社会信任。好在马尾法院公开披露了判决书的梗概，让我们能具体分析司法公信力缺失的根源。

判决书认定网友诽谤的依据有两点：一是三名被告"捏造事实"，二是被告行为"情节严重"。从基本逻辑和适用原则来看，判决书本身并没有大问题。严晓玲案的关键在于网络言论自由的限度。现行宪法第 35 条规定"公民有言论、出版……的自由"，其中显然也包括网络言论的自由，但是言论自由并非没有限度；无论在哪个国家，任何人都显然没有故意捏造事实并造成严重后果的自由。在欧美国家，为了保护言论自由、鼓励公民和新闻机构监督政府并保持政府廉洁，政府官员的名誉权受到了一定限制。如果公民或新闻机构对政府的批评指责和事实有出入，但并非故意为之，那么政府并不能动用诽谤法来维护自己的"名誉"，否则就没人敢说话了，因为任何人都无法保证自己的话 100%准确；如果讲错一句就被政府抓住不放并以诽谤法"杀鸡儆猴"，必然造成整个社会噤若寒蝉、万马齐喑的局面，恰和宪法保护言论自由的宗旨背道而驰。然而，如果被告被认定故意捏造事实，那么他必须对由此造成的法律后果负责，而不能再宣称自己受宪法言论自由的保护并予以免责。因此，如果本案三被告确实构成"故意捏造事实"，那么宪法第

35 条并不能保护他们，否则必将纵容被告对宪法权利的滥用。

但是本案的问题恰恰在于，三网民是否"捏造事实"？换言之，"事实真相"究竟是什么？判决书要有说服力和公信力，就必须把这个问题交待清楚。至于在此基础上，"捏造事实"的言行是否造成了严重后果，或"情节严重"究竟适用什么判断标准，已属其次，在此不赘述。绝大多数网民最感兴趣的也是案情真相，而本案的事实有两个版本：一个是 2009 年 6 月福州警方在新闻发布会上公布的通报，认定严晓玲的死因为宫外孕导致大量出血；另一个则是本案被告被指控捏造的严晓玲遭轮奸致死的故事，其中还包括施暴者和闽清公安局之间的违法幕后勾结，以及公安局领导事后"恐吓"多次上访的严母林秀英等情节。法院判决确实花了较大篇幅陈述两个不同版本的事实，可是却完全没有说明究竟应该采信哪个版本，而是从一开始就已认定警方版本的准确性。其实这些故事只要在网上一搜就全出来了，比判决书介绍的梗概更详细、更丰富，试问判决书复述这些故事有何意义呢？该轮到法院论证了，则只有"经过认真严密审理"寥寥八字；关于三被告人是否有捏造事实这个关键问题，更只有"经查"二字，结论就跟着出来了，何其简明扼要！但是如此判决能令人信服、平息众议吗？

不可否认，任何疑难案件都不可能穷尽疑问；美国辛普森杀人案判决至今已有十多年，严格说来还是一个疑案。但是任何案件都得有一个相对而言最令人信服的说法，而政府对于调查取证、澄清事实确实承担着无可旁贷的责任，甚至发挥着不可取代的作用。然而，面对有关部门普遍缺乏公信力的现状，司法判决简单重复政府的鉴定结论对于提高整体公信力显然是没有帮助的。尤其在地方公安和案情本身可能有牵连、中立性和公正性受到社会质疑的情况下，法院更不能先入为主地站在原告一边，而有义务赋予当事人平等的诉讼权利，不偏不倚地听取双方提出的证据，并为采信哪一方提供一个令人信服的解释。事实上，如辛普森案所示，如果控辩双方都没有 100%的确凿证据，法院偏袒的是被告而非原告。只有这样的司法判决才有说服力和公信力，也才能维持政府整体的公信力——如果法院支持政府的调查结论，那么一份有说服力的判决书能帮助解释政府版本的内在合理性，进而说服更多的公民接受政府版本；如果判决否定了政府版本，那更说明法院不是虚设的，而是有能力约束官员权力的，至少不会听任官员自说自话、指鹿为马，因而经过司法把关的政府结论是值得社会信任的。如今中国公众对严晓玲案的期待正是说明究竟应该采信哪个事实版本，而法院却以"经查"二字糊弄了事，这样的判决连被告和死者家属都满足不了，又如何能让公众满意？！

　　对于局外人来说，严晓玲案的具体结论是次要的，重要的是法院如实说明结论是如何得出的。当然，严晓玲案可能涉及个人隐私；虽然个人隐私绝不是福州警方声称的"国家秘密"，但是涉及隐私的事实确实需要适当保护，不应在庭审过程中随便泄露到社会上。然而，即便隐私保护也不能成为庭审走过场的正当理由，更何况死者家属很可能为了澄清事实而愿意放弃部分隐私。至少，法院应给予控辩双方充分机会提出证据并当庭质证，通过辩论澄清事实真相。但是从披露的判决来看，所有这一切好像都没有发生，尤其是被告似乎完全被沉默了，整个判决书对辩护律师的观点几乎未置一词；他们究竟说过什么、他们的论点和控方论点相比谁更有理可信，社会大众无从得知，更无从判断。死者的母亲林秀英等关键证人似乎自始至终没有出庭，她对被告范燕琼陈述的故事本身是否可信、记述并在网上传播故事的三被告是否构成"故意捏造"、闽清公安背后是否存在任何黑幕等一系列决定本案判决的关键问题，当然也就成了无解之谜。这样的判决又如何具备公信力呢？单靠惩罚网络流言，哪怕惩罚得对，也不可能提高司法乃至整个政府的公信力；恰好相反，它们只能给中国社会再次留下一个疑问：真相究竟是什么？

　　本案的法理是关于网络言论自由的限度，但是正如九十年前发生在美国的"抵制征兵系列案"所示，要保护社会的言论自由，法庭首先要有言论自由。当时站在被告一边的霍姆斯等大法官只是美国最高法院的少数，但正是他们为言论自由辩护的少数意见成为美国宪政史上反败为胜的里程碑。中国司法制度不允许法官公开表达不同意见，但是至少应该允许被告在法庭上为自己自由辩护吧。如果法院能认真对待辩护词并在判决书中予以适当回应，我相信被告和受害人家属是不会胡搅蛮缠的，社会公众也不再会对司法表示如此普遍的不信任。压制或选择性忽视辩护言论很容易让判决得出原告胜诉的结论，但这种审判方式所牺牲的不仅是被告正当辩护的权利，还有司法乃至政府整体的社会公信力。

用司法塑造民族理性

自 1999 年司法改革正式启动以来，改革路径之争一直持续不断。尤其是在 2009 年司法改革进入"第三季"前后，学者关于司法职业化与大众化之争甚为激烈。我认为这场争论的焦点基本上是一个伪问题，因为司法职业化虽然是改革前十年的共识，却一直停留于空喊口号。肖扬法院革除了传统法院的准军事化外观，法官群体的专业素质也随着法律教育的普及和统一司法考试的施行而有所提升，但是法院的内部管理环境及其在整个权力结构中的地位却没有丝毫改变，法官的独立性甚至可能因为采用系统的评价机制和等级制度而有所削弱。专业素质的提高固然是司法职业化的前提条件，但是仅此非但不足以保证司法抵制权力干预或腐败诱惑，甚至可能使司法不公变得更加隐秘；推理缜密的表面有助于掩盖判决书中隐藏的污点，引经据典的论证"可被用来润色本来赤裸裸的强权逻辑。既然司法职业化有始无终、浅尝辄止，职业化改革的问题和利弊均无从谈起，司法大众化论者的指控只能是把非职业化司法环境下产生的种种腐败统统归咎于从未发生的"职业化"而已。

在司法大众化不仅走不下去，而且实际上不可能有结果的情况下，我认为还是应该给司法职业化改革一次真正的机会。除了公正司法是维护社会正义的最后一道关口，司法改革是整个体制改革相对"脱敏"的一个突破口之外，司法还承载着更为基本的社会功能——塑造整个民族的理性思辨能力，为和平渐进的体制改良奠定社会基础。毋庸讳言，当今中国在很大程度上还是一个理性不成熟的民族；不仅官员不讲理，而且人民也不讲理。社会分歧的解决不是通过摆事实、讲道理的理性论辩，而是往往诉诸于简单化的道德判断、情绪宣泄、乱扣帽子、人身攻击等语言暴力，有时甚至是肢体暴力。网络的兴起固然极大改善了中国的言论自由环境，但是也为诸多不负责任的言论提供了传播途径；网络攻击你来我去、甚嚣尘上，加剧了网民思维的非理性倾向，繁殖了诸多"网络暴民"。如果善意的改革家忌惮"愤青"的"口水"而不敢作为，心怀叵测的野心家却能利用煽情赢得民意甚至掌握权力，那么中国改革的政治与社会环境确实是极其险恶的。

中国社会的理性残缺是文化与制度两方面造成的。在文化上，虽然一般认为儒家传统以"唯理主义"(rationalism)为主导，但是作为一种教条主义(dogmatism)传统，儒家学说在一些自认为根本的问题上是不讲理的。诸如"三纲五常"这些基本底线是不能触碰的，否则"无父""无君"，你整个就成了一个没人性的禽兽。这种倾向的端倪在孔子和学生的早期对话中就有所体现。宰予认为"三年之丧"时间太长，夫子动之以情，但仍未能说服，就在背后将他定性为"不仁"；后来看到他白天睡大觉，更是说出了"朽木不可雕也，粪土之墙不可杇也。于予与何诛"的难听话。事实上，今天大概没有人会在这个问题上同意这位"至圣先师"的立场。欠缺多元包容的教条主义话语体系往往以人身攻击回应理性质疑，进而压制不同意见的表达自由，不仅使社会失去了在各种立场的自由交锋中大浪淘沙、渐进改造的机会，也使其自身因养尊处优、愚顽保守而丧失自我进化的机会，直到最后作为"文化木乃伊"而被社会彻底抛弃。

在制度上，一个长期建立在自上而下、中央集权基础上的威权统治是和社会理性格格不入的，因为在一个权力决定一切的社会，说理根本不管用。要想在这样的社会中胜出，最终当然要靠权力的青睐；为了实现这个目的，人情、关系、出身、财富、名望乃至个人资质或成就都可以是有用的，惟独说理没用，也不会有人真正把理当回事。当然，许多重大论辩仍然会以说理的形式表现出来，但理性只是为赤裸裸的权力披上了一件漂亮外衣而已。朝廷重臣们可以为是否准许私营盐业或进口鸦片吹得洋洋大洒、争得面红耳赤，但最后还是皇帝拍板，而一位明智的最高统治者首先会考虑哪种立场最有利于维护自己的统治，而不是最有利于社会。当然，皇位稳固可以和公共利益很相关；一项不理智的政策惹得天怒人怨，对执政者自己也没好处，但是两者显然不能划等号。这样，朝中哪种意见占上风，往往取决于特定大臣的地位、君臣关系的亲疏等和意见合理性本身不直接相关的因素，就和百姓上访官员，结果并不取决于上访本身是否有理，而在于上访人是否能找到打通关节的门道。在一个自上而下的体制内，官员只听上司的命令，而用不着倾听百姓的说理；百姓也不会纠结于无用的说理，而是会挖空心思托人情、找关系或诉诸更高的权力干预。长此以往，中国社会就成了一个权力社会、人情社会、腐败社会、感性社会，但偏偏不是一个说理的社会。

近代革命在很大程度上加剧了中国社会的不讲理倾向，因为革命恰恰是在不能理性说服旧统治者自行改良的情况下爆发的一场暴力运动，目的是用更强大的暴力摧毁旧的国家机器，而这个目的显然是不可能通过温文尔雅、"请客吃饭"所能达到的。在革命和反革命之间不断升级的暴力互动面前，说理显得迂腐可笑。由此建立起来的新体制往往比旧体制更为集权，因而也更容不下说理；即便革命者当初承诺过日后放权，掌权后马上成为新的既得利益者，也很难放下集权的架子，国民党的无限期"训政"就是一例。一旦完全脱离了理性的羁绊，高度集中的权力就像脱缰野马，横行无忌。当然，一个革命社会可以排除一切干扰高速"发展"，但是究竟为谁"发展"？这个问题革命本身无法回答。不幸的是，革命社会误入歧途的风险极高，而一旦驰入错误的轨道，这辆由权力驱动的高速列车是很难停下来的。

和传统儒家的精英话语体系相比，革命话语也显得更加绝对、直白、专断、天然正确，充斥着不容质疑的祈使语气。如果说儒家断案常以诗情画意代替缜密推理，那么专政的"刀把子"必然直截了当地复述最高权力的命令；《马氏文通》以拉丁语法改造了诗意过浓的中文，却不能将中文表达变得像英语那样严谨、平和与宽容。

改革三十年来，革命话语逐步退出历史舞台，司法判决的意识形态成分减少、质量有所提高，但是绝大多数司法文书只是以"认定事实清楚、适用法律正确"的新八股代替了"党八股"，基本上都坐了从事实陈述和法律罗列跳到结论的"直通车"，几乎没有分析、推理、诠释的成分，以至上下数千年来，我们竟没有一篇经得起历史推敲、值得法律人骄傲的司法判决。这不能不说是中国社会理性残缺的一个标志。事实上，我们不仅没有伟大的先例；自古至今，我们哪有一篇值得留念回味的政府文件？我们既没有沉稳持重的英国《大宪章》(1215 年)，也没有开元肇基的美国联邦宪法(1788 年)或卓然超群的法国人权宣言(1789 年)，更没有法理分析环环相扣、井井有条的"马伯里诉麦迪逊"(1803 年)。革命话语只能如暴风疾雨叱咤一时，飘落之后很快被人彻底遗忘。无论是革命午代的"激扬文字"还是运动时期的"最高指示"，试问有哪篇在今天还能找到一点感觉？

在一个理性残缺的社会，制度必然发生断裂式发展，或长期停滞不前，或在社会矛盾积压到临界点后骤然爆发，旧制度的恶习连同其成就一夜之间被扫地出门，新制度在一张白纸上重新开始。从传统中国的专制—起义循环到近代改良—革命窠臼，我们的法律制度犹如我们的文字和大楼，拆了建、建了拆，不仅产生了极大的资源浪费，而且也对社会机体造成巨大杀伤。其中的一个重要原因在于制度只是停留于纸面的规定，并没有经由司法适用而落实于社会并和广大民众的利益发生直接关系。一个威权国家本已很难产生对多数百姓有利的良法，即便制定出来也只能博得少数学者一阵欢呼，而并不能产生实际效果；既然良法得不到施行，即使废除也没人真正在乎。这样的国家之所以容易发生革命，是因为老百姓既看不到现行制度给自己带来的任何好处，也感受不到革命对自己的直接威胁。在这样的社会，老百姓永远会感觉"宪法很遥远""法律不管用"，遇到纠纷宁可求青天、找关系，也不会斤斤计较法律上那点不管用的道理。最后，法学不再是一门经世致用的学问，而成了业余文学家发挥想象的玩物。

在我看来，中国司法的使命不只是实现维护社会正义、遏制公权滥用的结果，而更在于通过公正地适用法律，为中国社会带来现实理性与制度变革的连续性。我一直认为，法治是一个理性对话的过程。在立法阶段，代表不同利益的立法者就已经对哪一种方案最有利于保护最大多数人的利益进行对话，而立法只不过是法治的起点，法律只有在落实之后才获得自己的生命。在各级人大未能充分发挥作用、立法未必经过仔细斟酌权衡的情况下，司法对立法理性的个案诠释就显得尤其重要。刑法第 199 条规定了"集资诈骗"的死刑罪，但是吴英案是否能适用死刑，却需要回答一系列问题：什么构成"集资诈骗"？如何区别"集资诈骗"与"非法吸收公众存款"？如何认定"数额特别巨大并且给国家和人民利益造成特别重大损失"？1997 年刑法规定此类集资诈骗死刑是出于什么立法考量？今天是否仍然适用？按什么标准决定"无期徒刑或者死刑"？如何权衡法律的威慑力和对罪犯生命的尊重？对于所有这些问题，刑法条文一概保持沉默，因而统统需要司法通过个案将第 199 条的立法精神挖掘出来。如果判决书里只有事实—条文—结论"三点式"或生搬硬套某个"司法解释"，那么注定是一篇不及格的"八股"判决。

和议会不同的是，法院不只是一个投票的地方，而首先是一个说理的地方。在这里，只有法律和理性才有发言权；级别再高的官员也不得不用法律为自己辩护，而不能以权压人。一位名符其实的法官其实就是说理的典范，每一篇司法判决都应该成为法理分析的杰作。通过秉公释法，法官让平民百姓看到，法律是有用的，说理是有用的；求人、上访乃至暴力抗争则不仅代价高昂，结果也极不确定。只有这样，中国社会大多数才会一改信人不信法、畏权不畏理的戾气，认真对待法律赋予自己的权利和义务，用说理而不是巴结权力来维护自己的利益。一旦法律制度和大众利益通过司法紧密联系在一起，那么制度就在社会大众那里找到最强大的捍卫者。也只有这样，中国制度改革才能突破停滞—革命的窠臼，步入良法淘汰恶法的连续渐进过程。

法院要成为一个说理的地方，必须满足内在和外在两方面基本条件，而这些正是中国司法改革应该坚持的方向。对外，司法必须保持独立，否则根本不可能抵御权力干预。在权力依附的司法环境下，法官只能是长官意志的傀儡，甚至是违法腐败的帮凶，怎么可能担当起不畏强权、依法裁判的重任？又如何能通过说理树立自己的社会威信？事实上，邓玉娇等案件的教训表明，如果法院不能抵制行政干预，那么即便判决结果"让人民满意"，人民对一份含糊其辞、避重就轻的判决还是照样不满意、不尊重。要让法院生产说理合格的司法判决书，法官必须能够排除一切外在压力的干扰，无论是来自法院内部还是外部。这就要求从制度上保证法官和法院的独立性，让法院超脱于政治、人事、财政等外部权力关系漩涡，让法官超脱于院长、庭长、审判委员会等各种内部控制，直接对自己的判决负责。换言之，司法职业化改革是实现司法理性的外在必要条件。

当然，必要条件并非充分条件，外部独立不等于法官内在良心独立。在法官人格尚未建立起来的情况下，外部独立可能恰恰会削弱外在监督，进一步加剧司法腐败。这也是司法职业化改革一直面临的难题。然而，如果因此而搁置职业化改革，那么法官人格缺失和权力干预之间就形成一对"鸡生蛋、蛋生鸡"的两难悖论。事实上，除了在进人关口把握好职业素质之外，法官监督的最有效方式是司法公开，包括判决书公开，而未必需要通过直接的权力干预。恰好相反，权力干预往往会产生更严重的公权滥用和腐败，因为司法不公开是司法不公的最大避难所，而秘密审判、内部干预正是一个权力体制的必然特征。只要保障当事人提供证据的权利，案件的相关事实都能暴露在阳光之下，那么是非自有公论，再狡诈的不良法官也写不出一份天衣无缝的枉法裁判。因此，遏制司法腐败的法门不在于限制法官独立性，而恰恰在于强化司法说理、审判公开与社会监督，进而使司法审判彻底脱离权力干预。

在我看来，一个以说理为己任的法院必须具备一定的结构保障。首先，法院必须在人事和财政上具备独立地位。虽然现行宪法规定法院主要领导和审判委员会成员由同级人大任免，但是对普通法官应当采用准终身制，只有在经由正当司法程序证明其贪赃枉法的情况下才能予以罢免。法院年度经费由法院院长直接向上一级法院提出，由最高法院综合各级各地财政预算向全国人大提出申请，经其审批通过后直接下拨各法院。在当前法院财政受制于地方行政的大格局下，法院不仅不敢得罪地方"一把手"，而且也不敢得罪主要职权部门，一个财政局就足以对法院"晓以利害"。如此则何来司法公正？

其次，法官在级别和待遇上一律平等，废除"院长负责制"、法院内部的"三六九等"及一切压抑法官人格成长的行政管制。司法判决实行法官负责制，主审法官签字即判决生效并对判决负责。对于刚进法院、经验不足的司法人员，可以建立实习法官或助理法官制度，随同正式法官判案，但是在实习期内不得独立作为主审法官。对于疑难复杂案件，可以暂时维持由资深法官组成的审判委员会，作为法官之间的交流平台；会上由主审法官陈述案情和判决思路，委员们提出参考意见，但是最终必须由主审法官自己做出决定并对其负责，院长或审判委员会不得越俎代庖。

再次，最高法院的主要职能是通过受理个案上诉而非下达抽象"解释"统一全国判决。目前，最高法院的"司法解释"实践偏离了司法的本来职能，不仅有僭越立法权之嫌，而且也强化了法院系统自上而下的行政管理色彩，免除了最高法院自己的说理义务。总之，司法改革必须确立法官平等和人格独立的大原则，法官交流的适当方式是理性说服而不是行政命令，否则就不可能让法院成为一个说理的地方。

最后，司法审判在原则上一律公开，不仅所有当事人享有完全的举证权利和责任，媒体和公民有权自由旁听并发表报道和评论，而且法官享有彻底的言论自由，持少数意见的法官有公开发表不同意见的自由。政府信息公开首先意味着判决文书的全部公开，不仅包括法庭判决本身，而且也包括各方当事人提交的辩护词及相关证据，以便社会监督法院事实认定和法律推理的合理性。只要不涉及国家秘密、商业秘密或个人隐私等敏感内容，最高法院和高级法院的所有卷宗都应当自行向社会公开，中级法院与基层法院的卷宗只要有任何公民申请就应该公开。对于合议庭判决，审判公开还意味着公开法院内部的不同意见。这样不仅有助于减少司法腐败，而且会对判决的多数意见产生竞争压力，进而有利于提高多数意见本身的说理质量。就和自由竞争有利于提高产品质量一样，判决公开带来的监督与竞争压力也是提高判决质量的有效乃至惟一途径。

如果有朝一日法院真正成为一个说理的地方，那么必将对塑造国民的理性人格和引导社会渐进改良发挥难以估量的作用。审判公开同时意味着司法是一个全民有序参与的过程，公民不仅可以近距离观摩法官推理，而且可以参与推理过程并向法院提出自己的见解。事实上，美国法院在处理疑难法律问题中经常征求专家和社会意见，不同利益集团都能以"法庭之友"(Amicus curiae)的名义对案件提出自己的分析和建议。在说明判决理由的过程中，法官不仅要向社会证明自己在说理上不输给持不同意见的同伴，而且首先得证明自己的推理经得起社会舆论的商榷和质疑。这样的说理过程不仅提高了判决书的质量，而且也是极大锻炼了全民的理性分析能力。它至少让人民看到，说理是有用的；国家统治最终取决于谁有理，而不是比谁官大、谁权大、谁关系硬。

理性残缺一直是中国社会的致命伤，也是历次改革功败垂成的总根源。要让当代中国改革顺利进行下去，首先要给司法职业化改革一次真正的机会；或借用雄心勃勃的司法改革第一个五年纲要的话说，让中国的法官成为"真正意义的法官"。

深圳清除"高危"是收容遣送翻版

2011年初报道，为了确保大运会安全，深圳警方开展"治安高危人员排查清理百日行动"，今后100天内将有8万余名"治安高危人员"被"清出"深圳，其中包括"流入深圳、有刑事犯罪前科，长期滞留且无正当职业及合法经济来源的人员"，"没有正当职业、生活规律异常或经济来源可疑的人员，特别是经常昼伏夜出，有群众举报，具有现实威胁的人员"，"涉嫌吸毒贩毒或有销赃嫌疑的人员"，"长期滞留深圳，靠非法收入维持生计的人员（比如操纵儿童乞讨、扒窃人员）"，"有报复社会的极端言行，可能危及他人或公共安全的人员"，"肇事肇祸、危及他人安全的精神病人"，以及"其他对深圳社会治安和人民群众生命财产安全构成现实威胁的人员"。

无可非议，大运会、亚运会、奥运会或任何公共活动都需要政府保障公共安全；公共安全无疑是政府有权也有义务实现的正当目标，但是追求正当目标还得通过合法与合理的手段。可惜的是，深圳警方采用的手段既不合理，也不合法。首先，要"清理"深圳的这些"治安高危人员"，必然是通过限制人身自由的强制措施。然而，根据2000年《立法法》第8条的规定，此类措施属于"只能制定法律"才能规定的事项；没有全国人大的法律授权，别说深圳市政府无权规定这类措施，就连国务院也不得被授权先行制定行政法规（第9条）。试问全国人大或常委会有哪部立法授权地方在类似情况下清理"治安高危人员"？没有适当的人大立法授权，深圳限制人身自由的强制措施显然和收容遣送条例一样属于越权立法。

其次，深圳"百日行动"在实体上也存在诸多漏洞，很容易在实施过程中严重侵犯公民基本权利。譬如"流入深圳、有刑事犯罪前科"的人员似乎受到特殊关照，但是难道深圳本地就没有罪犯吗？他们就犯罪倾向而言和"流入深圳"的人有什么实质差别？有理由对后者区别对待吗？一个人因为"有刑事犯罪前科"就应该被深圳"刮目相看"吗？刑法加入了一条"巨额财产来源不明罪"，是为了控制官员腐败，但是深圳行动把没有"正当职业"与"合法经济来源"也几乎等同于犯罪，至少是认定其有严重的犯罪嫌疑。这种规定不仅本身就有严重的侵犯权利和违法嫌疑，而且在操作过程中恐怕也很难真正查明被清理人员是否具有"合法经济来源"。

同样令人不安的是，深圳行动将打击面扩大到没有经过任何正当程序认定的"嫌疑"人员，如"涉嫌吸毒贩毒或有销赃嫌疑的人员"。如果确实有"操纵儿童乞讨、扒窃"的行为、靠"非法收入"维持生计，那么就应该按照国家法律治罪，而不是将他们驱逐出深圳；之所以没有定罪，大概也只是"涉嫌"而已。同样，如果"极端言行"确实"危及他人或公共安全"，那么完全可以按法律程序将他们控制起来，但是一旦扩大到"可能"如何如何，问题显然就大了——"可能"到何种程度才构成"治安高危"？由谁认定？有什么认定"可能"的可靠标准？至于"其他……构成现实威胁"的兜底条款，问题更是显而易见。这些规定足以让深圳市一名普通警察"拍脑袋"决定谁是下一个"治安高危人员"。它们与其说显示了"治安高危人员"对深圳社会的"现实威胁"，不如说显示了地方公权力对个人基本权利的极其现实的威胁。

最后也最重要的是，作为中国的一部分，深圳不是一个"独立王国"；深圳市的决策要对全国各地负责，而不能为了自己的需要"以邻为壑"，把"治安高危人员"像"泼脏水""倒垃圾"一样遣散各地。我不知道深圳对"清理"这些人员有何良方，但是如果深圳市可以把"治安高危人员"遣送到其它地方，那么全国各地是否也可以把犯罪服刑人员送往深圳呢？如此不负责任地相互"使坏"，这还是一个法制统一的国家吗？

事实上，深圳"百日行动"至少临时性地复活了 2003 年废止的收容遣送条例，从而背离了户籍制度改革的大方向。"流入深圳"

"长期滞留"等排外字眼表明，户籍改革进行若干年后，当地政府的户籍歧视意识仍然相当严重。这对于深圳来说是讽刺的，因为作为当年改革开放的窗口，深圳正是靠外来人员的"流入"建成的，深圳的繁荣正是人员的自由流动造就的。人身自由、户籍平等、法制统一等宪法原则不允许深圳回到户籍歧视和收容遣送的旧时代，更不允许它如此对待同属一个国家的公民。

黑监狱是集权体制怪胎

在 2010 年 9 月报道安元鼎黑监狱的时候，曾听到一句名言：
"撤掉了驻京办，撤不掉驻京办的需求。"一年之后，这句名言果然
得到了应验：一个安元鼎倒下了，但是若干个"安元鼎"们站起来。
[1] 不论地方信访办如何巧辩，都否认不了一个基本事实，那就是信
访办和黑监狱脱不了干系；黑监狱就是受雇于地方信访部门的黑社
会，任务是非法拘禁赴京上访人员，让他们在北京"失踪"并遣返
原地。这个任务原先是由各地驻京办完成的。驻京办被撤销后，对
驻京办的需求依然不减，任务也就转移到安元鼎这样的黑监狱那
里；换言之，安元鼎等黑监狱的出现是撤销驻京办的直接后果。撤
销驻京办本来是一件好事，有助于节约地方开支并遏制"跑部钱
进"，但是在自上而下的中央集权体制下，这项用意良好的改革却
滋生了严重侵犯人权的黑监狱，其中制度根源不能不令人深思。

此前一年来，关于黑监狱非法拘禁上访人员的报道频繁出现。
这些现象并不是普通的违法犯罪行为，而是各地信访部门为了控制
本地上访人员在京数量而勾结黑恶势力的结果。地方政府和黑社会
组织沆瀣一气，委托授权其行使地方原本就不能合法行使的公权
力。这种"公权外包"或公权私用的做法当然是对公民人身自由的
严重侵犯，也严重违背了《立法法》第八条的规定：凡是涉及"限
制人身自由的强制措施和处罚"，都只有全国人大或常委会的法律
才能规定，而国家法律显然没有授权各地屡屡发生的"截访"，更不
可能授权地方政府将限制人身自由的公权力"转包"给私人行使。
没有任何正当法律授权却每天在从事绑架、拘禁和押送公民的严重

1　""安元鼎'们为何依然猖獗"，《新京报》2011 年 8 月 4 日。

违法行为，其后果是十分深远和可怕的。

　　人类自有国家以来，政府的一个核心职能就是垄断暴力的合法行使；之所以如此，是因为法治国家的政府受法律控制，在行使暴力过程中必须遵守法律规定的程序和实体义务，从而能保证政府不会任意滥用公权并侵犯人民的基本权利和自由。如果纵容地方政府动用私人力量镇压上访，无异于完全规避国家法律对公权力的程序和实体限制，让一群私人超越法律之上对另一群私人公民行使暴力，不仅使公民基本自由面临任意私权侵犯的巨大风险，而且也放弃了本来只有国家才能履行的核心职能，最后必然是国将不国、公权横行、私权泛滥。在这种状态下，权力的行使必然极其恣意专横。譬如从江苏盐城来京办事的周女士刚从办事的部门出来，就莫名其妙被数名陌生男子强拉上面包车，和多人一起被关进昌平区某院落。在私人基本权利丧失国家保障之后，这种现象自然是见怪不怪。

　　究其实质，黑监狱就是"截访"的一个变种，而截访正是为了满足"驻京办的需求"。这个"需求"究竟是什么？一言以蔽之，无非是"维稳"。仿佛把这些上访人员带回他们的老家，从首都或省会消失，上访就消失了，他们想要反映的问题也消失了，中国社会也就稳定了。假如问题真这么简单，这些人一开始就不会长途跋涉、千里迢迢来京上访了。"截访"好比给癌症病人吃止疼药，当然只能是维持一时的表面文章，不仅不能解决任何实质问题，而且必然在"截访"过程中产生更多的暴力、冤屈和不公，如此"维稳"必然是越维越不稳。地方政府官员不会不明白这个简单道理，但是他们为什么还偏偏乐此不疲，动用一切可以动用的力量"截访"？难道他们真的那么在乎上级政府的"维稳"指示？地方政府官员未必那么在意"维稳"，但是他们确实极为在乎中央和上级的政绩考核，而上访已被作为地方政绩的一个主要指标，处理上访不力足以成为"一票否决"的理由而让他们丢失"乌纱帽"。

　　由此可见，黑监狱的根源在于自上而下的中央集权制度。地方政府之所以不惜勾结黑恶势力剥夺上访者的基本人权，是因为他们忌惮中央集权体制下的上级监督，并寄希望于维持和谐安定的"面子工程"糊弄中央、掩盖矛盾。事实上，同样的根源造就了截访的对象——无所不在的上访。与自上而下的监督模式一脉相承，上访的独特之处正在于"上"字。老百姓在当地解决不了问题，因而不得不辗转跋涉，向当地官员的上级领导直至中央反映冤屈，并企求他们为其"做主"解决问题。显而易见，这和民主与法治国家自下而上解决问题的方式是截然不同的。

任何国家都存在需要解决的社会问题，但在民主和法治国家，地方问题基本上在地方"消化"，用不着上升到中央。事实上，在联邦制国家，中央政府一般无权干预地方的政治或司法决定。如果地方官员滥用了他们的权力，那么老百姓首先可通过地方的民主政治过程将他们选下来，或通过舆论的压力迫使有关机构罢免其职务，至少也可以通过地方法院撤消其违法侵权行为。只有在多数人垄断了政治过程或地方法院对维护当事人的联邦权利不力的情况下，这个问题才上升到联邦，且即使在这种情况下，一般也是由联邦法院出面解决；只有在需要专门通过一部联邦法律的时候，才轮到联邦立法机构，行政部门则基本上没有干预的机会。这些国家之所以不存在"上访"现象，并不是因为它们不存在社会矛盾——无论经济如何发达，社会矛盾总是存在的，而是因为地方民主和法治有效解决了地方矛盾。中国的"上访"现象如此普遍，正说明其地方民主和法治严重滞后，因而不能及时与有效解决地方发生的问题。

问题在于，"上访"并不能有效解决地方问题。即便上级部门有意愿解决下级问题，也必然受到时间、精力和资源的限制。须知我们只有一个中央，却有许许多多个地方；中央不可能准确了解地方发生的每一件事情，在市场经济和机构精简的大环境下也没有足够的人力去调查每一件上访的事由。事实上，上访已经给中国的地方治理产生了巨大成本。在安徽涡阳县，农妇王凤枝为了一起小冤案连续上访 20 年，不仅耗费了她个人的青春，也浪费了巨大的社会资源，使各级党政机关和司法部门付出了"必要但不该付出"的精力。别的且不说，仅涡阳县纪检委信访室主任就曾接待王凤枝不下100 次，最后还是在原任安徽省委书记的亲自干预下才解决了问题。试问中国上下每天发生多少起比此更严重的纠纷，难道可能都通过这种方式加以解决吗？这么来看，大多数上访申诉杳无音信、不了了之，也就毫不奇怪了。

要从根子上解决上访和截访怪象，还是必须从体制上改变这个"上"字，从自上而下转变为自下而上的治理模式。只有让人民行使自己的宪法权利，通过真实和规范的选举让地方官员对自己负责，才能让绝大多数地方问题在地方得到化解，从而从根本上消除"上访"的需要；否则，如果上访队伍依然浩浩荡荡、源源不断，那么即便中央将上访数量作为考察地方政绩的头号指标，仍然解决不了什么实质性问题，至多只是让神经紧张的地方官员产生"截访"冲动而已。只要体制不变，上访注定会遭致截访，而从中衍生的各种公权滥用也就成了家常便饭了。安元鼎等黑监狱只不过是公权"外包"之后产生的一种极端私权滥用而已。

如果公民不能通过正常的制度途径维护自己的权利，而只能继续诉诸上访，那么也就必然不能防止黑监狱等各种截访暴力发生。

大学行政化错在哪里

虽然大学行政化早已饱受国人诟病，但是回望 2011 年，大学行政化加剧的趋势依然有增无减，即便"国内一流"大学也不能幸免。众所周知，大学行政化将中国大学变成另一个官场，浪费了巨大的社会资源，扼杀了中国学者的学术创造力，其中也包括行政管理者本人的学术发展潜力，炮制出大量假大空的学术垃圾，毒化了整个民族的情操和精神。大学是一个国家的思想和灵魂，大学的没落也象征着国运的没落。

考察国内某些名校的管理特色，可以总结大学行政化的几个共同特征。首先，万变不离其宗的是大学"管理"的神秘化。每一个领导都喜欢把自己的本职工作吹得神乎其神，似乎没有他地球就不转，其实背后的逻辑也昭然若揭：如果大学根本不需要怎么"管"，那还要他干吗？"管"得再卖力，能把大学"管"好吗？事实上，大学还真不需要怎么管。我一直认为，世界上有两个最不该管的地方，一个是法院，一个是大学。行政化必然使这两个地方变质，使法院不成其为法院，大学不成其为大学。当今中国这两个地方的表现都远不能让社会满意，和它们的管理体制有很大关系。倒不是说大学或法院不需要任何规章制度，哪个机构的有序运行都需要一套基本程序规则，但是大学和法院的管理必须限于最低程度，而且管理者和决策者应该主要是教员和法官本身，管理规则也应该由教员和法官自己集体决定。做不到这一点，那么不仅法官不能独立，学者也不能自由，最后大学出不了像样的思想，法院则出不了像样的判决。

大学之所以不需要行政化，是由大学自身的职能性质决定的。大学的职能无非三类：教学、研究以及各种社会活动，对于国内大学来说包括林林总总的项目、课题、合作、公关等。教学和研究显然应该是大学的主业，最后一类是"旁门左道"，但即使这一类活动有时确实需要学校或院系出面，也不涉及对教员的"管理"。教学需要教务人员处理技术工作，但是具体开什么课主要由各专业教师自行协调决定，基本上用不着管。请问我们能让领导告诉老师怎么教书吗？如果哪位教师不知道怎么给学生上课，那只能说明当初进人进错了，这样的人即便教也教不会。学问则更得靠学者自己去做，学术是做出来的，不是管出来的。请问哪个领导有那么大能耐，能"管"出哪怕一篇像样的学术成果呢？

事实上，大学或院系领导不太可能是一流学者；一旦把心思花在做官上，很难成为一流学者，我们也不应该将一流学者的时间精力浪费在行政细节上。国外大学虽然偶尔也有"学而优则仕"的现象，但是由于大学行政的定位清楚——本质上就是一个服务、协调和联络机构，因而大牌教授很少会动这个念头，除了"院士"等荣誉称号之外很少有这样或那样的头衔，名片如果有的话也极为简单，完全不像国内"学术明星"，似乎一张名片正反面还写不完。即便在"官学结合"比较密切的法学院也不例外，譬如新加坡国立大学的法学院主要领导长期是由副教授担任的，甚至担任学院领导成为这些副教授的晋升策略，因为毕竟可以和大学领导"混个脸熟"，将来职称评审的时候对自己有利些。学院领导的"弱势"也反过来巩固了行政的"弱势"和管理最小化——学问、资历、人脉都不如人，凭什么还管那么多呢？因此，国外大学和院系行政的主要任务不是"管理"自己的教师，而是联络校友等各种关系拉钱；经费拉不来，就是领导失职，别扯谈其它。国内同行往往以为国外大学领导必然也是顶尖学者，其实是对行政和学术之间的基本关系犯了常识性错误。

但是在中国的"高大全"语境下，官和学似乎永远成正比；官越大，学问也必然越深，不然为什么让你做了领导呢？于是乎，中国的学术"大腕"几乎人人为官，不是校长也至少是院长，不是院长也至少是某某研究所的所长，或挂个教育部某个委员会委员、学校或院系某个委员会主席，仿佛不这样就亏待甚至羞辱了这位"学术明星"，他自己也会感觉混得"很失败"。事实上，一旦做了管实务的领导，就必然意味着学术事业的荒废。尤其在国内行政管理事无巨细的情况下，成天泡在"文山会海"，几乎不可能把学问做好；对于他们来说，学问已成"副业"，"管理"、开会、应酬成了主业。吊诡的是，不少领导明知这一点，却故作神秘地为自己学业不精找理由，坚持自己是为大学管理"牺牲"了学术乃至"奉献"了青春。对此，我只能说这种"牺牲"或"奉献"是完全不必要的，因为一个大学根本不需要耗费那么多人的聪明才智去"管"。

事实上，如果大学行政真的把自己定位于"管理者"，无论大事小事，只要"管起来"就是好事，那么这样的大学或院系只能越管越糟。一个简单常识：以学术上非一流的行政领导去"管"别人，能管出个学术"一流"来吗？然而，大学行政化的第二个特点恰恰是大学管理者相当强烈的"管理主义"意识，对自己的"管理职责"很当回事，对于行使自己的管理权很有点"快感"，而对冒犯自己权威的行为则绝不宽容，而且动辄以"制度""规章""组织"的名目出现——依法治校或依法治院，总是天经地义、顺理成章的吧？但是行政法上有一个基本概念叫"滥用权力"，正是指这类表面形式合法、实质目的违法的情形；程序上什么都对，放到台面上的理由也冠冕堂皇，但是内在用心是"阴暗"的。一旦"管理"不分目的、不讲效果，为管而"管"，那就构成了管理权的滥用。何况不少规定根本没有经过教员的讨论和投票，其正当性、合理性和必要性本身都是问题，强行实施这些规定只能是利用合法形式实施违法目的而已。

大学强化"管理"的一个例子是开会。开会传统当然缘起于轰轰烈烈的"政治学习"，目前虽不如原来那么定规，却延续至今，每一所大学的院系都不例外，甚至所有人都对此习以为常，以至好像不开会反而不正常。我很诧异地看到，即便"国内一流"也不能免俗，不仅要求教师开会签到，还宣布教师有义务每场必到，没有请假甚至可能扣工资。恕我直言，这简直是以管理幼儿园的方式在管理大学。当然，如果开会是集体讨论规程制度，也未尝不可；国外大学教授也经常开会，但是他们的会议几乎从来是小规模会议，会前认真准备讨论议程和问题，会上每个成员都有机会发表意见。一年也有个把次全院大会，但那些纯粹是自愿参加的庆祝或娱乐活动，院长、教授和行政人员在一起谈笑风生，看不出任何等级差别。反观国内大学，除了一年一度的春节联欢之外，集体大会是什么样子呢？表面是领导向群众"汇报工作"，实际上无非是学校领导传达上级指示、学院领导传达校领导指示，总之是领导在上面讲话，一群"不明真相的群众"在下面学习领会，该拍手的时候拍手，该举手的时候举手。问题是我们的"国内一流"还要冲刺"国际一流"，试问这种状态能建成"国际一流"大学吗？在国际上，不要说一流大学，哪怕三流大学也没有像我们这样开会的。即便要传达某些和学科相关的重要信息，在互联网时代也完全可以通过群发电子邮件，何必如此不珍惜别人和自己的时间呢？

集体大会不只是没有必要地浪费时间，而且是凸显行政特权、制约乃至羞辱学者人格的一个标志，让人很自然联想起"文革"时代的群众运动和"阶级斗争"场景。这种大会根本不可能在广泛参与的基础上讨论任何实质问题，必然蜕变为领导指示乃至教训群众的动员会。回国后十余年，我参与的大会次数很有限，但几乎每一次看到的场景都是领导在台上慷慨激昂，教师在台下被动接受，即便有不同意见也不敢随便公开表达，哪有一点民主参与的影子？这类大会体现并强化了国内学者的低人格状态，而处于这种状态的学者是不可能做好学术的，倒未必因为如今包括社会科学在内的一般学术研究需要多么大的道德勇气，而在于多数学者在这种气氛中潜移默化形成了唯唯诺诺、低三下四的品性，不敢也不知如何独立、自由、无畏、心无旁骛地探索学术真谛。

与学者人格相关的是大学行政化的第三个特征，也就是行政管理者手中掌控着大量的机会和资源，迫使学者对行政"恩赐"产生严重依附。这也是中国大学行政之所以"牛"的根源。近年来，中国政府为了争创"世界一流"，对极少数高校大量投入，而支配这些资源的自由裁量掌握在教育部门和大学行政等机构手中。学者要想"分一杯羹"，就必须和领导搞好关系。大学行政领导不仅自己掌握巨大的学术资源，而且俨然是学界领袖和榜样，桃李满天、前呼后拥、呼风唤雨，污染了整个中国学术界的空气。且不说行政和学术是性质不同、不能兼容的两回事，即便行政领导当时因为"学而优则仕"任职，他的学术标杆地位也只是按当时水准的评判结果，必然会为后来者所超越。但是在高度行政化的学术环境下，这些人的地位是不可撼动的，因为他们已然成为学术的评判者甚至评价标准本身；犹如在商业上赚得"第一桶金"之后，"雪球"越滚越大，后人难以超越，尽管进入官场实际上意味着学术生涯的终止。

学术地位的行政垄断向每一个人释放出十分清晰的信息：与其踏踏实实坐学术的"冷板凳"，不如不务正业、广为交际、巴结权势，这样课题、经费、评奖、职称……都来了，自己也很快就能获得同行的"承认"。在一个缺乏自由平等竞争的环境里，学者的追求和动机遭到行政化的彻底扭曲，自然很难产生有价值的抱负或思想。难怪政府虽然投入了大量资金，却没看见什么重要思想是因为哪个"重大攻关项目"而产生的。一旦学术丧失生命，就和一个人失去生命一样，钱是买不回来的，更多的投入只能产生更多的垃圾论文。

其实到头来，我们每个人都是大学行政化的受害者；不要以为自己得到一官半职就占了便宜，成了"既得利益"的一部分。在现有行政化模式下，学者——尤其是青年学者——在大学做官根本是一个错误，因为个人定位基本错了：大学不是一个官场，根本不需要你去"管"；管多了不仅害你自己，也害了别人。既然在以学术为业的清水衙门，就一心一意做一个学者，首先把自己的本行做好，否则不止是误人子弟，也耽误了自己。如果只是把大学作为升官进爵的一块跳板，一生官运亨通却在学术上碌碌无为，在属于自己的领地里没有真正的建树，那只能说是人生的失败，无论一度如何荣耀都改变不了学界"混混"的本质。事实上，在言论颇为自由、信息相当充分的今日中国社会，学术"权威"纵然倚靠行政资源而在体制内叱咤一时，也依旧得不到真正的业界尊重。

"往者不可谏，来者犹可追。"我只是奉劝青年学者认清自己的长远利益，不要为时下的功名利禄所惑。正如霍姆斯所说，统治当今世界的是手无寸铁的康德，而不是黄袍加身的拿破仑；其实拿破仑也还是有传世之作的，法国民法典就是其"开明专制"的成果。不可一世的世界霸主尚且不过如此，中国官场那点蝇头小利又能算什么？更何况做官是多数学者的"弱项"，不仅痛苦，也未必擅长。我一直认为，多数社会科学研究是不需要太多经费或其它"支持"的，关键在于自己的潜心积淀；而即便在一个充满不公的国家，真正有价值的学术成就还是会受到社会的公正承认。与其漂浮在自己不甚适应的文山会海、觥筹交错的嘈杂喧闹中，不如用自己的专长静心做一两件真正值得骄傲一生的事情。

要从制度上解决中国的大学行政化不容易，因为行政化的一个主要存在理由是分配政府下拨给大学的各种资源。只要政府仍然掌握着各种"工程""项目""课题"、奖项及其所附带的大量经费，只要这些指标仍然决定着教师晋升和大学排位，那么多数学者难免不能自持，必然把大量时间精力浪费在各类无意义的"填表"和权谋上。不可否认的是，部分由于教育部门追求的"政绩"工程耗费了本来可以用来改善大学待遇的正常投入，中国多数教师的工资收入尚不足以维持体面的生存，在各种诱饵面前不能心无旁骛地教书治学。要根治大学行政化，首先要改变大而无当的"政绩"思维，实现公立大学财政投入的常规化；政府投入应全部用于教师工资和学校的软硬件开支，哪怕是用于集资建房也比花在各种"折腾"上强。

即便政府作风不改，有作为的大学领导也可以充分争取日益多元化的社会资源，至少让自己的教员安居乐业、衣食无忧，不为行政赐予的"五斗米折腰"。国外大学校长的任务当然不是管人，而是拉赞助。哪怕你是学界泰斗，但是没能力拉钱，那要这个校长有什么用？哪天中国大学校长的职能定位和社会对他们的期望也从行政转向经济，变得世俗一点、实在一点，中国大学才有希望。一句话，支撑大学精神的台柱不是校长或院长，而是平常学者；一个无论在经济上和思想上都不能自立的人格，是不足以担当这一使命的。

另一个值得纪念的 1911

1911 年的辛亥革命妇孺皆知，但是 10 月 10 日的武昌起义其实并没有立即导致清廷垮台，而只是让它吓了一大跳，并在被逼无奈的情况下出台了一部相当进步的宪法性文件。起义不久，各省宣布独立的已逾半数。清廷见事态危急，不得不重新任用早先被罢免的袁世凯。袁氏提出了出任的六项条件，包括次年召开国会、组织责任内阁、宽容对待参与起义的革命党人、解除党禁以及最关键的——授予其指挥陆海军以及决定军队编制之全权。摄政王不得已封袁氏为钦差大臣，总管陆海军，并召资政院开临时会议。资政院多数主张取消亲贵内阁，宗室皇亲不得过问政治，制定宪法须要求人民协赞，并立即解除党禁。清廷迫于压力，无奈接受了这些主张，但是仍然犹疑不决。10 月 29 日，滦州统制张绍曾联合一些军人提出十二条宪法草案，以作为进军北京的口实。清廷原本难以认同，但是当天正好山西宣布独立，北京顿时陷于腹背受敌的境地，因而终于屈服下诏，取消亲贵内阁，实行责任内阁制度，授权袁世凯为总理大臣以组织内阁，开放党禁，赦免包括康、梁和汪精卫在内因变法或革命而被禁的政治犯。与此同时，资政院基于十二条草案，草拟了《宪法重大信条十九条》，并于 11 月 3 日匆匆获得清廷颁布。

和皇权盛气凌人的 1908 年《钦定宪法大纲》相比，《十九信条》有天壤之别，可以说颠覆了皇权至高无上、不可约束的数千年中国传统。三年前制定那部宪法文件时，清廷虽然也是迫于各方改革压力，但还是对于自己的"万世一系、永永尊戴"踌躇满志，因而模仿 1889 年日本明治宪法；后者则模仿 1871 年德国俾斯麦宪法，两者都是威权主义宪法，赋予皇帝和中央诸多实质性最高权力。当然，这对于中国来说一点都不新鲜。在这方面与其说中国照抄日本，不如说日本学习中国，因为在 1868 年明治维新之前，日本天皇其实只是一个呆在京都无所事事的"虚君"，实权掌握在总部设在东京的幕府将军那里，平时没事都不得随便进入这个实权首都。明治时期的武士们为了打倒幕府，抬出天皇的大轿，而且一抬就抬到了东京，在日本历史上第一次把虚位天皇实权化。虽然维新成功使日本迅速崛起并步入列强行列，但是实权天皇终究不是什么好事；它直接孕育了日本的军国主义体制，并将日本和整个亚洲推入战争深渊。直到战败，日本才在美国干预下制定"和平宪法"，天皇则又复归虚位。

在某种意义上，《十九信条》就是要学日本传统的虚君制度。信条虽然没有规定人民的权利，但实质性地限制了皇帝的权力，因而体现了清末改良立宪派的"虚君共和"思想。虽然它还是规定"大清帝国皇统万世不易"（第一条），"皇帝神圣不可侵犯"（第二条），但"皇帝之权，以宪法规定者为限。"（第三条）且"宪法由资政院议决，由皇帝颁布之。"（第五条）"宪法改正提案权属于国会"（第六条），"总理大臣由国会公举，皇帝任命。其他国务大臣由总理大臣推荐，皇帝任命。皇族不得为总理大臣及其他国务大臣，并各省行政长官。"（第八条）"官制官规以法律定之。"（第十三条）陆海军由皇帝统率，"但对内使用时，应依国会议决之特别条件，此外不得调遣。"（第十条）"国际条约非经国会议决，不得缔结"；宣战媾和如在国会闭会期间，可由国会追认。（第十二条）国会议决本年度预算以及皇室经费。（第十四与十五条）"皇室大典不得与宪法相抵触。"（第十六条）因此，如果说《钦定宪法大纲》模仿日本明治宪法，以成文宪法的形式确认中国传统的实权君主制，那么《十九信条》则效法日本维新前的虚位君主制，甚至已接近英国的虚君立宪制。

《十九信条》颁布后，总理大臣袁世凯重新组织内阁。新内阁一扫旧内阁的皇族色彩，绝大多数成员由汉人担任，满清的势力已经削弱到微不足道的地步。以此势头改革下去，则中国完全可以步英国虚君立宪后尘，改良成功只是一个时间问题。可惜这一切退让都已为时太晚，不能挽救清廷的颓势。从戊戌变法开始，满清政府受制于统治者的既得利益，非但不能昭然改过，还变本加厉压制社会不满，百般阻扰宪政改革，以至民心尽失。革命爆发以后，即使像张謇这样的温和改良派也目睹清军的肆虐而放弃君主立宪，不但拒绝出任袁世凯内阁的农工商大臣一职，反而公开支持共和。民心如水，得之载舟，失之覆舟；清廷因愚顽不化而不能自保，固然是咎由自取，但是这也意味着中国肇始于戊戌变法的一切立宪努力随着满清的覆亡而消沉。

《十九信条》的夭折不但昭示着宪政改革的困难，而且也展现了虚权体制在中国的水土不服。和因循守旧、愚顽专横的《大纲》相比，《信条》的口气已经大大软化。对于一个国家的人民而言，政府的温和乃至软弱是好事而非坏事。但是对于数千年习惯了实权统治的中国来说，这从来是缺乏实力的表现，而没有实力，政府权威就难以维持下去。《十九信条》的宗旨在于建立虚君共和，也就是要把执掌国家的最高权力从前台赶到后台去享清福。表面上，这只是王朝延续的一种形式，但实际上是一场根本意义的体制革命，而中国当时乃至现在都未能充分认识其重要意义。要知道，数千年来，中国皇帝都是大权在握，亲自上朝执政，中国民众也早已习惯了兢兢业业、事必躬亲、深夜挑灯批阅奏章的"明君"；那些成天只知游山玩水、舞文弄墨或不时制造点宫廷绯闻的皇儿们简直就是好吃懒做、不务正业，凭什么世代享受荣华富贵？！在这种思维主导下，一个没有实权、不做实事的皇帝在中国是很难生存下去的。这或许也是为什么中国历代宪法都离不开一个不仅至高无上、而且实权在握的最高权力，而这样的权力恰恰是很难施行宪政的。

历史是吊诡的。失败固然令人扼腕痛惜，但是往往比成功更富于启示，甚至更有意义。随着《十九信条》的失败，大清错失了最后一次改良机会，中国也和虚君共和失之交臂。此后百年风雨之路无需赘述，但是《信条》对中国宪政设定的"虚君"命题却依旧在期求答案。辛亥革命推翻了帝制、创立了共和，却并没有改变中国历史一以贯之的实权体制；此后国民党和袁世凯为争总统宝座争来斗去，以至合作破裂，最后兵戎相见……无论是帝制还是共和，最高权力的实质化隐含着同一个专制主义逻辑，那就是权力永远正确，因而不受制约。这个逻辑显然是反宪政的，以此为出发点来追求宪政只能是缘木求鱼。《十九信条》第一次颠覆了中国传统的实权帝王逻辑，开启了有限权力的宪政改良之门，虽时运不济、功败垂成，却并不因此而失去其对于中国宪政的历史与现实意义。百年之后，我们今天对"虚君"的认识似乎并无实质进步，恰好映衬今人距离宪政同样遥远。

肆、实现法治的道德条件

孟子曰："徒法不足以自行。"法无生命，没有能力把自己变成法治。要把服务于人的法变成法治，还得靠人自己。注意，这不是提倡人治，而是要破灭法治神秘主义，好像有一个什么高高在上、超越人间的"法"在自我运行，不需要人的参与。法是人制定出来、为人服务的，但也只有人才能让法落到实处，为自己服务。但尤其在法治不健全的地方，践行法治是有风险和成本的。法官坚持依法判案，可能遭到政治权力的惩戒；律师坚持依法办案，可能成为法庭不受待见的"死磕律师"。甚至当事人在守法问题上也处于"囚徒困境"：如果你贿赂了法官，我不贿赂就输定了……

总之，和选举与权利保障一样，法治也是一个公共物品，需要各方守住基本底线；如果人人都短期自利，就会陷入人人为己却对所有人都最糟糕的"囚徒困境"，法治荡然无存。换言之，法治不仅有其制度性条件，也是有道德条件的。在法治从无到有的建构过程中，公民的道德担当与勇气尤其重要。一个合格的公民不只是维护自己的权利和利益，而且愿意为维护作为一般公共利益的法治与人权而付出。只有这样的合格公民群体达到一定规模，中国法治才有希望。过去数十年，中国之所以从制度危机升级到道德乃至物质危机，正是因为有道德担当的公民太少。

2010 年发生的一系列事件让我一下子写了若干篇涉及公民伦理的文章。中国宪政的有力推手、英年早逝的法大教授蔡定剑显然是一个"正面典型"，他的名言"宪政民主是我们这一代人的使命"已经激励了不止一代宪法同仁。对躺在马路上的小悦悦无动于衷的路人则是"负面典型"。这不仅是他们的耻辱，甚至也是全体国人的耻辱。我当时正在加拿大做访问学者，一时间颇有不敢见人的感觉。希望中国今后多几个蔡定剑，少一些"路人"吧。

盛世危言：中国下一个危机是生存

回望 2011，还是一如既往、大事小事不断。动车事故、校车事故、驾车肇事、煤矿事故、强征"血拆"、打击参选人、迫害上访人、黑监狱、黑砖窑……这些事件都和制度弊病有关，都是制度造成的政府滥用权力、管理不善或不作为。但是小悦悦之死折射出中国社会可能更加可怕的另一个侧面，那就是人民的道德冷漠和堕落。事实上，有什么样的政府就有什么样的人民；道德和制度是紧密相连的共生体，道德纯洁不可能和制度腐败并存。一旦制度和道德陷入相互毒化、不可自拔的困境，那么无论是人民还是政府的行为都不受控制，整个社会将很快面临物质上的生存危机。

2011 年正好是辛亥革命一百周年，百年历程基本上可以被总结为中国在道德堕落和制度腐败的恶性循环中越陷越深。传统中国秩序建立在儒家伦理和皇权政治基础上，经历了专制统治和农民起义的周期性循环。每次起义历时不长，即便推翻原有政权，也找不到意识形态的替代品，因而新政权在儒家文化指导下复归专制。辛亥革命最终打破了这个循环，首次建立共和制度，意味着儒家传统失去了政治庇护。果然，没几年，儒家伦理就遭遇全面攻击，并最终作为"封建主义残余"遭到政治上的全面清算。共和革命阴差阳错地摧毁了社会道德基础，却既未能引进新的道德信仰作为替代品，也未能维持真正的民主共和，造成了当今制度和道德的双重贫困。

如果道德和制度是一个社会的"软件"，物质生存则是社会的"硬件"。软件一而再、再而三出毛病，最终会导致硬件崩溃；等到软件问题转化为硬件问题，就足以毁掉整台机器。到了那个时候，再修复软件已无力回天。制度出问题，就无法约束大小官员；这些人滥用权力、为非作歹，老百姓就要遭殃。"上梁不正下梁歪"，如果道德也出了问题，全体老百姓也变得唯利是图、以邻为壑，那么这个国家从固体到气体，食品、水、空气统统都会出问题。毕竟，中国还没有富到人人都能移居海外，科技也没有发达到让人类在火星或月球上繁衍；如果这片土地却不能维持生命了，可如何是好？

鸦片战争以来，中国屡战屡败、多灾多难，但这些灾难和我们今天的危机比起来并不算什么。鸦片战争战败的后果只是把毒性不是很大的鸦片交易合法化（非法走私的数量原先就不小），中国赔了白银、丢了香港而已；更何况有些事情未尝不是"塞翁失马"，主权旁落却造就了香港的繁荣，百年后回归还是中国自己占了便宜。即便日本侵华也只是占据了中国 1/3 的土地，离"亡国"相差甚远。所以《义勇军进行曲》唱道，"中华民族到了最危急的时候"；从今日中国的处境和未来趋势看，实在是夸大其词。中国本来不需要"救"，越"救"还危机越发深重，直到不可救药的地步。

1949 年，曾有人宣称"中国人从此站起来了"。几年后他又说，如果中国不大干快上、超英赶美，将会被开除"球籍"。没想到正是他老人家大手笔策划"大跃进"和"文革"，差点把中国彻底整垮、丧失"球籍"；那时也有人忧国忧民，以为中国将要"亡党亡国"。不过好在"家国破碎河山在"，"伟大领袖"仙逝，"四人帮"垮台，中国人终于获得了改革的喘息机会。改革三十年，朝野上下、大小官员一齐发动起来搞"发展"，原以为前途一片光明、直奔"小康社会"，结果很快实现了 GDP 的"大干快上""超英赶美"，却不曾想反而弄得山河破碎，一次次"小跃进"把一点家底都折腾光了。征地拆迁将整个中国变成一个大工地，让全国老百姓不得安宁，把有限的自然资源耗费殆尽；"毒奶粉"危害了成千上万的婴儿，受害家庭却得不到适当补偿，不得不为不幸的孩子终生买单；"毒蔬菜""毒大米""问题猪肉"每天威胁着亿万平民的身体健康，不经处理的工厂排污已经在各地造成多个"癌症村"，缺乏劳动安全保障的农民工每天暴露在"尘肺"等各种疾病和事故的风险中……讽刺的是，中国从 1978 年起就摆脱了饥荒的阴影，今天却深陷"相互投毒"、以邻为壑等各种短视自利主义陷阱，在大"建设"、大"发展"中史无前例地接近失去"球籍"的危机。

就和 1960 年代初的"大饥荒"一样，中国历史上各种看似自然产生的"灾害"、事故、悲剧实质上都是人为造成的恶果。如果这个民族的制度和道德继续腐败下去，终有一天会被开除"球籍"。只是这一次怨不得"帝国主义"或"封建残余"作祟，而纯粹是自己作孽。其实中国作为世界第一大族，确实非伊拉克等小国可比，外族想灭也灭不了。要开除中国的"球籍"，只有中国人自己有能耐和资格；同样，要拯救中国，也只有靠中国人自己。

既然道德和制度弊病最终会毁了这个社会的生存环境，现在可能是振兴道德、修复制度、维持生存的最后机会。只要河山依旧人还在，中华文明就还有复兴的机会。然而，以中国现行体制和国民性格，似乎不走到山穷水尽这一步就刹不住"发展"的步伐。但是真走到那一步，中国还有机会吗？这是每一个中国人不得不面对的问题。

法治需要勇气与担当

"律坛怪侠"杨金柱无疑是当今律师群体的一个另类，没有太大"典型"意义和"可复制性"。他原先应该说是在体制内"混"得相当得意的一个人物，现在却游离于体制之外而备受打击。之所以如此，倒未必是因为他改变了自己的立场，而是"体制"的边界发生了变化。在这种情况下，灵活乖巧的人应该跟着变，不断调整自己的方向，从而稳稳地立足于体制内，至少两耳不闻窗外事、继续闷声发大财；"识时务者为俊杰"，此之谓也。绝大多数中国人都是很识时务的理性人，不会故意给自己找茬，多数律师也不例外。可是他却偏偏不识时务，不仅不见风使舵、明哲保身，而且公然挑战最高法院和司法部长的权威，在行政管制甚严的中国律师界无异于引火上身。这纯属他个人的非理性行为，不足为斤斤计较于利害得失的理性人所效仿。

不过任何事物都有两面，"理性"过了头也就成了非理性。我们知道，法治就是针对平常理性人设计的，最适合胆小怕事的理性中国人了。杀人者偿命、偷盗者砍手，……所有法律惩罚都是为了震慑潜在犯法者的理性，让违法变成一件得不偿失的事情，于是大家都乖乖守法了。问题是"徒法不足以自行"，谁来如实与公正地执行法律？如何保证执法者自己不犯法，至少不至于犯法之后任由其自圆其说、自行其是？既然法是社会公器，不独为执法者所有，如何防止执法者公权私用，甚至打击压制敢于揭露和抗议执法犯法的"不识时务者"？中国法治改革的一个常识是，理性的执法者是不会自动维护法治的；除非在外界压力下不得已而为之，执法者的理性选择不是为公共利益服务，而恰恰是利用公权为一己私利服务。这样就产生了中国法治面临的一个根本难题：如果理性的执法者不会自动控制公权滥用，理性的被执法者又出于自己的利益害怕和执法者抗衡，不敢站出来抵制执法违法行为，而只能任由制度废弃或虚置，那么还有谁能为中国支撑起法治大厦呢？虽然法治让所有人都长期受益，甚至执政者自己也不例外，但是一个狭隘理性社会却偏偏无力支撑法治，以至最后每个理性人都不得不忍受法治缺位的非理性之苦。

这就是充斥着当今中国社会的"囚徒困境"：一种行为模式对于个人看起来是很理性的，但是对于个人构成的集体来说却是非理性的，最后对于每个人来说也是非理性的；我们都不敢站出来说话，做一个"缩头乌龟"是对每个人来说都很"理性"的一种行为方式，但最后的结果只能是让整个社会丧失法治，而我们也活该遭受法治失序、纲纪废弛之罪。杨金柱只是以其独特乃至极端的方式向我们展示了律师界的"囚徒困境"。在任何法治国家，律师都是"法律共同体"的主要组成部分，是维护法律规则的顶梁柱；没有哪个国家可以在一个遵纪守法的律师群体缺位的环境下成就法治，因为法律规则首先要靠这些法律人来承载。然而，在一个法律制度和文化都不健全的国家，律师界本身尚未完成法律共同体的建构，更无力抵制外部行政干预，以至律师行业内部不仅"潜规则"盛行，而且杨金柱本人所说的"劣币驱逐良币"已然成为趋势；谙熟司法腐败等"潜规则"操作的律师春风得意、左右逢源，遵纪守法、兢兢业业的律师反而"吃不开"，像杨金柱这样敢于直言犯上的律师则更是"吃不了兜着走"。在律师权利得不到基本保障的环境下，中国法治大厦永远都将是一个无人支撑的空中楼阁。

因此，法律确实是为理性人设计的，法治的基本逻辑正是个体理性，但是要建立法治却不能单靠理性。在一群没有担当、没有勇气、只知道搭别人便车的理性"囚徒"中间，是不可能建立起法治秩序的。正如台湾地区一位基层法官曾对我说的，法治是靠法律人的不懈斗争才赢得的。台湾法院原先也和大陆一样，判决书需要院长盖章才能生效；只是在法官不断抵制下，才逐渐演变成法官个人签字就说了算的主流法治模式。反观大陆，在司法改革初期，偶尔还有法官坚持己见、敢于抗上的零星报道，但是在法院高度行政化的管制体系下，这些特立独行的法官一般都没有什么"好下场"；绝大多数"识时务"的法官则唯唯诺诺、明哲保身，甘愿听从领导旨意。律师界更为独立，但是仍然受制于司法行政部门领导，而且近年来行政控制不断加强；一旦触犯了哪位领导，像杨金柱这样特立独行的律师同样"下场"很悲惨。大多数"理性"律师见此情形，莫不心生恐惧，有关部门"杀鸡儆猴"的效果也就顺利达到了。只不过在法官律师集体噤声的环境下，1999 年就已入宪的法治国家理念何时才能实现呢？

法治难乎哉？对于一个"各人自扫门前雪"的狭义理性社会，"囚徒困境"和"搭便车"的侥幸心理无处不在，法治确实"难于上青天"，杨金柱也将注定成为不识时务乃至"螳臂当车"的堂吉诃德，一个不足效仿、不可复制的孤独特例。然而，人毕竟不是纯粹的狭义理性动物；哪怕只是为了长远理性，当我们这群理性人看到理性"囚徒"所面临的悲惨困境，难道不应该有所触动、有所行动吗？其实只要我们每个人都做那么一点点，就没有必要走得像杨金柱那样远，杨金柱本人也没有必要走那么远，而我们自己的法治环境将得到极大改善，因为执法者也是理性的，面对天怒人怨也会有所收敛。似是而非的是，对于那些有点勇气的人群来说，法治反而不需要那么大的勇气，也不需要杨金柱这样的"律坛怪侠"了；而在一群没有担当的惊弓之鸟中间，一个杨金柱肯定拯救不了中国法治，即便其个人牺牲也不能成为中国法律人集体懦弱的救赎。

和民主一样，法治也是"众人的事情"，需要法律人的集体勇气和担当才能支撑起来。如果我们每个人都能认真对待自己，至少做好自己的事，做律师的像个律师，做法官的像个法官，做学者的像个学者，法治终究不是那么难的。

"宪政民主是我们这一代人的使命"
——追忆蔡定剑教授

2010 年 11 月 22 日凌晨三点半，中国政法大学宪政研究所所长、著名宪法学家蔡定剑教授因病不幸去世。定剑教授在"文革"后期参军，他的为人处事也确实像军人一样干脆；恢复高考后次年考入中国政法大学，之后又获得北大法学硕士。据他自己平时聊天透露，那个时候他还是一个对法治没有概念的毛小伙子，选择学习法律几乎是一种阴差阳错。但是研究生毕业之后进入全国人大工作，当时彭真委员长正要大力推行民主法制建设，一个法学科班高材生当然是不可多得的人才，定剑也就从那时起在民主宪政领域大显身手。在全国人大常委会秘书组工作期间，他是中国少数有良知、讲真话、办实事的学者型官员。后来由于全国人大推动制度进步的活动空间越来越小，他自 2004 年起完全转型为学者，利用法大宪政研究所的平台进行研究、教学、传道，继续推动中国的民主宪政事业。在此期间，他发表了大量论著，在人大制度改革、地方选举、财政预算监督、公民参与和反就业歧视等领域产生了重要影响。他的英年早逝，让中国宪政失去了一位不知疲倦、身体力行的推动者。

我记得和定剑第一次见面是在 2002 年长沙召开的宪法学年会上。他给所有人的第一印象都是精干、精明、务实，一句话就抓到问题的本质。2003 年我调到北大任教，不久参与了他主持的反就业歧视项目，开始比较密切的学术合作。定剑教授的经历非常独特。包括我在内的绝大多数宪法学者都是从学校到学校，定剑则长期在政府实务部门工作，有很丰富的实际工作经验，也积累了很宝贵的体制内资源，为扩大学术活动的政治与社会影响提供了极大便利。

在过去几年合作中，我从他身上学到了许多东西，可惜还没来得及掌握要领，他已经匆匆离开了我们。幸好他的思想、精神和人格是不可磨灭的，并将永远激励着后人前行。

在定剑老师身上，我们发现了一个忧国忧民而积极进取的中国知识分子的伟大人格。这种人格首先体现于求真务实的风范。他的研究兴趣从来都是经世致用的学问，而不是一堆无病呻吟、矫揉做作的词藻，更不是歌功颂德、粉饰太平的谎话。独特的工作经历决定了他强烈的问题意识和现实关注。在一次研讨会上，他公开批评某些中青年宪法学者在一些无关痛痒的"理论问题"上浪费时间；关系国计民生的中国宪法问题满地都是，就业歧视、土地征收、预算监督、司法改革、村民自治……可以说，哪里有生活，哪里就有宪法，为什么不把宝贵时间花在这些实实在在的具体宪法问题上呢？他在《南方周末》上发表一篇著名文章标题是"宪法就是拿来用的"，很形象地概括了他的治学思想。如果定剑的工作和治学生涯有一条主线，也正是努力让宪法变得对老百姓更有用。

定剑的人格还体现于直面现实的勇气。他从来不躲避难题，从来不掩盖问题的实质。对待社会是如此，对待自己他也是如此。他在治病过程中的一个细节就充分反映了这个特点。虽然晚期癌症会给病人带来巨大痛苦，但是他一直不愿意服止疼药，因为他害怕止痛只是解决了表面问题，却容易给自己造成假象，而忽视造成疼痛的病根。他希望自己能好起来，如同他希望自己的国家能好起来一样，而要做到这一点，就不能自欺欺人、讳疾忌医、回避真问题，因而他宁愿忍受剧痛也要让自己清醒地看到真实病情，以便对症下药。这和当前众多官员只图一个表面"和谐"反差何其巨大！如果这个国家的官员只知道把矛盾掩藏起来，把社会问题用 GDP 增长、奥运奖牌、世博入场率等"政绩"包裹起来，把上访者强行遣送回家甚至关入精神病院，重大敏感的事件不让媒体报道和公众评论……这些做法和只知道打止疼药或麻醉剂有什么两样呢？这样的国家又如何能治理好？！

定剑对待国家就和对待自己一样，他是真的为了这个国家好，所以他不只是批评制度实践中出现的问题，而更是通过各种方式积极改善这个国家的制度。如今中国社会公平正义不畅，犬儒主义盛行，或趋炎附势、见风使舵，昧着自己的良心甘愿充当御用工具；或随波逐流、明哲保身，对国事不闻不问，只图个人升官发财；或愤世嫉俗、尖酸刻薄，极尽嘲弄、讽刺、"恶搞"之能事，颇能博得社会大众的喝彩掌声。倒不是说最后这种犬儒主义有什么错，它对于社会不公的批判仍然具有积极意义，尤其是在舆论环境遏制了实质性批评的情况下，但它毕竟只是犬儒的一种表现而已。只有消极漫骂显然是不够的，它并不能给中国社会带来积极的制度建构，也不可能防止它所嘲笑的社会不公重演，因而一阵嬉笑怒骂之后，一切依然故我。难得遇到制度建设的积极努力，则不是心中暗笑其愚顽迂腐，便是悲观厌世、无奈叹息乃至麻痹不仁、无动于衷，因为自私、惰性、懦弱不愿也不敢说一句实话、做一件实事。

定剑则偏偏是明知不可为而为之者，他的身上处处体现了积极向上的精神。他在政府部门工作那么多年，在社会各界组织了那么多活动，能不知道中国"国情"吗？能不知道制度建设的艰难吗？但是这一切丝毫没有改变他的选择。且不说在平时，即便在和疾病顽强斗争过程中，他仍然不忘忧国忧民，亲自组织和参与了大量活动，外人完全看不出他是一位癌症晚期病人。8月28日，他偕夫人前来北大参加"第二届暑期宪政讲习班"欢送晚宴并致词，亲切勉励来自全国各地的学员为宪政努力奋斗；9月5日，他亲自主持召开人大代表法修改草案研讨会，系统总结了修改草案的种种问题；10月26—27日，距离他去世不到一个月，身体已经非常虚弱，他仍然发起了城市房屋拆迁条例废旧立新研讨会，并在会上做主题发言，积极倡导拆迁决策过程中的公民参与。每次我去看他，他从不流露过任何悲观情绪，对自己的病情轻描淡写，对天下大事却侃侃而谈，在病重期间仍然表达了对中国宪政前景的深切忧虑。

定剑教授的过早辞世，也让我们看到中国官场、学界乃至整个社会"逆淘汰"的残酷。他是为中国宪政不知疲倦地忘我工作，以至操劳过度、积劳成疾而死的，是当代中国真正为宪政事业捐躯的第一人。当我们看到一位"生命不息、冲锋不止"的斗士倒下，众多碌碌无为、饱食终日的官员却依然春风得意；当我们看到一个个体育明星、电影明星、央视名嘴、房地产老总等媒体捧出的各式"名人"在镁光灯聚焦下谈笑风生，而为了真正的民族利益奋斗一生的学者却默默黯然离世；当我们看到一位忧国忧民的绝症病人在经受极大痛苦后死去，而他为之奔走呼号的多数黎民百姓却依旧浑浑噩噩、无动于衷，我们不禁要问：这个民族正在向哪里去？

据说定剑临终前丢下两句话，一句是广为人知的名言："宪政民主是我们这一代人的使命"，另一句则是他对朋友私下说的："打了一次败仗。"定剑早年参过军，喜欢用打仗来比喻一些事情；盖在他看来，中国宪政是一场战斗，攻克癌症也是一场战斗。他平素是一个很乐观向上的人，原来对打败癌症是很有信心的，但是最后却未能如愿。这两句话时常在我脑子里回响，尤其是后一句。我在想，每个人或迟或早都是要见上帝的；等到哪天我们要走的时候，会不会也丢下同样的这句话，只不过不仅是针对我们自己，而且也是针对这个国家。近来的发展趋势似乎更应验了这个担心，中国是不是也得了"癌症"？甚或已到晚期，还有治愈的希望吗？"我们这一代人"还有可能完成中国宪政的历史使命吗？定剑走了，但是他给我们留下这个沉重的问题。

人贵有羞耻之心。定剑的死让我们悲痛，但是更应该让我们每个人感到羞愧。中国就是一个病人，定剑正是为了治这个病人的病而自己先走的；如果我们大家多做一点，他少做一点，也许他不会那么英年早逝。为什么他能为大家的事做那么多，而我们为最终关系到自己的事却做得那么少？犬儒们也许会说：哎呀，那是他与众不同的地方，是常人达不到的境界。错了，定剑不是一个超人；他只是一个凡人，他因病未愈而死本身表明他是一个普通的血肉之躯。换言之，他能做到的，我们每个人多多少少也能做到。毕竟，作为一个大写的人，我们不是一只只苟延残喘的耗子，这个世界也不只是一场疯狂争名夺利的末日筵席，除非我们选择这么看待自己和自己所生活的世界。定剑的死至少应该让我们回想肯尼迪总统的名言：不要问国家能为你做什么，问问你能为这个国家做什么？无论是作为官员、作为学者还是作为普通公民，我们每个人都需要面对真实的自我问一句：我能做什么？我选择什么样的人生？我们在一起可以过一种什么样的公共生活？

如果定剑的死能够换来普罗大众的一点觉醒，触动我们继承一点他的精神、勇气和担当，更自觉地意识到自己的宪法权利和使命，更积极地用行动来建设对于我们每个人来说都至关重要的宪政制度，我想他在九泉之下是会瞑目的。对于活着的人来说，我不知道定剑的死是一种救赎，还是一种预兆。也许他是替中国得癌而死，中国宪政因此而得救；也许他只是预示了中国宪政最后也会和他一样，虽然尽了最大努力，还是"打了一次败仗"，尽管远不是第一次。自戊戌变法以来，中国宪政屡战屡败，今天已经再也输不起了。我当然宁愿相信是前一种可能，希望定剑的死能激发更多活着的人，为了治愈自己身在其中的这个国家的"癌症"尽一份力。

无论何种结果，在我心中，定剑都是一位不死的殉道者，他的精神将永远激励后人前行。定剑给我们的最大遗产就是一种战士的信念：无论是治疗个人的病还是国家的病，都应该乐观自信地投入战斗。

"每个人都是改革的缔造者"

　　看到刘小楠和许婕两位青年学者整理出版了已故学者蔡定剑教授的新作——《每个人都是改革的缔造者》，不由感到一阵欣慰。尤其特别的是，定剑教授虽然去世已近一年，但是他的著述却还在源源不断地出版，其速度甚至超过了他生前的成果出版速度。由此足以彰显定剑虽然仙逝，但是他的精神是不死的，他的思想后继有人。倘若定剑九泉之下有知，一定也会感到同样欣慰吧。

　　本书虽然是定剑生前已经发表的论文集锦，却极有代表性地展现了定剑思想的整体。定剑生前著述甚丰，但万变不离其中，其主题无非是围绕民主、法治、人权这三根宪政轴线。民主是立国之本，是决定每个人命运的根本制度。定剑在全国人大担任要职多年，并就中国人大制度撰有权威专著。我原本以为，他在民主和政改这个领域一定会着力推广人大制度改革，但是没想到他在公民参与这个领域写过这么多文章，可以说不厌其烦地强调公民在改革过程中的作用。正如他在书中指出："中国改革的新动力在民间，在于每个人的力量。"这个定位和我 2011 年论证的民间宪政路径不谋而合，想必是定剑早在离开全国人大之时已充分看清"'自上'的动力在过去 30 年的改革中已基本耗尽，而民间向上的动力正在萌芽并蓬勃生长。"无怪乎，从拆迁条例修改到城市规划，从预算公开到村民自治，他的着眼点都是一个——公民参与。

　　没有民主，法治也只能是空谈。虽然改革开放三十年来，中国立法体系已基本形成，但是离法治相距尚远。定剑深知，中国三十年来之所以法治难行，应该"拿来用的"宪法之所以在中国一直派不上用场，关键在于民主没有落到实处，民主与法治实在是缺一不可的车之两轮。在"法治"篇，定剑对这个问题多有精彩阐述。正如他指出，没有政治民主，主张什么司法"民主"纯粹是歪门邪道。

定剑崇尚但是并不迷信民主法治。民主与法治或许是崇高的，但是没有人权，两者就失去了方向。定剑近年来在这方面着力最多，尤其是在反就业歧视方面做出的努力影响深远。在他看来，人权甚至高于民主。不论多大的多数，都不能没有经过法律正当程序就剥夺人的生命、自由或财产。如果侵犯了个人基本权利，多数人的暴政一点不比少数人的暴政更正当合法。贯穿全书的一个基本思想就是善待每个人，认真对待每个人的基本权利是任何一个正当国家必须恪守的道德底线。

正如这本书的书名显示的，"每个人都是改革的缔造者"；一位改革者倒下去，千百个改革者站起来。如果这本书确实能唤醒普罗大众的改革意识，让每个人都加入到推动改革的行列，那么定剑的毕生努力终究没有白费。

中国宪政需要"愤青"推动

2011 年，又到一年一度的五四"青年节"，法大法律评论社要我写几句话，便欣然答应了。起了个颇有争议的标题，不仅是为了吸引几个眼球，而且多少也有点为"愤青"正名的意思。宪政与法治是高度理性化的产物，怎么能让蛮不讲理的"愤青"来搅局呢？你们且听我慢慢道来。这里的"愤青"是指不那么计较利益得失的热血青年，而不是那些"五毛"或其他为了达到某种密不告人的目的而不择手段的年轻人；其实后者往往是很理性、很功利的，只不过因欠缺道德文化素质而表现得不讲理而已。我指的"愤青"是动机比较"纯"（或压根没什么"动机"）而说话比较"冲"的那类青年。他们可能出于对历史和现实的无知而犯错，但是本意并不邪恶。这篇短文的目的即是说明这个意义上的"愤青"不仅不是宪政与法治的障碍，而且是其不可或缺的助推力。

中国宪政与法治之所以需要"愤青"推动，是因为除此之外它实在没有什么推动力。虽然全国人大 2011 年自信满满地宣布"社会主义法律体系"已经"基本建成"，但是毕竟立法容易执法难，行宪更难；宪法与法律可以当"门面"，宪政与法治却是要动真格的，即便是在立法通过时随大流按了赞成键的立法者本人也未必真心愿意看到这个结果。因此，中国不仅从一开始就几乎永久陷入了有宪法而无宪政、有法律而无法治的状态。其实宪政和法治是一回事，一个不能实现法治的国家更不可能实行宪政，一个不把一般法当回事的国家当然更不会把宪法当回事。你们毕业后多数人都会从事法律这个行业，但是只要稍稍关注中国社会现实，你们用不着走出校门就能感觉出这种无奈。无论是法院、法学院还是社会上的人，如今都喜欢把法治挂在嘴边，但是每当轮到自己的时候却践行者寥寥。为什么？因为人人都知道法治好，但是法治的代价却没有人愿意承担；尤其在中国，践行法治不仅未必给自己带来什么实在的好处，而且还有一定的风险。"识时务者为俊杰"，绝大多数中国人都是很识时务的理性人，不会故意给自己找茬，多数法律人也不例外。因此，中国法治落入了不可自拔的"囚徒困境"。

众所周知，法治就是针对平常理性人设计的，最适合胆小怕事的理性中国人了。杀人者偿命、偷盗者砍手，……所有法律惩罚都是为了震慑潜在犯法者的理性，让违法变成一件得不偿失的事情，于是大家都乖乖守法了。不过任何事物都有两面，"理性"过了头也就成了非理性。对于理性自私的中国人来说，问题在于"徒法不足以自行"，谁来如实与公正地执行法律？如何保证执法者自己不犯法，至少不至于犯法之后任由其自圆其说、自行其是？既然法是社会公器，不独为执法者所有，如何防止执法者公权私用，甚至打击压制敢于揭露和抗议执法犯法的"不识时务者"？中国法治改革三十年的一个常识是，理性的执法者是不会自动维护法治的；除非在外界压力下不得已而为之，执法者的理性选择不是为公共利益服务，而恰恰是利用公权为一己私利服务。

这样就产生了中国法治面临的一个根本难题：如果理性的执法者不会自动控制公权滥用，理性的被执法者又出于自己的利益害怕和执法者抗衡，不敢站出来抵制执法违法行为，而只能任由制度废弃或虚置，那么还有谁能为中国支撑起法治大厦呢？虽然法治让所有人都长期受益，甚至执政者自己也不例外，但是一个狭隘理性社会却偏偏无力支撑法治，以至最后每个理性人都不得不忍受法治缺位的非理性之苦。

这就是充斥着当今中国社会的"囚徒困境"：一种行为模式对于个人看起来是很理性的，但是对于个人构成的集体来说却是非理性的，最后对于每个人来说也是非理性的；我们都不敢站出来说话，做一个"缩头乌龟"是对每个人来说都很"理性"的一种行为方式，但最后的结果只能是让整个社会丧失法治，而我们也活该遭受法治失序、纲纪废弛之罪。在任何法治国家，律师都是"法律共同体"的主要组成部分，是维护法律规则的顶梁柱；没有哪个国家可以在一个遵纪守法的律师群体缺位的环境下成就法治，因为法律规则首先要靠这些法律人来承载。然而，在一个法律制度和文化都不健全的国家，律师界本身尚未完成法律共同体的建构，更无力抵制外部行政干预，以至律师行业内部不仅"潜规则"盛行，而且"劣币驱逐良币"已然成为趋势；谙熟司法腐败等"潜规则"操作的律师春风得意、左右逢源，遵纪守法、兢兢业业的律师反而"吃不开"。在律师权利得不到基本保障的环境下，中国法治大厦永远都将是一个无人支撑的空中楼阁。

因此，法律确实是为理性人设计的，法治的基本逻辑正是个体理性，但是要建立法治却不能单靠理性。在一群没有担当、没有勇气、只知道搭别人便车的理性"囚徒"中间，是不可能建立起"法律帝国"的，更不用说宪政秩序。正如台湾地区一位基层法官曾对我说的，台湾宪政与法治是靠法律人的不懈斗争才赢得的。台湾法院原先也和大陆一样，判决书需要院长盖章才能生效；只是在法官不断抵制下，才逐渐演变成法官个人签字就说了算的主流法治模式。反观大陆，在司法改革初期，偶尔还有法官坚持己见、敢于抗上的零星报道，但是在法院高度行政化的管制体系下，这些特立独行的法官一般都没有什么"好下场"；绝大多数"识时务"的法官则唯唯诺诺、明哲保身，甘愿听从领导旨意。律师界更为独立，但是仍然受制于司法行政部门领导，而且近年来行政控制不断加强。大多数"理性"律师见此情形，莫不心生恐惧，有关部门"杀鸡儆猴"的效果也就顺利达到了。只不过在法官律师集体噤声的环境下，1999年就已入宪的法治国家理念何时才能实现呢？

宪政难乎哉？对于一个"各人自扫门前雪"的狭义理性社会，"囚徒困境"和"搭便车"的侥幸心理无处不在，宪政确实"难于上青天"。然而，人毕竟不是纯粹的狭义理性动物；哪怕只是为了长远理性，当我们这群理性人看到理性"囚徒"所面临的悲惨困境，难道不应该有所触动、有所行动吗？其实只要我们每个人都做那么一点点，我们自己的法治环境将得到极大改善，因为执法者也是理性的，面对天怒人怨也会有所收敛。似是而非的是，对于那些有点勇气的人群来说，宪政与法治反而不需要那么大的勇气；而在一群患得患失、没有担当的惊弓之鸟中间，却成了所有人的不可承受之重。

这是为什么中国宪政需要"愤青"，因为只有他们才能帮助打破无所不在的法治困境。这确实是一个矛盾，因为宪政与法治首先需要理性，但是我们看到，只有理性是支撑不起法治大厦的。当然，推动中国宪政的"愤青"不只是愤世嫉俗；他们必须具备宪政的追求和法律人的技巧，但是我在这里更强调的是对法治的担当和勇气。我知道大家都是"好学生"，而好学生往往理性有余而勇气不足。因此，我鼓励各位在学好宪法和法律的同时不妨"愤青"一点，同时也鼓励社会上真正关心这个国家的青年来学习宪法和法律，做一个有理性、有理想、有担当的"愤青"。

宪政、民主、法治都是"众人的事情"，需要这个民族的集体勇气才能支撑起来。青年之所以是一个国家的希望，正是因为他们是这个国家最有良知和血性的那部分公民。如果每个青年都能认真对待自己，至少做好自己的事，做律师的像个律师，做法官的像个法官，做学者的像个学者，中国宪政终究不是那么难的。

学术腐败不只是制度问题

2011 年 2 月报道，科技部撤销了"存在严重学术不端行为"的 2005 年国家科学技术进步奖二等奖获奖项目。谁都知道学术腐败是一个制度问题，大学行政化、学术官僚化、数字化评价机制逼迫学者炮制垃圾论文乃至造假……学术体制的罪恶首先在于它对整个学术界的腐化作用，造成了中国学者的平庸甚至人格堕落。其实这个命题在中国可以说是过于显然正确，无需论证，甚至连行政官僚自己都不否认。不过虽然大学去行政化呼声已久，这个体制似乎不是一朝一夕能改变的。这就不得不让人反思同一块钱币的另一面——学者自己的问题。

在我看来，文人没做好自己的学问就怪体制糟糕，就好比官员腐败怪体制漏洞太多、诱惑力太大，甚至就像小偷犯禁怪别人钱太多、法制不严明一样，听起来让人觉得过分；似乎错都在"制度"，都是别人的事，跟自己一点干系都没有。其实制度本来就是一个共同体的产物，它确实影响每个人，但每个人也直接或间接参与维持着制度的运行，因而所有人都多少对制度现状承担一点责任。现在倒好，每个人都把自己的责任推得一干二净，"制度"成了一切罪恶的替罪羊。在我们每个人都把手指向别人的状态下，中国学术是不会改善的。

制度固然是造成中国学术平庸乃至腐败的首恶，却顶替不了学者自己的责任。学术腐败首先是学术平庸的产物，造假、抄袭显然是不值得哪个大家或哪怕只是有点自尊的人去做的，而学术平庸则归根结底是学者自身的平庸。许多所谓的学者甚至"著名"学者只是把学术当做一种生存手段，对学术本身则缺乏兴趣和抱负，真正像韦伯所说的把学术作为一门"职业"的人不多。其实大多数学术并不是什么高深的火箭科学，只要踏踏实实投入足够的努力就能有实实在在的产出。一般学者只要潜心学业，没有荒废从本科到研究生的"十年寒窗"，至少博士毕业就能基本成就一番像样的事业。因此，中国学术是没有必要也没有理由平庸的。都说中国人"聪明"，能进大学、研究所的肯定都不笨。但是我们的聪明都用在了哪里？看看我们的学者每天都在忙些什么？真正花在读书、研究或写作上的时间有多少？在没有实质知识积淀的状态下，这样的"学术"又怎能不平庸呢？

当然，学问做不好的一个主要借口是学术在中国不足以支撑起一份职业。三十年前也许可以抱怨物质基础太差，学者收入太低，毕业后要忙着挣钱买房、养家糊口、带孩子，谋得一官半职之后又泡在"文山会海"当中，只能不务学术正业。然而，我认为这种借口今天已不能成立，因为中国社会已经为正常的学术发展提供了基本的物质条件。许多大学的办公条件都得到巨大改善，研究经费也在突飞猛进地增长；更何况理工科需要实验室和仪器设备，但绝大多数社会科学研究是不需要多少经费的，我也没听说有哪一项惊天动地的发现是靠"国家重大攻关项目"资助做出来的。也许有人会说，你已经当了教授，别站着说话不腰疼，看看现在大学生、研究生毕业做"房奴"甚至"蚁族"的有多少？在大城市买房确实是一个相当大的压力，但是本身不足以压垮中国青年学者的脊梁；工作之后贷款若干年，应该解决了吧？要知道，国外年轻大学教师也没有一毕业就能买房的，也是要做好几年"房奴"的。基本生活安定了，有什么理由不把自己的职业的做好呢？所以我的结论是，今天的中国学者之所以平庸，不是人穷，而是志短。

当前中国面临的最大问题就是在经历几十年折腾之后，已经磨灭了基本道德常识和职业伦理。在儒家文明的话语体系里，这个道德常识就是做人的基本自尊和"有所为、有所不为"的基本耻感。剽窃者一定认为不劳而获得别人的知识产品是捡了个天大的便宜，就像盗贼为成功得手而津津乐道一样，他们的共同之处在于心甘情愿做这类"下三滥"的事情，而不感到任何耻辱。这类人其实哪里都有，只不过和发达国家相比，中国的比例似乎尤其高，高得和这个"文明古国"的称号不相称。当然，大多数学者就和老百姓一样还是有耻感的，超越基本底线的毕竟是少数；但是我也毋庸讳言，中国学术界基本上是一个没有职业精神支撑的群体。对于大多数学者来说，学术只是一个谋生的职业而已；既然职业是手段，谋生才是目标，那么为了生存得更好，纵然牺牲点职业也未尝不可。其实不仅是学术界，其它行业何尝不是如此。不仅学者不好好为学，偏要混个一官半职（这和大学行政化确实有很大关系）或炒股赚钱，而且官员也不好好做官，偏要混个博士学位或斤斤于如何以权谋利；商人也不好好经商，偏要想方设法混进人大或政协和政府套近乎，或进商学院混个 EMBA 文凭。今天中国混乱的根源便在于没有谁真把自己的职业当回事，中国社会的重建也必然始于职业人格的确立。

　　讲了点自己专业之外的话，因为宪法本来是要拿制度说事的，但是再好的制度没有像样的人去落实，到头来还是扯谈。既然中国学术平庸是学者自己造成的，在面对这个问题的时候，学者自己还是要承担一点责任，不能把什么都推给别人制定的"制度"。

闻过则喜是君子，有过不谏是小人

自古以来，有过则谏、"闻过则喜"一直是中国传统美德。历代不知有多少辅国良臣忠言进谏，甚至不惜直言犯上，冒死劝诫君主。广纳贤言、从善如流则不仅是衡量统治者个人素质的标准，也是其执政能力和自信的表现。现代民主兴起之后，国家治理不再单纯依赖统治者的宽宏大度，建言献策的权利也不仅限于寥寥几个御前大臣，而是被宪法赋予每一个公民。中国 1982 年宪法第 35 条明确规定，公民有言论和出版的自由；第 41 条进一步规定："公民对于任何国家机关和国家工作人员，有提出批评和建议的权利。"

然而，近年来一些宣传似乎不仅不符合宪法规定的言论自由的精神，而且也缺乏儒家道德传统的气度。有人主张，中共党员尤其需要和执政党的理论和路线保持一致，不得对其方针政策"说三道四"，也不得公开发表违背中央决定的言论。据说，执政党的政治纪律是不可触动的"高压线"；一旦党员违反了政治纪律，都应受到"批评教育"或纪律处分，造成严重后果的还要依法纪予以严肃惩处。这种主张不禁让人产生联想，是不是像江平先生这样令人尊敬的老党员也不能对国家的一些政策或措施发表一点不同意见？如果发生错误而不能批评，那么谁来发现和纠正政策错误？无论于国于党，上述主张的施行都会带来不利后果。

无论是古代的忠谏义务还是现代的言论自由，其基本出发点都是一个常识判断，那就是任何人都会犯错误；不论地位或威望有多高，任何人都不可能一贯正确。既然如此，任何由人组成的机构、团体或派别也会犯错误，因而也就不能运用手中掌握的权力压制别人的批评；任何压制批评的人都必然假设自己是不会犯错的神，而这种假设本身显然是虚妄的。事实上，即便最后自己被证明是对的，别人批评错了，也得容许批评，因为"实践是检验真理的标准"；谁是谁非往往不可能一下子昭然若揭，而需要时间和实践的检验。扼杀了不同意见，也就失去了选择、尝试、比较和检验的机会，造成没有任何其它选择的既成事实，然后组织御用学者"论证"既定方向的"正确"或"优越"，但是这种所谓的"论证"显然只能是自说自话、自我辩护的权力逻辑。纸终究包不住火。如果某个政策是错误的，那么自欺欺人的自圆其说非但不能掩盖迟早要发生的后果，而且只能贻误补救的时机。

宪法之所以保护公民的言论自由，是因为对于一个国家来说，最安全的不是强行统一不同口径，而是允许不同意见的自由表达与交锋，并让全体人民共同判断谁是谁非。俗话说得好："三个臭皮匠，胜过诸葛亮。"由于人的智慧是大致均等的、"群众的眼睛是雪亮的"，参与决策的人数越多，决策错误的风险越小。把所有选项以及必要的信息摆在人民面前，多数人选择正确的可能性远大于少数人越俎代庖。只要告知真相，群众不会那么轻易上当受骗，为居心叵测的言论所蛊惑。因此，让最伟大的决策受到最激烈的反对和批评，那么只要信任人民的判断力，最后的结果只能是更清晰地证明决策者的英明；一旦把它奉若圣明，人为隔绝于批评和质疑之外，也就剥夺了它为自己辩护和证明的权利。反之，如果决策本来是错误的，那么压制批评的后果就更显而易见、无用赘述了。

既然宪法上的言论自由为全体人民所享有，党员自然也不例外。当然，任何政党都有自己的纪律，但是一个明智的政党不会压制党内的不同意见；一旦禁绝党内外的批评，执政党就丧失了改过革新的动力，整个国家也就无法免于执政者的决策错误。过去几十年的经验教训证明，神化领袖、压制批评会给这个国家带来巨大灾难，只有广开言路才能让执政者保持清醒。假如 1959 年的"庐山会议"能够容忍彭德怀的不同意见，"大跃进"就不会发展到饿死几千万人的惨烈地步；假如 1960 年代能够尊重国家主席刘少奇的言论自由，那么不仅他个人不会身陷囹圄、病死狱中，整个国家也能免于一场空前浩劫。刘少奇、彭德怀都是党内高层人士，他们的主张代表了相当多数党员的意见；如果当时实行党内民主、允许不同意见，本来足以避免"大跃进"与"文革"给千家万户带来的悲剧，执政党自身的地位和威信也能得到极大巩固。

事实上，党内批评非但不是"违规违纪"，恰恰是真诚、忠诚和负责的表现。假如不是出于对国家未来和执政党命运的关心，有谁会对现行政策"说三道四"呢？为什么古代明君尚能"闻过则喜"，将直言进谏之士视为忠臣良相，而在宪法保护言论自由的今天却反而不能容忍党内不同意见？公允、正义、率真之说遭禁，则阿谀奉承、逢迎拍马之徒必兴。那些有过不谏、粉饰太平、睁眼说瞎话的显然是只图自己升官发财的小人，而如果主流舆论只能充斥着这些对党对国不负责任、没有任何批判精神的小人言论，这对于国家和执政党究竟意味着什么？这些问题值得深思。

悦悦之死让孟子无语

　　小悦悦终于没活下来，引来众人一片唏嘘，刺痛了国人久已麻木的良心。我想假如先哲九泉之下有知，最先跌眼镜的一定是两千多年前的那位孟老夫子：21 世纪的中国人怎么都变成了这样？我们似乎都不记得（甚至不知道），他曾信誓旦旦地用孺子入井这个假想的例子来证明"仁心"的普遍存在：你看这个小孩向一口井爬过去，快要掉下去了，你只要是人就一定会上前把她抱起，至少心里会有这种冲动。现在就有这么一位不幸被碾轧的孩子躺在地上，那十八位路人竟无动于衷、若无其事，任由她走向死亡，最后还是一位良知未泯的拾荒阿姨将她救起，而她因为做了这么一件在孟子看来凡是人都该做的事情而几乎成了当代道德楷模。我不知道这十八位路人究竟是因为害怕遭讹等顾虑而打消了救人念头，还是压根就没动过这念头；总之，他们用自己的不作为否定了孟子以为不证自明的真理："人者，仁也"；凡人都有恻隐、同情之心，在生死存亡之际会出手相救，至少对面临生命危险的儿童不会见死不救。

　　其实，我相信国人的实际道德状态不至于那么糟糕，过路人中必定还是有人想救，但是之所以见死不救，最大的"理由"莫过于明哲保身：自南京彭宇案发后，见义勇为、热心救人者遭讹诈在全国已不止一起，致使国人谈"救人"色变，即便遇到触动自己恻隐之心的险情也绝不敢轻易出手相救；甚至有人称那位拾荒阿姨之所以敢救人，也正是因为穷，所以不怕讹诈，似乎在今日中国，财富就是道德的死地。这种由道德堕落和制度愚蠢共同造成的当代中国特色现象，盖孟老夫子当年始料未及。如果好事做不成反被敲竹杠，甚至惹上牢狱之灾，那么即便孺子遭遇生命危险，是否相救似乎确实是个问题。在这种情况下见死不救，孟子势必也能理解；不过这样一来，他的那个例子就不好用了。在制度和道德交替堕落的环境下，要证明国人是否还具备常人所应有的善心，还真成了一件形而上的难事。面对悦悦之死，连睿智而善辩的"亚圣"都要无语了。

当然，孟子不会真的无语，他一定有一大套道理要开导当代中国人。以孔孟为代表，儒家学说的精华在于不断提示人的内在价值，并促使每个人认识真实的自我，进而让自己的行为符合人的真性。趋利避害固然是人的本性，但人并不只是一个各种感觉附体的虚壳，人的行为并不简单受各种外在的利害关系摆布。相反，"人人有贵于己者"；每个人生来都有上天赋予的良善本性和内在尊严，人的行为必须和自己的真性相称，否则就等于自暴自弃，自己贬损自己的价值和尊严。既然人人都有尊严，人不仅有维护自己尊严的权利，更有尊重他人尊严的义务。事实上，两者没有任何矛盾；如果一个人不尊重他人甚至有意损害他人的尊严，自己怎么可能有尊严呢？尊重别人，也是尊重自己的一种方式；爱护别人，也是爱护自己的一种方式，因为帮助别人，就是在帮助自己保全了善的真性。因此，救人固然是对别人好，但首先是对自己好；见死不救看上去自己毫发无损，实际上是在贬损和侮辱自己。

儒家君子"行己有耻"，正是因为他知道自己有尊严，不会去做贬损自我尊严的事情而让自己感到耻辱。小人则看不到自己的尊贵与尊严，因而做事无所顾忌；只要不受法律惩罚，偷了便宜就是好，高兴还来不及，有什么耻不耻的？遇到小悦悦这样的情况，君子和小人的行为截然不同。一个君子会毫不犹豫出手相救，而不会有其它考虑，因为人的生命是最宝贵的，救人固然可能遭遇讹诈等风险，但见死不救却是对生命的漠视和摧残，还有什么比这更严重的道德犯罪！做此一件事，足以让自己耻辱和愧疚一辈子；与此相比，那点风险算什么？又何故让自己的良心受煎熬？一个小人则视情况而定：如果自己不需要付出什么代价，那么内心难免受到触动，或许会出手搭救，至少打个 120 急救电话；但是如有任何风险，那就装作没看见，反正自己不能吃亏。然而，在孟子眼里，这么做表面上没吃亏，保全了自己，实际上是吃大亏，因为他伤害了自己的良知和本性，把自己从一个值得尊重的人降格为面对生命都不知敬畏的麻木不仁的动物。儒家教诲的根本在于，人没有必要如此对不起自己；其实只要敢于诚实反思、面对自我，人人都能发现自己的内在尊贵，人人都能以符合自己真性的方式有尊严地活着。

在经过几十年"运动""斗争""批判"之后，儒家道德传统被清剿殆尽，留下所谓的当代"信仰危机"，其实就是道德人格空壳化的结果。每个人都成了纯粹受物欲驱使的小人，为了趋利无所不为，为了避害自甘堕落。对于那 18 个置若罔闻的路人，孟子的诠释只能是当代中国小人太多了吧。悦悦之死之所以是中国社会的耻辱，正是因为太多的国人似乎已彻底忘记了自己的内在价值和尊严，把自己降格到只知道趋利避害的一般动物的份上。顾了小我，却丢了大我；保全了利益，却失去了人格。这种占小便宜吃大亏的"买卖"之所以屡屡发生，都是因为国人失去了反躬自省的能力——用孟子自己的话说，"弗思甚也！"以至不知不觉中，道德集体滑坡到人类文明的底线。当然，人格堕落的后果远不止体现在悦悦一件事上；看看每天发生在我们周围的那么多事，根子不正在于我们早已把祖宗的教诲忘得一干二净吗？

彭宇案等制度缺陷固然对救死扶伤提高了道德难度，却不能为国人的道德冷漠负责。事实上，制度弊端本身也至少部分是多数人的冷漠造成的。不合理的制度是套在每一个人身上的枷锁，是每个人的人格正常发展的障碍；不合理的制度长期存在，应被视为每个人的耻辱，但是究竟有多少人起来为洗刷自己的耻辱抗争过呢？

今日重温儒家的教诲，兴许能帮助改造国人的道德与制度现状。毕竟，人是有智慧的，有知觉的，有良知的。人可以做一个君子，小心呵护自己的"良知良能"；也可以做一个小人，忽视、忘却甚至摧残那点赋予自己尊贵的东西。儒家无非是在提醒我们，人生好比一幕剧，剧中的角色是由每一个人自己选的。既如此，干嘛非要给自己选一个丑陋的反角呢？

黑砖窑是权力失控造成的道德灾区

从 2007 年 5 月起，"黑砖窑""智障奴工"这些词汇就已在中国社会耳熟能详。山西洪洞的那次人道主义灾难得到了一定程度的重视和解决，但是直觉告诉我们，黑砖窑远非限于洪洞一个县或山西一个省；全国各地的角落都隐藏着这类严重践踏人权的窝点，甚至发达省市也不例外。当时报道的陕西"黑砖窑"事件证实了这种直觉，但是几年后重提"智障奴工"问题，似乎再也难以激起当年的那种道德义愤。毕竟，诸如此类的事情太多，更何况中国的问题远不止智障奴工这一件事，每天发生在人们周围就不知有多少事情。这类事情一多，尤其是大家义愤填膺，到头来结果却往往是政府解决不力、问题久拖不决，给人感觉更多的已经不是愤怒，而是无奈、疲惫乃至麻木。一边是利欲熏心、丧尽天良的不法分子，一边是无动于衷甚至沆瀣一气的官员民警，凡是对中国不陌生的人都会得出一个结论——做成一件好事真难！

这个结论其实是中国权力体制和道德状态的必然结果，智障奴工也恰是中国社会现状的真实写照。近百年来，中国社会的经历可以被概括为政治集权和道德沦丧的恶性循环。集权政治扼杀道德自主，独立道德人格的缺失则进一步加剧臣民对政治权力的依附……中国传统社会本来就不是以普遍的道德责任感见长，多数人都怀着"多一事不如少一事"的明哲保身心念，只有受儒家伦理熏陶的少数士大夫才具有强烈的道德责任意识和社会使命感。经过历次"革命"和"运动"之后，敢言者纷纷遭遇打击迫害，死的死、老的老，剩下的芸芸众生个个心有余悸，唯恐避之不及。更何况造成浩劫的权力体制仍在若无其事地运行，不能不对人们的道德判断投下巨大阴影。它把每个人都变成唯利是图的小人，并向所有人昭示：在道德是非上纠缠不清只能是自讨苦吃，只有巴结权贵、拍马逢迎才是生存之道。在犬儒思维盛行的当今社会，发生不把人当人的智障奴工事件是十分正常的，不发生才不正常！

作为诡辩论的一支，"犬儒"(cynicism)的原意是人可以像狗一样活着，也无所谓对错。这种消极厌世哲学本来只是在专制社会压抑下自然产生的一种愤世嫉俗，甚至是对道德专制主义的一种反动，但是一旦蜕变成不把人当人的工具主义，就极易产生可怕的社会后果。智障奴工就是人被工具化的一个极端例子。黑砖窑主之所以拘禁这些奴工，无非是为了利用他们的劳动力。本来，劳动是一种可以交易的商品，但是市场原则之所以坚持自愿交易，正是出于对劳动者自由意志和独立人格的尊重。换言之，劳动是人的一种能力或价值，但远不是人的惟一价值；任何人都无权将作为人的劳动者降格为纯粹的劳动力，否则就人为扼杀了人的内在价值。奴隶制的罪恶正在于扼杀奴隶的道德主体性，将具备内在价值和尊严的人降格为纯粹的劳动工具。黑砖窑主则比奴隶主更加卑鄙，因为奴役一个正常人原本更有利可图，但是之所以选择了智障者，显然是为了利用他们的智力缺陷，以便更有效地"管理"并榨取他们身上的劳动力；用工具主义的语言表达，智障者是总体上更"好使"的劳动工具。

然而，黑砖窑主奴役智障者固然可恶，但漠视人的内在价值、把人降格为工具不也正是整个权力体制的本质吗？在权力体制下，上下级之间的关系在本质上是和黑砖窑主与智障奴工之间的关系完全类似的。上级需要下级干活，帮助制造政绩，以便向更高的上级邀功请赏，就和黑砖窑主需要智障奴工干活一样；在不服从就会受惩罚的环境下，下级会和奴工一样乖乖选择顺从上级的命令，甚至充分利用聪明才智，极尽阿谀奉承之能事，通过取悦上级换来自己的好处。这种上下级之间的默契或交易看上去是两厢情愿，实际上是权力体制压抑独立人格的必然产物；假如没有这个体制及其造成的依附关系，上下级都恢复正常人性，那么下级断无自我贬损人格之理，上级也不再有高高在上、颐指气使的资源和底气。

当然，任何政府的上下级之间都存在命令—服从关系，但是在法治国家，这种安排的目的是更有效地实现法律所体现的公共利益。下级遵从上级领导的前提是上级指示合法，而无须不分是非事事附和上级。如果上级违法，那么下级理应像儒家伦理所训导的那样坚持原则；如果上级诉诸打击报复，则可以通过行政诉讼等法律机制加以制止和纠正。然而，作为权力体制的表现之一，中国《行政诉讼法》却将公务员争议作为不可诉讼的"内部行为"。一旦"领导负责制"变成一种不可质疑的绝对权力，上下级关系就必然变质；上级命令和下级服从就不再是为了共同实现公共利益，而蜕化为类似于黑砖窑主和奴工私人之间的压迫、依附和相互利用关系。这样的体制必然造成道德堕落、是非模糊、犬儒盛行，因为不论对错，权力就是一切；道德人格和独立判断则成为争权夺利的障碍，坚守者会因此付出高昂的代价。在权力面前，一切都可以放弃，包括自己和他人的内在价值与尊严。一旦国人眼里只有权力，"人"就彻底消失了。

权力使人腐败，腐败的诸多特征中有贪婪、冷酷、麻木。无所不在的权力体制已经将道德腐败蔓延到中国的每一个角落，对人格尊严的普遍漠视早已造成此起彼伏的社会悲剧。黑心贪婪的砖窑主自不必说，那些屡次拒绝立案的警察和官员又何尝不是被权力体制泯灭了人性的牺牲品。试想，假如上级一个命令下来，他们还敢这么无动于衷吗？他们之所以一再袖手旁观，正是因为他们只在乎上级命令，而在上级没有发话的时候，发生在别人身上的任何事情都和自己无关，甚至自己作为公职人员是否履行法定义务都无关紧要，反正自己工资不会少拿、待遇不会降低；有的甚至接受了黑砖窑主的贿赂，故意不闻不问，纵容人道主义惨剧愈演愈烈，却也心安理得。权力体制已经彻底毒化了国人的道德人格，使之在浑浑噩噩中丧失了起码的道德常识。

时至今日，国人不能不对自己的道德状态有所警醒。不要以为道德与制度和自己无关，诸如智障奴工等人道主义事件不会发生在自己身上。等到制度坏死了、道德泯灭了，下一个危机就是这个国家赖以生存的物质基础，而这是任何人都躲不过的，因为每个人都要吃饭、喝水、呼吸空气……人类的创造力和破坏力都是一般动物不能比拟的，足以毁灭自己亲手创建并赖以生存的物质环境。看看中国时下的环境污染、食品安全以及各种事故，归根结底不都是因为我们漠视自己和同胞的内在价值、把他人仅仅作为牟利工具造成的吗？如果我们的道德与制度腐败最终毁坏了自己的生存基础，这个民族将陷于万劫不复之地。

要恢复国民的道德常识，根本在于利用残存的道德资源打破既有权力体制，建构现代公民的道德与政治人格。其实人的内在价值与尊严是与生俱有、不可泯灭的，只是在权力体制的毒化下被贪欲和懦弱长期埋没而已；一旦摆脱了权力体制的束缚，国人的道德状态自然回归正常。从众多网民对奴工事件的反应来看，即便今日中国社会也并不缺乏道德情感，所缺乏的是将道德义愤转化为制度力量的渠道和勇气。只有国民打破权力体制长期造成的惰性和懦弱，通过周期性选举等民主机制迫使政府对自己负责，才能从根本上解决智障奴工事件所体现的政府不作为问题。事实上，只要我们自己还没有站出来行使公民的宪法权利，我们每个人在本质上都和那些麻木不仁的民警一样是不作为者，多少都要对诸如此类权力体制造成的道德灾难承担一份责任。

尊儒不必祭孔

中国几千年来一直没弄明白一个简单的区别：一种学说有价值甚至很伟大，是否意味着要通过国家的力量将其定为一尊，并强迫国民信奉之。话说到这个份上，当然就不言自明了。宪法第 35 条规定了言论自由，表明公民既有接受也有不接受特定思想的自由，国家不能强迫；宪法第 36 条规定了宗教信仰自由，隐含着政教分离的原则，国家不得帮助任何宗教或门派"发扬光大"。但是 2011 年春节期间国家博物馆在其北门外立孔子像，引起了不少争议；之后十三名学者发表"联合声明：关于立孔子像的几点看法"，惹来了更大争议，这些都表明我们在潜意识里还是不明白这个道理。

这个潜意识就是一些"精英"提倡的思想文化专制。据说多数人反对立孔子像，但他们反对的未必是孔子或儒学，而恰恰是儒家几千年倡导的文化专制，或者说他们的反应是这种文化专制所必然引起的反弹。我看网上争来争去，有一点是几乎不争的，那就是儒学既有精华也有糟粕，核心部分经过现代诠释后对于中国当代社会或仍然有用。但是现在把孔子像立在天安门广场这个具有强烈政治意涵的地方，背后究竟意味着什么？如果只是为了表明我们尊重孔子和儒家学说，不再像"五四运动"或"批林批孔"那样全盘否定，那纯属多余，因为众所周知，自 20 世纪 80 年代以来，新儒学已经在大陆热了好一阵了，现在根本不存在全面否定孔子或儒学的问题。如果是为了表明我们要开始动用国家的力量大力推行儒学，则其中大有问题。

这个问题在十三学者的"几点看法"当中体现得尤其清楚，其中几乎每一点都充斥着武断专制的话语。第一点看法认为"立孔子像之举，符合国人心愿，适应时代潮流"，甚至符合"世界华人的心愿和文化发展的新潮流"。请教一个常识性问题：你们是怎么知道的？"时代潮流"怎么定义？难道是你们说什么，什么就成了"时代潮流"甚至"文化发展的新潮流"了吗？请问在立孔子像之前经过民意调查吗？没有的话，又如何得知"国人心愿"乃至"世界华人的心愿"是什么呢？

"几点看法"不仅除了重复儒家一贯的自说自话之外没什么新意，而且犯了几个常识性错误。一是"张冠李戴"，以为中国当前的社会混乱是老百姓缺乏信仰造成的，因而需要儒学和孔子来拯救。如第四点"看法"认为"当前由于文化的缺失，造成了社会上信用缺失、物欲横流、价值紊乱等等弊端，并开始威胁经济的可持续发展"。其实明白人都知道，中国老百姓是不缺道德信仰的，缺的是一套落实信仰自由的制度，在此不赘述。让他们自由信仰，所有这些"弊端"很快会统统自行消失；否则，即便强迫他们去信也不会信。

二是简单自信，误以为文化或信仰是可以通过灌输传递的，而且灌输力度越大效果越好；既然国家力量最强大，国家成了最适合推行特定思想文化或信仰的主体，因而要由国家出面大力推广儒家信仰。第三点"看法"把立孔子像抬高到"改革开放以来，调整文化战略，弘扬中华文化，建设精神家园等一系列文化建设行动中的一个新亮点和新标志"。虽然没有明说这些"调整""弘扬""建设"的主体是谁，谁都知道就是国家，至少国家是这个大"战略"的总后台。其实从过去几十年思想政治教育的效果就不难看出，通过国家力量去推动道德文化建设必然适得其反，这也无需赘述。此次立孔子像的效果本身便足以说明问题：本来人们对孔子没什么意见，现在突然立了一尊标准像，各种非议反而来了，这才让我们的学者按捺不住出来"救火"。

三是"杞人忧天"，潜意识里以为儒家文化只有通过国家力量才能得到拯救，否则就面临"珍稀物种灭绝"的危险。我自己也认同儒家思想有其独特的优势，但正因为如此，所以根本没有那些学者的危机感。俗话说，真金不怕烈火炼；既然儒家思想那么优秀，只要放开思想的自由市场，让它和所有其它思想或信仰自由平等竞争，那么它必然会在国人心中占据应有的一席之地，除非中国老百姓都是白痴、"不识货"，为什么需要国家保护呢？让国家去保护残疾人、老年人、弱势群体、珍稀物种好了，我自认为儒家思想的力量很强大，根本不需要任何保护。那些自称是孔孟信徒的学者们，麻烦你们对自己的祖师爷自信一点好不好？

其实儒家思想和孔子本人又何尝不是国家"独尊儒术"的受害者。自汉朝以来近两千年，"正统"地位让儒学和一代又一代的儒家们呼风唤雨、养尊处优、封闭僵化，失去了危机感、进取心和竞争力，成为中国社会停滞不前的思想障碍和所有近代屈辱的替罪羊，因而才遭到"五四"运动的激进份子全面批判、一脚踢开。这一尊一抑，又是何苦？为何不能还孔子本来面目，让儒学凭借内在的生命力正常发展？所以我在此郑重呼吁那些不择手段挽救儒学的好事者：救救孔子，别让他再蒙受数千年不白之冤和折腾之苦了。如果立孔子像的深层含义是显现孔子和儒学在中国历史文化上的至尊地位，那么它所昭示的恰恰不是儒学的精华，而是真正阻碍中国发展并和自由开放的现代文明格格不入的糟粕。硬把孔子抬出来作为这些糟粕的载体，难道不是对他老人家的污辱吗？

如果有人认为儒家文明正在衰落，没有宗教载体的儒家思想"战斗力"不够，其实是完全可以为儒学"立教"的，并身体力行推而广之，但惟独不能做的是企图借助国家的力量将其奉为正统。一旦借用了国家的力量，尊儒就蜕变为祭孔，也就是重新让政府通过祭奠、官方倡导、财政支持等不同方式体现孔子和儒家思想的正统地位；两者虽然都体现了对孔子和儒学的尊重，却在国家问题上有本质之别。虽然祭孔者们自己也未必赞成把儒学定为"国教"，真正的"儒教原教旨主义"也许确实只是极少数，但是他们似乎认为只有宣布儒教为"国教"才是宪法禁止的"立教"，政府的"弘扬""建设""发展"没事。假如按照这种理解，美国宪法第一修正案的禁止"立教"条款就失去意义了，因为没有哪个政府会蠢到明确宣布某个教派为"国教"的地步；绝大多数政府当然只是通过财政支持、"文化认同"等方式对宗教提供各种帮助，而这正是宪法所禁止的政教合一的危险倾向。

　　国家博物馆是由全国纳税人供养的官方机构，因而没有权力将孔子的形象强加在那些不愿意接受这个形象的纳税人身上，除非它明确表示立孔子像的目的并非通过国家的力量推广儒家信仰，而只是表达对这个中国历史代表人物的尊重；如果这样，最好还有计划推出老庄、孟荀、墨子等不同代表人物的塑像。既然"尊儒"并非"独尊儒术"，而只是尊重并认真对待儒家思想，那么一个国家机构就有义务做到不偏不倚平等对待所有信仰或思想流派。我个人相当确信孔子是中国历史的第一伟人，但是我更加确信的是，我没有权利把这个判断强加于任何人。伏尔泰的名言"我不同意你说的每一句话，但是誓死捍卫你说话的权利"，在此也可以反过来表达：我即便同意你说的每一句话，也要誓死反对你垄断话语的权力。

言论无自由，《孔子》也乏味

终于坐下来看了回 2010 年上映的电影《孔子》，总的感觉是比外界评论和原来预期的好些。毕竟，这是孔圣人第一次走上银幕，台下期望很高，台上压力很大，评论就别太苛刻。第一回"吃螃蟹"，至少其勇可嘉，即便失败也是件好事。如果《孔子》的问世让许多人产生"就这水平还敢拍孔子？那我也来试试"的想法，那才好，因为那样孔子就不仅走上银幕，而且走下了高不可攀的神坛，走进了寻常百姓人家，而如今的中国社会不仅需要孔子再世来提升道德水准，更需要多个不同形象的孔子帮我们打破数千年来单一刻板的思维惯式——哦，原来孔子也不过如此啊？圣人究竟伟大在哪里呢？一个落魄流浪的"丧家之犬"有什么值得称颂的？一旦观众或网民提出这样的问题来，就表明他们真的开始思考了，而这本身对于启发中国社会的民智就是大功一件。

不过我还是不得不说，这个目的《孔子》并没有达到：孔子确实走上了银幕，却未能走下神坛。一些批评确实点中了《孔子》的要害：一言以蔽之，故事情节没能充分展现孔子本人的个性；孔子还是人们传统印象中的那个老夫子，正襟危坐、和颜悦色地教训人。难怪不少观众觉得除了个别战争或调情场景之外，整部电影没多大意思。当然，这部电影上座率平平、口碑一般甚至拍砖者不少，都未必说明什么真问题，因为不论怎么拍，一部《孔子》都不可能让孔子的所有"粉丝"或"仇敌"满意，因而骂声是正常的，不骂才是不正常，但是如果要拍某个人却未能拍出这个人的真实面貌，却不能不说是任何电影的致命伤。在这个意义上，《孔子》没能走出中国电影近二十年来陷入的形式主义死穴，其共同的特点就是过分注重场景、色彩、动作（不论是武打还是性爱）等艺术外观，而缺乏真实的人物和内涵。如今中国动不动就想得这个奖、那个奖，每年都看着奥斯卡颁奖典礼心动眼馋，好像只要场面再壮观一点、色彩再鲜艳一点、故事再怪诞一点或索性只要砸更多的钱进去就能包揽奥斯卡，但是这样的电影充其量就是一场喧闹而空洞的声光剧，别人凭什么把奖给你呀？正如 2010 年奥斯卡奖得主完全出乎国人意料所显示的，人家首先看重的是故事，也就是电影的内容而非形式；当然，素材只是一个必要条件，其它方面也得过硬才行，但是没有真实、感人、至少有意义的故事则注定是不行的，而我们缺乏的恰恰是真实而感人的故事。

怎么才能做到感人呢？我们以前总以为只要表现得足够伟大就能产生震撼，只要主角是一贯正确、大公无私的"高大全"，做了什么惊天动地或大快人心之事，就一定能让人感动；好像一不小心暴露了任何缺点，就是在"抹黑"或"矮化"伟人、圣人。但是现实往往恰好相反，真正感人的事情很可能是渺小的细节，而不是什么宏大叙事。这是因为伟人伟事太难得、太少见了，而我们平常生活中却不乏感人之事，原因就在于这些事情都是凡夫俗子在点点滴滴的真实生活中给我们留下的真实记忆，注定是不足挂齿或充满人性瑕疵的。如果刻意制造出一个现实中不存在的"高大全"，那么无论他成就了多么不可思议的丰功伟绩，老百姓都不会感动的，因为一看就知道是假的。在这个意义上，甚至可以说形象越伟大就显得越虚假，就越不可能产生感动。难道假冒伪劣还能让人感动吗？真实未必足以产生感动，却是其不可少的一个成分。其实我们之所以为某人某事所感动，正是因为这个人和我们大家一样有这样或那样的弱点，但他终究还是那么做了，多不容易啊！假如我们拍的主角是上帝，那么哪怕他为人类做了多少"看了不流泪就不是人"的善事，给了我们光、水、爱、生命……我们确实会崇拜、会感激，但是不会感动——谁让他是上帝呀！他不做谁做呢？

多项奥斯卡奖项得主《指环王》描写了一部善恶之争的宏大叙事，但即便是这样一部虚构的史诗片也没有忘记刻画主角的人性弱点。主角之一弗罗多是一位坚忍不拔、百折不挠的英雄少年，历经千辛万苦终于不辱使命，但就是这么一个人也在临了前差点受到诱惑而功亏一篑，最后好不容易克服欲望才大功告成。我认为这个场景还是蛮感人的，而我们之所以为此感动，不只是因为他历经艰险完成了使命，而更因为这个平凡而真实的人超越了自己作为人的极限。假如电影里没有这些情节，把他升华为一个从不为利所动、不为色所诱的钢筋铁骨，那么如果他就是一个神或机器人还可以，作为一个有血有肉有弱点的人则只能让观众得出一个印象——"太假了！"

电影《孔子》本来是没有这个问题的，因为《论语》《礼记》《史记》等大量古代经典已经差不多把"剧本"写好了，只要把握这些经典的原意并真实体现出来就可以是一部很感人的影片。你可以说孔子生平的不少事情（如"子见南子"）语焉不详，因而仍有发挥余地，但不可否认的是，关于孔子的记载仍然是和他同时代的百家诸子中最完备的。如果连孔子的故事都要造假，那以后拍老庄、墨子甚至孟荀之流的片子就更没谱了。当然，电影是一门艺术，可以为了达到艺术效果而有所夸张，但既然孔子是一个记载颇为详细的真实历史人物，我认为夸张或发挥应该是有限度的。更何况孔子的生平本身就是一部颇感人的故事，用不着编造就可以挖掘出许多亮点。难道孔子还需要我们的编导们编造履历来帮他"拔高"不成？可惜的是，《孔子》虽然也在不少地方一字不差地复述了夫子的原话，但是该挖掘的亮点没有去充分挖掘，却没有必要地凭空虚构出些故事来，难免给人产生画蛇添足之感，也让孔子不幸成为"高大全"的古代造型。也许圣人确实应该表现得高大一些，但是杜撰出来的"伟大"有什么意义呢？成为"高大全"的代价之一就是失去个性，因为世界上所有的"高大全"都看上去差不多，而一个人的特点往往正是通过他的弱点或缺点体现出来的，就好比正确答案只有一个，错误却是千姿百态的。一旦把孔子也拍成"高大全"，那他很可能就不再是孔子，而成了耶稣或其他哪个圣人了。

　　在我看来，《孔子》的最大问题就出在此：对孔子的原型把握不够准确。众所周知，孔子身上融合了仁和礼两种不尽统一的气质：仁者爱人，礼则强调复古守旧；两者固然未必矛盾，但也绝不是一回事，而在孔子身上，后者占的分量可能还更重一些。颜渊问仁，夫子回答说"克己复礼为仁"，把仁和恢复周礼几乎等同起来。因此，如果只是凸显孔子的仁学，那么电影所展示的人物很可能更像耶稣或墨子，而恰恰不是孔子。电影中孔子巧辩季孙氏、勇救陪葬小童这段编得很精彩，但可惜是编的，孔子生平并没有这样的事迹，而只是说过"始作俑者，其无后乎"之类不多的"狠话"。硬把这样的"革命事迹"塞给孔子，除了让他变得更符合现代标准的"高大全"之外，还多少有悖孔子本人的风格。其实孔子之所以不喜欢鲁国势力很大的季孙、叔孙、孟孙三大家族，未必是因为他们对平民百姓做了什么伤天害理之事，而主要是因为他们目中无君，做事不符合"君君、臣臣"的道理，而这在孔子看来就是大逆不道。他掌权后致力于"强公室"（也就是鲁君）、"抑豪门"乃至"堕三都"，也完全是为了恢复正统的君臣关系和社会秩序，或用现代的话说就是维护"省政府大楼不得高于天安门"这类古制。

　　孔子是这么想，自己也是这么做的，如此便决定了他的处事风格。不仅君臣有序，而且不同等级的臣子之间也得严格执行礼制规定；整个礼制不就是一部规范不同地位、不同角色的人之间如何交往的繁琐规则嘛，而这正是孔子崇尚的社会秩序。既然社会地位对于孔子来说如此重要，他是不太可能直颜犯上，和地位比自己高的人公开撕破脸皮、闹得剑拔弩张的。用今天的标准衡量，他在这一点上还不如"说大人则藐之，勿视其巍巍然"的孟子超越。譬如孔子很看不惯季氏重臣阳虎的做法（尽管他更看不惯季氏对鲁君的态度），但是阳虎想见他，于是派人送了他一只乳猪，孔子是绝不可能义正词严将送礼者拒之门外的，否则他就成了一个革命者而非守旧者了。他还得"以身作则"，按照礼制主动拜访地位比他高的阳虎，但是故意挑选了一个阳虎不在家的时候；只是"冤家路窄"，后来还是在回家路上尴尬遭遇了。

当然，这也意味着孔子不会屈服权势、同流合污，但由此足见他对于位高权重者是相当谨慎乃至尊重的；即便对待无德无能而身居高位的人，他的规劝或批评也是十分含蓄委婉的。譬如季康子患盗，孔子告诉他：如果你不想那些事儿，那么即便重赏老百姓也不会来偷盗。中国古语比较简略，经常不带宾语（"苟子之不欲"），孔子也不需要明说想哪些"事儿"，但是有点文化的人都明白这句话的意思，说白了就是"只要你自己没有贼心……"；现在鲁国盗贼那么猖獗，根源在哪里呢？根源在于你自己就是一个窃国者。季康子可是季氏大家族的掌门人，而且自认为鲁国就是季氏的天下，从不把鲁君放在眼里，按今天的级别算怎么也够个"正厅级"加"省部级待遇"吧，甚至还自封为"国家领导人"（"八佾舞于庭"）。面对这样的高官，孔子这句话是很厉害的，但是他会以绵里藏针的方式表达出来。你可以说他懂得说话的艺术，也可以说他圆滑世故、明哲保身甚至在权贵面前显得消极怕事，但这就是孔子了。他是坚韧而执着的，但更是内敛和保守的，两种不同类型的性格在他身上和谐地融为一体。

这也表明，只要稍加挖掘，就能从孔子的真实生涯中发现许多谕古讽今的启示，而在这一点上《孔子》又做得相当不够。譬如电影的一出重头戏是"子见南子"，南子成了这部电影的女主角，但她在孔子整个生涯当中显然是微不足道的。史书固然没有记载孔子如何见的南子，因而电影有很大的发挥空间，但是硬把一场美女调情加在孔了身上不仅显得不伦不类，落入了当代中国文艺内涵空虚、情戏泛滥的俗套，而且也没能把握事件的重心。其实《论语》之所以记载这件事，主要是为了凸显"子路不悦"和夫子"折矢"，对天发誓说自己没有什么邪念，而电影恰恰忽略了这个情节。一贯教导"非礼勿视"的孔子要不要去见这个颇有"争议"的女人，已经不只是一个他自己决定的问题，他还得顾及别人尤其是自己学生的反应。在当时情形下，想必夫子是面临一定压力的，像子路这样心直口快的人肯定已在学生中间公开散布不满，或许还当众和孔子本人发生过争论；孔子还是去了，但是后来不得不公开表白，算是为自己"澄清影响""恢复名誉"吧。

这段故事很有意思，因为它不仅很直观地表现了子路的个性，而且还间接映射出孔子和他的学生之间一种相对平等而坦率的关系。我们通常都把孔子诠释为"师道尊严"的始作俑者，好像夫子总是"温而厉"地坐在那里"诲人不倦"，做学生的只有虚心接受教育的份儿；我们甚至认为这就是中国道德专制主义的起源，因为孔子这种自上而下的问答方式和看似平等的苏格拉底对话截然相反：前者是教条主义，后者则恰恰是要打破一切教条的怀疑主义。这种观察或许不错，但是我们不能忘记孔子本人不仅说过"教学相长"，而且公开表示最得意的门生颜渊对自己帮助不大：正因为他对老师的思想把握得如此到位，几乎可以说是孔子的一个摹本，所以他对孔子学说提不出任何不同意见。由此可见，孔子虽然对周礼推崇备至，但并不认为自己的思想就是学生必须无条件接受的真理，学生至少是有提出不同意见的自由的。当然，孔子也批评，甚至在背后说学生的不是（譬如说宰予不把"三年之丧"当回事是"不仁"，说樊迟请教怎么种地是"小人"），但是他似乎并不符合后来的继承者或攻击者强加给他的道德专制者形象。

事实上，最能体现孔子精神的就是师生之间的对话，孔子学说的精髓也正是通过他的学生把对话记录下来并流传后世的，作为思想家和教育家的孔子显然比作为政治家的孔子重要得多。在政治上，孔子无疑是一个失败者；他短短为官三年固然据说把鲁国治理得不错，但是他的政治成就不仅没能流芳百世，而且在当时就差不多烟飞灰灭了。然而，他所创立的"私学"却不断发扬光大，成为维系中华民族时代繁衍的道德基础。因此，传道解惑是孔子生平的重要部分，也是显现孔子人格的自然素材。然而，可能是编导以为讲学枯燥，电影对孔子的讲学经历却着墨极少，有些地方甚至可以说是在刻意删漏精华。

譬如电影拍到孔子周游途经宋国，正与弟子们在大树下演习周礼，宋国司马桓魋砍了大树以示威胁，并派兵追赶孔子一行。孔子悠悠前行，他的学生很害怕：追兵上来了，还不快点跑！孔子不慌不忙地回道：上天赋予我以德性，那个桓魋又能把我怎样？！仅此一句话便足以表现孔子进退有度、沉稳自信、笃信天命的人格，电影完全可以通过制造对峙、紧张、从容大度来彰显人物个性。

再如电影拍到孔子一行被围陈蔡，"弹尽粮绝"好几天了，孔子还在发奋弹琴，最后把大伙振作起来，和他一起手舞足蹈……这种场面不仅对于一贯中庸克制的孔子来说完全不合拍，而且也忽略了一个富于时代启示的亮点。其实那个时候大伙都饿蔫儿了，子路从外面怨气冲冲地跑进来质问孔子：难道君子也有这么穷困潦倒的时候吗？言下之意，您谆谆教导我们做什么"君子"真是百无一用，连自己的基本生存和安全都保不住，遑论其它！孔子不紧不慢地回道：是啊，君子也会有穷困的时候，不过君子能守得住；小人穷了，就什么没底线的事都能做出来了。这种话让今天的观众感同身受，我相信是会有人感动的，而电影里却偏偏没有。

由于电影将孔子塑造为一贯正确的"高大全"，不仅孔子自己失去了个性，而且他的所有弟子也都在圣人光环的遮掩下黯然失色，一个个都成了只会重复"夫子""夫子"的应声虫，以致整部电影都没有一个鲜活的个性。子路是众弟子中个性最鲜明的，但在电影中也就是外表粗犷一点而已，完全没有当面顶撞老师的那股鲁莽锐气；其余的要是字幕不报姓名，更不知道谁是谁。其实在《论语》中，孔子自己已经把几个贴身弟子的个性说得很清楚了：子路的个性已经写在脸上，颜回是聪颖、好学而笃行的"三好学生"，曾参是有点愚钝但矢志不渝的那种，宰予是天资不笨（现在来看当年夫子并没能回答他提出的问题——为什么要实行"三年之丧"？）但好吃懒做（白天睡大觉）的那种，冉求、子贡则是机灵、能干、善辩的那种；子贡还是一个很有钱的生意人，但就是这样一个有经济头脑的"儒商第一人"却不一开始就拼命挣钱，反倒心甘情愿地跟着一个被世人视为"丧家之犬"的老夫子颠沛流离，这肯定是一个很有境界、很有抱负、很有个性的人……即使就把这些人和事从书上抄下来，稍加充实也应该是一篇丰富多彩、妙趣横生甚至颇为感人的故事，而电影里却偏偏没有。

相反，电影不仅塑造了一个"高大全"的孔子，而且还编造故事让他的弟子也变成"高大全"。颜渊早死，很可能是因为他满足于"一箪食、一瓢饮"的简单生活，过分注重"精神食粮"而忽视了物质营养。为什么不能就让他简单病死呢？是否这样就不足以塑造出他的"光辉形象"呢？硬让这样一个手无缚鸡之力的文弱书生去做"革命烈士"，钻到冰冷彻骨的河底抢救经典并因此而"壮烈牺牲"，就和这位被夫子亲口誉为"得一善则弗失之矣"的忠实信徒居然能错把于丹当成自己的老师一样，问出"如果不能改变世界，是否就应该改变自己内心"这样要被逐出孔门的话来，实在是离谱得可以。颜渊死后，孔子悲痛欲绝，连连捶胸顿足、仰天长叹："老天要毁了我呀！"，把最能传承自己学问的弟子弄没了。这个场景完全可以造就一个跌宕起伏的情感高峰，电影却对此表现平平；众弟子要厚葬老师的得意门生，孔子出于礼制反对，而他自己的儿子也没有厚葬，但还是拗不过众人，最后只能无奈地说：你生前一直把我看作父亲，你死后我却不能像儿子那样对待你；这可都是你那些师兄弟的意思，怨不得我啊！这些真实细节本来都是很动人的，却莫名其妙从电影里消失了。

最后，孔子自己临终前，电影也没有泛起什么波澜，只是平淡历数了他编撰《春秋》的业绩。不难想象，孔子暮年是在孤独和落寞中度过的。跟随自己周游的弟子都已经成才离去了，有的被举荐做了官，有的弃官从商，有的自己办学，平时不可能侍奉在老师身边。世道昏暗，孔子不但没能实现自己的政治理想，而且世人好像已经淡忘了这位闭门修书的老人；这不能不令他感到失落，于是乎举止乖张地在自家门前摇晃着拐杖唱歌：泰山要塌了，栋梁要倒了，哲人要萎了，好像是要专门引起别人的关注。圣人老了，也和孩子一样可爱。等子贡听到消息赶来，他还埋怨子贡怎么没早点去看他，可见他去世前的一段日子是相当悲凉的。为什么不能花点笔墨刻画孔子晚年的内心世界以及师徒之间的细腻情感呢？难道悲苍、落魄、失败就不值得描写吗？难道只有 GDP 连年增长或"从胜利走向胜利"才算得上"伟大"吗？

我期待在不久的将来，能看到一部没有过多剧情编造的《孔子》。我相信孔子和他所处的时代环境有足够的真实素材，供中国文艺界拍一部真实、精彩而感人的《孔子》。

领袖像入寺违背政教分离

　　据《人民日报》《西藏日报》报道，西藏自治区 2011 年广泛开展"送国旗、送领袖像进村入户进寺庙"活动。12 月 8 日，区党委统战部召开工作会议落实寺庙"九有"，即有四位领袖像、有国旗、有道路、有水、有电、有广播电视、有电影、有书屋、有报纸。道路、水电等设施无疑为寺庙和教众提供了便利，当然是没有问题的，但领袖像、国旗等世俗政治标志进入宗教场所是否合适，则大可商榷。如果强行要求寺庙挂上政治标志，不仅可能引起僧侣和教众的反感，而且也有违背宪法政教分离原则之嫌。

　　中国 1982 年宪法第 36 条规定："公民有宗教信仰自由。任何国家机关、社会团体和个人不得强制公民信仰宗教或者不信仰宗教，不得歧视信仰宗教的公民和不信仰宗教的公民。"虽然这一条没有直接规定"政教分离"原则，但无论官方还是法学界都已承认，第 36 条暗含着政教分离的基本原则。事实上，国家领导人曾多次表明这一立场。例如在 1999 年的中央民族工作会议上，总书记江泽民明确表示坚持政教分离的原则；无论哪一种宗教都没有超越国家宪法和法律的特权，都不得干预行政、司法、教育等国家职能。反过来，党政部门也不应干预宗教事务，否则不仅必然导致政教不分，而且也无从实现第 36 条明确保护的"宗教信仰自由"。总之，政治和宗教之间的关系应该是"井水不犯河水"，或用美国先贤杰弗逊的话说，宪法"在教会和国家之间建立了一堵分离之墙"(wall of separation)。

　　政教分离之所以重要，是因为政教不分必然产生诸多严重后果。如果特定宗教控制了政府，那么必然会利用国家权力压制迫害其它宗教，引发教派之间的争权夺利乃至宗教战争。反之，如果政府可以干预宗教，那么必然会人为孕育宗教的反政府情绪并引发激烈反弹；哪怕政府对宗教"只做好事、不做坏事"，为宗教活动提供各种支持、扶助、补贴，也会因为难以处理不同教派之间的平衡而导致宗教游说、拉关系、争风吃醋之风盛行，进而致使政府陷于各种政教矛盾的漩涡之中。在西方历史上，大多数严重的宗教冲突都是政教不分酿成的。英国清教徒之所以移民北美，也正是他们因信仰不合国教而遭歧视和迫害所致。美国独立后，联邦宪法第一修正案明确禁止国会立法"设立宗教"，从而确保了两个多世纪的宗教和谐。值得注意的是，"立教条款"所禁止的不只是堂而皇之设立国教的国家行为，而且包括几乎所有显著的政治和宗教联系，例如在公立学校的教室里祈祷或安放十字架等。这类行为都足以表明，国家和教会之间发生了政教分离原则所不容许的纠缠。

中国虽然没有西方政教长期血腥冲突的历史，但是当代也有不少值得汲取的相关教训。"文革"期间，全国各地普遍发生了"破迷信"、砸寺庙行为，在西藏等地尤其严重。这些行为严重伤害了藏民感情，削弱了他们对政府乃至国家的认同和归附。改革开放之后，宪法规定的宗教信仰自由状况发生了巨大进步，绝大多数寺庙得到恢复和保护，教众和政府的关系也得到极大改善。事实证明，落实宪法第 36 条规定的宗教信仰自由及其所暗含的政教分离原则不仅是对广大教众的保护，而且也是社会长治久安、族群安定团结与国家和谐统一的有效保障。

在寺庙里安放领袖像是不合适的，因为寺庙是供奉神灵和祭祀膜拜之所，而毛泽东、邓小平等中共领导人都不是藏区佛教崇拜的神。恰好相反，他们和所有中共党员一样都是无神论者，而建立在马克思主义无神论基础上的中共党章也明确规定，入党和信教之间是不相容的。领袖像入寺不仅有神化领导人之嫌，而且也是对寺庙宗教自由的不尊重，很容易导致僧侣和教众的抵触情绪。假如寺庙或教众在家里真诚自愿地贴上某些领袖像，自然另当别论，那样也就不需要政府出面推行；但是如果政府强行要求寺庙张贴领袖像，则虽然表面上看起来所有寺庙都很"爱党""爱国"，实际上很可能造成"口服心不服"，人为制造政府和寺庙及教众之间的矛盾，加剧教众对政府的疏离感，甚至为"藏独"势力利用敌对情绪实施国家分裂制造口实。

中外经验和教训都验证了一个常识："强扭的瓜不甜。"要获得广大教众的真心拥护，惟一的办法是在政教分离的基础上保证他们的宗教信仰自由。这也正是宪法第 36 条的题中之义。

伍、生命权与死刑存废

　　说起道德伦理，不妨顺水推舟谈谈近年来争议颇大的死刑存废问题。法律和道德显然是不可分的，从来不存在什么"纯粹"的法律问题。说法律是道德的延伸、"出礼入刑"，大致是没错的。中国传统的儒家伦理也是以尊重生命为导向，强调慎杀、少杀。从孔孟的原始教义出发，我甚至可以论证儒家是应该禁止死刑的。

　　2010 年 10 月发生的药家鑫案让死刑存废问题进入中国公众视野，2012 年的吴英案死刑判决则将社会争议推向高潮。我是主张分阶段、有条件废除死刑，有些论点受到颇为激烈的批判。2015 年又发生贾敬龙案，我的"废死"主张又受到热烈支持，只是功亏一篑，最后未能挽救这位被"逼上梁山"的年轻人生命。

　　死刑问题在中国不容易讨论，因为死刑判决数量首先是一个"国家秘密"，死刑复核制度似乎也没有显著减少死刑复核。基本信息都没有，如何探讨死刑政策的合理性或必要性？只有破除这个应当公开的"秘密"，才可能有意义地讨论中国的死刑存废问题。

尊重生命，废除死刑

继药家鑫、李昌奎等死刑案之后，吴英案二审维持死刑判决，再次引起不少非议。[1]除了审判程序、罪名界定以及"非法集资"罪名本身的正当性之外，吴英案的死刑判决比药、李两案更不妥当，也更显示了废除死刑——至少废除某些死刑——的必要性。和上述两案不同的是，吴英并没有对任何人的生命或人身造成暴力伤害，因而也没有产生巨大的民愤；即便"集资诈骗"罪名成立，也只是伤害了 11 个受害人的经济利益，并导致他们的资金未能存入合法的银行，从而对国家金融调控产生不便，但是仅此似乎远不足以上升到"给国家和人民利益造成了重大损失"的高度。对经济犯罪的死刑判决显示，一些地方法院对国人的生命不够尊重。

这篇短文只想强调一点，那就是尊重生命是中国文化的固有传统。众所周知，儒家历来强调少杀、慎杀，据说死刑案件都要经过皇帝亲自批示。儒家立场的伦理根源是"性本善"，人的内在本质是尊贵的，因而要求所有人赋予适当尊重。孟子的"孺子入井"故事将儒家基本思路表达得很清楚。只要是人，看见一个小孩爬向水井，都会情不自禁上前把她抱起来，因为凡人都有"恻隐之心"。每个人都有这样的自然冲动，表明每个人都有仁义之心。事实上，我们之所以对一个连说声"谢谢"都不会的孩子萌动恻隐之心，不是为了获得某种物质上的回报，而是出于尊重其生命所包含的内在价值。因此，儒家会强烈谴责那些对小悦悦见死不救的路人，因为不论出于什么理由，对生命的麻木不仁表明他们的仁心已近乎泯灭。既然每个人都有义务尊重和保护生命，任何人更不得主动伤害生命。

1　"浙江吴英集资诈骗案二审维持死刑判决"，《山西晚报》2012 年 1 月 19 日。

　　当然，儒家对人性并不盲目乐观。他们相信人性善，但也清楚知道人性是有弱点的。药家鑫的杀人灭口、李昌奎的凶残灭门、吴英的集资诈骗、对小悦悦的见死不救……都显示人性的弱点是如此致命，以至只是靠道德说教显然无济于事；在某些情况下，人必须被强迫尊重生命的价值。在儒家看来，人类之所以建立国家并制定律法（在中国古代主要是刑法），正是为了更好地保护生命，防止人类生命受到人类自己的非理性伤害。

　　然而，既然国家的基本义务是保护生命，刑法就不能为了惩罚而惩罚，尤其是不得没有必要地伤害罪犯的生命；否则，国家就违背了尊重与保护生命的基本义务。事实上，如果推到逻辑的极端，儒家的伦理主张应该不只是"慎杀""少杀"，而是完全禁止死刑，因为无论罪犯如何"罪大恶极"，他们的行为都没有也不可能泯灭自身存在的内在价值，而相对乐观的儒家会认为，只要经过适当的教育改造，他们总是存在认识错误、恢复人性的可能。在这种情况下，摧毁罪犯的生命是国家暴力的滥用，在本质上和罪犯对他人生命的侵犯无异。因此，控制犯罪的正当措施不是死刑，而是在罪犯失去理性期间剥夺其自由并进行教育改造，直至其恢复理性。看到药家鑫在法庭上泪流满面的场景，不论他此前犯过什么不可原谅的罪行，任何人都不能否认这个 22 岁的青年还有改过自新、重新做人的可能，而死刑判决彻底断绝了一个生命的希望。

　　主张死刑的立场历来有两类论点。一类是社会正义论，认为"杀人偿命"天经地义，或某些罪大恶极者影响恶劣，"不杀不足以平民愤"。被害人家属也常常坚持"以命抵命""血债要用血来还"的传统信条，似乎杀人者只有一死才对得起被害的亡灵。其实"杀人偿命"并非不证自明的"等价交换"，而是人类在社会进化过程中为了自我保护而发展起来的原始信仰；在没有国家或国家不能有效控制犯罪的时代，这类信条有助于迫使潜在罪犯正视自己行为对他人造成的后果，但是现代法治国家秩序的维系显然不再需要依靠原始血偿信条，死刑也就成了对罪犯生命的不必要剥夺。从儒家立场上看，杀人永远是非正义的，除非是为了保护更多人的生命不得已而为之。

如果死刑判决的主要理由是为了偿命或"平民愤"，那么这类理由显然是不充分和不正当的。即便罪犯杀了人，死人也不会因为再杀一个人而复生，死刑并不能弥补犯罪带来的伤害。为了满足多数人的感觉而杀人，则更是违背了尊重生命的基本原则。在这种工具主义思维面前，人的生命不是终极目的，而是满足利益和感觉的工具；只要能让多数人满意，国家就有权力乃至义务剥夺个人的生命。一旦成为治国原则，对待生命的工具理性主义显然将产生极其可怕的权力滥用。因此，社会公正论对死刑的论证恰恰将催生最可怕的不公正，只能助长国家背离保护生命的基本义务。

第二类理由是社会功利论，主张死刑有助于减少杀人犯罪，进而保护无辜者的生命与安全。譬如有人主张不仅应该维持死刑，而且应该立即执行，因为中国的监狱不够牢固可靠；如果死刑犯逃脱，无疑会对社会产生巨大危险。但是这种论点显然不攻自破，因为维持可靠的监狱是国家职能，国家显然不能因为自己疏于履行义务而转嫁责任并剥夺犯人的生命。更何况如果以后发现判决错误，立即执行将造成无可挽回的伤害，聂树斌就是前车之鉴。在国家适当履行职责、有效控制罪犯的前提下，真正意义的无期徒刑足以防止最危险的罪犯对社会产生进一步危害，因而也就没有剥夺罪犯生命的必要。社会功利论的更一般主张是传统法家的"重刑去刑"论，认为极刑有助于震慑危险犯罪，迫使潜在罪犯三思而行。如有确凿证据表明死刑判决对其他潜在罪犯产生显著的震慑效果，从而减少杀人凶案，那么或许可以在严格控制的前提下维持死刑。维持死刑的惟一正当理由是保护人的生命，而政府有义务提出足够证据证明目的和手段的合理相关性。

社会功利论对死刑的辩护对于吴英案是徒劳的，因为她的犯罪行为既没有伤害任何人的生命，也没有显示日后可能伤害生命的任何倾向。虽然死刑判决也许有助于震慑潜在的集资诈骗犯，但这种工具理性推定显然是对死刑的滥用。和所有人一样，罪犯的生命也承载着不可剥夺的内在价值和尊严，并不因为其犯罪行为而灭失，因而国家也不得以此为理由剥夺生命，除非是为了保护其他人的生命不得已而为之；刑法的目的是打击犯罪并改造犯人，而绝不是以不可挽回的方式摧毁罪犯的内在价值和尊严。打击吴英的经济犯罪根本不涉及生命保护，因而国家没有任何理由动用死刑；在这种情况下，任何授权死刑的法律或司法解释都是对生命的无情践踏，因而是在本质上非法的。

近年来，最高法院收回死刑复核权，实际上是对尊重生命传统的回归。死刑复核是慎用死刑、尊重生命的最后一道关口，因而既不应流于放任地方司法滥权的"橡皮图章"，也不宜成为各种政治考虑因素的平衡器，而是应该为人的生命和内在价值提供切实有效的司法保护。如果完全废除死刑的时机尚不成熟，至少实质性地废除经济犯罪死刑可以从吴英案开始。

吴英死刑案是一个基本伦理问题

2012 年 2 月，接连参加了搜狐和天则所组织的两场吴英案研讨会。虽然我看标题改得更大了——"金融秩序与司法公正"，由头还是吴英案。这个案件主要有两类专业人士关注，一是经济学家，一是法学家。两个研讨会两类专家都邀请了，但是搜狐研讨会上刑法学家更多一些，天则所的研讨则经济学家更多一些。法学家更关注吴英案在刑法上的具体量刑，经济学家则把吴英案上升到近年来的发展趋势，尤其是国进民退、国家垄断金融体制等方面的问题，并质疑非法集资罪本身是不是成立。如果我们的刑法不应该规定这个罪名，那么吴英这个行为根本不应该算是罪，吴英根本不是一个罪人。因此，吴英案显然不只关系到吴英本人，而是上升到一个宏观得多的话题。对于经济学家来说，她已经成为我们时代的一个标志。如果维持死刑的话，她很可能是近年来国进民退的悲剧性象征。

我也同意吴英案的意义肯定是超过了吴英个人，但我还是主张就吴英案来说，还是回到吴英本人。如果要讨论吴英的行为是否应该构成罪，需要经济学的严密论证；如果要讨论吴英究竟被判几年，需要刑法学家的仔细分析，但是在我看来，她的死刑问题很简单，也很根本，而这个判断所产生的后果也许要比它的经济后果更重要。经济学上的很多推理是经验性的，而经验性的推理可对可错（波普意义上的"可证伪性"）。比如有没有必要打击民间集资？以天则所为代表的自由主义经济学家可能认为没有必要，民间金融应该完全放开；但是一个国家主义倾向的学者会提出一些证据，说明国家还有必要控制金融。两种经济学立场可能都有自己的道理，但我的伦理立场则是绝对的，并没有经验上的不确定性。如果我们都能认同一个基本立场，从尊重人的生命和尊严出发，那么吴英肯定是不能被判死刑的。死刑判决足以让我们忽略长篇大论的经济和法学推理，而回到吴英这个人本身，因为她一个人的生命就足以超越法律，也超越经济。

改革进行了三十年，我们似乎一直在提倡一种自由主义，学者不断宣扬个人价值、个人自由、个人权利，其中当然也包括个人的经济活动自由，但是经济并不能涵盖社会的全部，比经济更加根本的是这个人本身。如果到今天，我们还是不能从个人来看待死刑问题，而是要从一些宏观的角度，好像必须要把事情说的很大，好像她死了整个中国的改革就会倒退，我们才有充分理由为吴英免死的话，那么这种现象本身就反映了这个时代的局限性，说明我们和把密尔的《论自由》误译为"群己权界论》的严复一样，所谓的"自由主义"充其量不过是社会功利主义。吴英案表明，我们至今还没有确立一条很基本的原则，尽管我们近二十年来的发展趋势是朝着这个方向，但是似乎离这个目标还差得很远，那就是要把人当做终极目的，而不是实现任何其他目的的手段。

从这个立场上看，以经济犯罪的名义剥夺一个人的生命在本质上是不正当的。众所周知，生命是一个人全部价值的物质载体；一旦从从肉体上消灭这个人，她的全部价值就消失了。什么叫以人为目的，而不仅仅是手段？这个原则的一个基本含义就是无论一个人给我们社会的经济发展、金融秩序等等带来什么样的后果，他都罪不至死。我们今天当然可以给吴英提出一大堆理由，说明吴英这种行为对社会并没有什么大的危害，甚至能够给我们国家的金融自由带来好处，杀了吴英反而会给中国社会带来伤害，所以不能判她死刑。但是如果这个理由不成立，如果诸如此类的行为确实给国家的金融秩序发展带来危害、确实阻碍了社会经济发展，这个人就应该被判处死刑吗？如果连尊重生命的基本原则都不能确立下来，那是一个多么可怕的社会？这样的社会又怎么可能把经济发展好！

我们都说 1949 年以后的前三十年，中国走了许多弯路。为什么走了这么多弯路，死了这么多人？归根结底只有一条，那就是我们不尊重个人的生命和价值。当然，我并不是专门想拿近 60 年来说事，中国古代也是有死刑的，但不能否认的是，我们近 60 年来最大的问题就是没有把人当作目的，而总是把人当作经济发展的手段。如果你这个人阻碍了整个国家的发展，那真是罪大恶极，判十次死刑都不为过。前车之鉴，我们看到这样的社会何其可怕。改革之前 30 年死了多少人？人的生命、人的尊严、人的价值遭到如此的践踏，经济发展成那个样子，这一切难道都只是经济政策不合理造成的后果吗？原因当然要比这个根本得多。所以我主张，吴英案要把我们带入一个更深的层次，要让我们从根本上反思如何对待人的生命、人的价值和死刑制度。

令人诧异的是，改革三十年之后，我们离这个基本伦理还很远。为什么这么说？吴英案之后，我写了一篇自己觉得很温和的文章，题目是"尊重生命，废除死刑"。这个文章在我看来无论从哪个方面来说都是"正确"的，无论是政治上还是伦理上都不可能错，但是没有想到在网上引起了大量谩骂和攻击。主要原因当然是很多网民认为中国的贪官不能免死，因为他们罪大恶极。在贪官层出不穷的今天，这种情绪可以理解，但是从这种思维方式能清楚看到，虽然我们可以把把人的生命当作目的这样简单的原则背得滚瓜烂熟、成天挂在嘴上，但是一旦放到实践的层面上，却根本不是这样，人的生命仍然是"维稳"、维护政府形象或"平民愤"的工具。当然，我今天不想跑题去论证贪官问题，我后来发表的文章也简单论证了这个问题——其实有哪个贪官在贪之前还去想想自己这个行为在法条上构不构成死刑的？他不这么想，你把刑法规定得再严厉对他会有什么震慑作用呢？

如果没有震慑作用，那么维持死刑的理由就只剩下"平民愤"。很多网民坚持有些人"不杀不足以平民愤"，但是平民愤绝不可能成为死刑的正当理由。一个国家的法律能不能说，只要你死能让我（以及许多其他人）的感觉好一点，就能把你处死？这能当做治国原则吗？我们不要忘记，死刑并不是私人的杀人犯罪，也不是私人复仇行为——我的家人被杀了，我一怒之下把这个人干掉；死刑是一种国家行为，是公权力用国家机器剥夺人的生命，我们应该对这种行为格外谨慎，否则就变成国家在私人犯罪之后再次犯罪。如果只要能让大家的感觉都好一点，或者让大家在经济上都能够得到实惠，譬如让大家的股票都涨一点，就可以用国家机器杀人，这将是一个什么样的国家？我们每个人都应该好好想一想这个问题。

因此，今天我们讨论的这些问题是分不同层次的。吴英的行为构不构成罪？主要一个是经济学问题；如果构成罪，这个罪应该怎么判、应该判多少年？这是刑法学问题。但是要不要判死刑则是基本伦理问题。如果我们把人当作目的，那么只有在一种情况下才能判死刑：国家要剥夺某一个人的生命，唯一的正当理由是为了拯救其他人的生命；如果不存在这个理由，那么剥夺任何人的生命都是又杀了一次人。哪怕被杀的这个人自己是一个连环杀手，已经杀了十个人，但国家处死他就又剥夺了第 11 个人的生命。

当然，我也知道，目前在中国绝对废除死刑不现实，因为多数人似乎激烈反对。尽管我认为多数民意在这个问题上是错误的，但我还是尊重民意，因为废除死刑必须要通过修改立法，而国家法律必须要符合多数民意。如果这个国家的多数人民和立法者都认为死刑还不能废除，我同意可以保留，但是我们应该逐步走向废除死刑，尤其是对不涉及人命和贪污腐败的犯罪不能动用死刑。我认为废除死刑的步骤大概可以分成这么三个层次。最后一个层次是涉及人命的暴力犯罪，因为中国人认为杀人偿命是天经地义，因而最后才能被废除。第二个层次是贪污腐败——假定没有暴力犯罪，贪官不是黑社会头目，没有直接或者间接导致人身伤害，因为民众目前不能接受贪官免死。第一个层次是除去贪污腐败之外的其它非暴力犯罪，今天我们至少没有任何正当理由维持这一类死刑。

以此推理，吴英案的死刑是一个很简单的问题。吴英本人没有直接的官方背景，也不涉及暴力犯罪。我的博客文章贴出来以后，有的网民说高利贷可能间接导致多少人家破人亡，但这些显然都是没有根据的猜测，一个国家的法院能依据凭空猜测就判人死刑吗？不能的话，我们又有什么理由判她死刑呢？

民间集资是否有罪是一个复杂的经济学问题，吴英的非法集资罪怎么判是一个敏感的法律问题，但吴英能否因为集资而被判死刑则是一个简单而基本的伦理问题。判吴英死刑的理由是维护人民财产和国家金融秩序，但是一个连人的生命都不尊重的国家怎么可能尊重老百姓的经济权利？又怎么可能把国民经济和金融秩序管好？

死刑不足以震慑贪官

我在南都报发表的短文"废除死刑从经济犯罪开始"贴上博客之后，意想不到地引发了大量评论。大多数评论反对死刑，其中不乏谩骂和攻击。之所以意想不到，是因为我的文章不仅论证很平和，而且也不涉及国内报道不全面、信息不充分的"敏感"话题。为什么对于"尊重生命，废除死刑"（博客版标题）这样一个温和的话题，网民表达如此强烈的义愤？我能找到的惟一解释是强烈的仇官、仇富心理。多数网友之所以义愤填膺地反对废除死刑，主要是因为他们相信死刑是震慑贪官和维护秩序的必不可少的手段，有人甚至指责我的文章是在为贪官开脱死刑。然而，虽然网民痛恨贪官的情绪很正常，他们情绪化的前提假定却是不能成立的，因为死刑根本不可能震慑当今中国层出不穷的贪官污吏。

多数网友的回应暗含了两个基本前提，一是贪官杀一个少一个，因而死刑至少能减少贪官；二是死刑对潜在的贪官有威慑作用，对死的恐惧会迫使他们不贪或少贪。其实早在两千多年前，韩非就淋漓尽致地表达了"重刑去刑"的法家逻辑："明主峭其法而严其刑也。布帛寻常，庸人不释；铄金百溢，盗跖不掇。不必害，则不释寻常；必害手，则不掇百溢。故明主必其诛也。"（《韩非子·五蠹》）如果谁敢偷就砍谁的手（甚至头），那么即便金子放在自己眼皮底下，江洋大盗也不敢碰一下，这样国家不就由乱而治了吗？问题在于，法家逻辑看似顺理成章，却带着一个"明主必其诛"的前提；如果法律就是一个摆设，虽然规定贪官必死，但是实际上被抓住的贪官却寥寥无几，倒霉领死的更是凤毛麟角，那谁会把死刑当回事呢？

这也是为什么"乱世用重典"是人类的一种自然反应，却并不能拯救乱世。秦朝任用法家治国，国法不可谓不严，但是仍然未能幸免"二世而亡"的厄运。正如东汉儒家指出："昔秦法繁于秋荼，而纲密于凝脂，然而上下相遁，奸伪萌生，有司法之，若救烂扑焦，不能禁非。纲疏而罪漏，礼义废而刑罚任也。"（《盐铁论卷十·刑德》）虽然最高统治者可能为了江山稳固而用重典和酷吏治国，但是执法直接涉及官员自己的切身利益，因而重典即便存在也不会用在自己身上，至多是找几个倒霉的替罪羊祭奠一下法条而已。

在一个制度不健全的社会，不受监督制约的官员肆无忌惮，以至几乎无官不贪，而倒霉被抓的概率又很小，被抓获并处死更是微不足道的"小概率事件"。贪官之所以贪，前提首先是自信，相信自己不可能失手落网。在这样的社会环境下，这种自信还确实基本成立。贪官看看自己周围，那么多人贪了都没事，难道自己就那么无能、那么倒霉？贪得越多，表明能量越大，摆平调查的手段和机会也越多。即便劣迹暴露，大不了提前一走了之。试问今日中国逃亡海外的贪官知多少？那些不慎被抓的无非是因为或者能量还不够大，或者个性过于张扬、以至成为明显目标，或者过于恋栈、不肯"见好就收"。一旦制度为贪腐打开大门，真正的巨贪是很难抓获的；既然被抓获的概率极小，各级官员又对自己的能力和运气自信满满，任何贪官在出手之前都不会考虑死刑的实际威胁。这样，重典只是摆在那里吓唬老百姓，至多对药家鑫这样的普通犯罪者产生一点威慑，根本不足以遏制官员犯罪。

当然，假如真像许多网民建议的那样降低死刑条件，譬如规定贪污超过 1000 万就必死无疑，也许确实能多杀几个贪官，并对潜在的贪官产生一点震慑作用。然而，除了制度漏洞问题依然没有解决之外，这种"假如"也将永远止步于网民的愿望，成为法律并得到落实的可能性很小。不要忘记，执法是国家垄断的职能；如果不是在实质性的监督之下迫不得已，执法者永远不会选择自己作为执法对象。而假如这个国家真的为了整治贪污而大开杀戒，恐怕杀的更多的不是达官贵人，而是没有资源、没有能量、没有门路的底层百姓。大家在坚持死刑的时候，千万别以为自己不可能是非人道执法的牺牲品。

最根本的是，"贪官"并非许多网民想象中的道德特别败坏的某一类人。其实你去查看任何一个贪官的发家史，你会发现他不过是一个和你我一样的平常人，甚至往往是一个勤奋、进取、能干、有魄力的官员，只不过一个监督名存实亡的体制为他提供了太多的机会，无限纵容了他的贪欲，致使他把自己的全部才干都用在了腐败上。在这种体制下，贪官是永远杀不尽的；杀一个，位子空出来，立即会有另一个前赴后继、变本加厉地贪。归根结底，只要官员不受监督的体制不变，我们每个人都是潜在的贪官，只不过一时还没有机会罢了；等机会到了、诱惑来了、脑子晕了，法条上的死刑是不足惧的。

既然死刑无法震慑贪官，网民坚持死刑只能是出于义愤。死刑并不能减少中国的贪官，但是偶尔执行一次兴许能给大家带来一场"狂欢"，发泄一下这个沉闷社会的郁闷。如上篇评论所述，我坚决反对将"平民愤"作为死刑的理由，在此不赘述。令我担心的是如今中国社会迷漫着无所不在的戾气，让人闻出一股末世所特有的血腥味。其实，网民的态度更多是出于对制度腐败和世风日下的无奈，坚持死刑实际上是在拿自己同胞的生命撒气。这种态度不仅不可取，而且也达不到目的，因为这个社会的郁闷是由制度造成的；不改变制度，杀几个贪官是解决不了问题的。

中国还是有希望，但是不能把希望寄托在死刑上。作为一个制度造成的群体，"贪官"是杀不掉的，他们只能被选下来。

用经济惩罚控制经济犯罪

我在以往的两篇评论中提出两个基本主张，一是一个人道主义国家应该尊重每个人的生命及其内在价值，在适当时机废除死刑，包括对贪官的死刑；二是在一个民主机制不发达、制度漏洞不断产生贪官而抓获贪官的概率很小的情况下，死刑其实根本不足以震慑贪官。不仅贪官也是人，而且普通人也可以是贪官；如果源源不断孕育贪官的制度环境不变，贪官只会越杀越多。这篇短文提出第三个主张，也就是控制贪腐不需要死刑；在执法具有一定可信度的前提下，剥夺人身自由加上严厉的经济惩罚即足以产生比死刑更有效的震慑效果。

贪官之所以贪，无非是出于贪腐为自己和家人带来的巨大经济利益。控制贪腐的合理方式是通过刑罚纠正潜在贪官的行为动机，而死刑未必是最有效的方式。正如有人指出，不少贪官似乎并不怕死，在接受调查期间自杀身亡的贪官屡见不鲜。事实上，这些贪官早已做好心理准备，在任期间疯狂贪污受贿并转移财产，尽量提前安排好自己和家人的退路，万一被查获就一死百了。这种"官不畏死"的心理往往有一个前提，那就是贪腐被查获的后果只是止于贪官自身，而不会直接蔓延到家人身上。如果法律改变这种心理预期，贪腐一旦查获，不仅官员个人得不偿失，而且家人也跟着倒霉，那么完全可能在一定程度上遏制官员的贪腐动机。

刑法不仅可以规定没收贪官的全部违法所得以及"来源不明"的巨额财产，而且可以规定和赃款额度成比例的经济惩罚，譬如贪一百万的加罚一百万，贪一千万的加罚一千万。贪得越多，罚得越重，贪腐的风险和成本越高。如果贪官的个人和家庭财产（包括房产）不足以抵偿，刑法还可以进一步规定"父债子还"（或"子债父还")的"连带"责任；儿女这一代还不了的贪债甚至可以传给孙子，三代而终。这样，贪腐不仅让贪官自己身陷囹圄，而且也连累了整个家庭，让儿孙们为他的行为终生负债。对于绝大多数合法收入十分有限的官员来说，加大经济惩罚的力度将对贪官家庭构成不可承受之重。当然，经济惩罚的目的是让贪官倾家荡产，但不是家破人亡。在从直系亲属的财产中扣除赃款和罚款的过程中，还有必要按社会平均消费水平为他们保留基本生活、教育、医疗、租房等费用，但是如果贪腐被查获就意味着贪官家庭从特权阶层被彻底打回到世代平民，贪腐的经济后果足以让官员在行为之前仔细权衡乃至有所收敛。

和死刑相比，经济惩罚更有弹性，也更有力度。在一个越来越强调"以人为本"的社会，死刑必然是只能适用于极少数巨贪的非常刑罚，而且在司法实践中必须慎之又慎，因而无法对一般贪污犯罪产生实质性威慑。更何况死刑的滥用将产生不可挽回的后果，即便事后发现是冤假错案也无法恢复生命、纠正错误。死刑还要求划界，而划界不可避免是相当任意的。究竟贪污多少才够死刑？这类量刑标准必然见仁见智乃至"与时俱进"，不存在客观、公正、一致的标准。发达地区贪污千万不算多，贫困地区贪污百万不算少；以前贪污上万就是一个天文数字，现在贪污上千万也是司空见惯；十年前贪污几百万就要掉脑袋，现在则只够一个有期徒刑……这些问题都是死刑判决难以克服的，对于经济惩罚却根本不存在。死刑让所有巨贪承担同样的终极后果，"贪多少、罚多少"则不仅更加人性化，也更加公正；它根据贪腐严重程度，让贪官弥补自己对社会造成的伤害，并能普遍适用于大大小小的每一个贪官。既然经济惩罚不涉及人命，判错了总是可以事后纠正，法院也就没有必要缩手缩脚，而完全可以大力惩治贪污犯罪。这些因素使得经济惩罚看上去不如死刑严厉，却能对每一个贪官产生实际有效的威慑。

要让经济惩罚产生切实效果，还需要完善一系列法律制度。政府需要有效掌控贪污资产的来龙去脉，追讨所有流出的赃款（譬如包括保养情妇的赃款），同时加强国际刑事合作，查明贪官及其子女的海外资产，冻结并争取归还流失资产。另外，经济惩罚显然不是以钱赎命；贪官将失去人身自由，并通过艰苦的劳动为自己赎罪。犯罪极其严重的贪官可以被判处无期徒刑，在监狱终了此生。然而，目前所谓的"无期徒刑"实际上只是 20 年有期徒刑，在此期间有立功赎罪的表现还可以提前出狱。为了加大惩罚力度，刑法应该规定真正意义的无期徒刑，甚至规定某些类型的犯罪终生不得减刑。有些网民认为免死未免太便宜了贪官，也让监狱不堪重负，却没有看到死刑只是终结了贪官的生命，但不能弥补贪腐造成的社会伤害；让他们在监狱服刑和劳动不仅给他们悔过自新的机会，而且也让他们身体力行地为社会做点贡献。

事实上，经济惩罚不仅适用于经济犯罪，而且也可以适用于暴力犯罪。刑法的功能不在于情绪化地以暴易暴，而正在于让潜在罪犯适当权衡犯罪成本并控制犯罪冲动。许多暴徒并不在乎自己和他人的生命，但是如果伤害他人意味着自己要付出巨额赔偿，甚至牵累家庭与后代（或前辈），那么再凶残的罪犯也不得不遏制冲动、三思而行。如此，法律才能有效发挥惩治犯罪、维护良序的功能，中国社会才能通过法治回归理性。

总之，尊重生命和控制犯罪并不必然矛盾。只要抛弃偏激与成见，冷静分析犯罪心理，中国一定能设计出比死刑更人道也更有效的犯罪控制方式。

废除死刑，从贾敬龙案开始

2016 年 11 月，最高法院复核批准了贾敬龙射钉枪杀人案的死刑判决，死刑存废问题再度引发社会关注。贾敬龙原来是一个好青年，但是村庄的黑恶政治将他逼成了一个杀人犯。在他将要举办婚礼不到 20 天前，村长硬是强拆了他精心布置的新房，后来也没有归还本应偿付的补偿款。在备受屈辱、投诉无门的情况下，他愤起杀死了村长，而之后曾要自首，却因被围殴致伤而未成。一审、二审乃至最高法院罔顾诸多减罪情节，仍然判处贾敬龙死刑，是对国家权力的严重滥用。这一判决不仅不符合刑法的基本精神，而且也违背了尊重生命的中国传统。

本文只想强调一点，那就是尊重生命是中国文化的固有传统。众所周知，儒家历来强调少杀、慎杀，据说死刑案件都要经过皇帝亲自批示。儒家立场的伦理根源是"性本善"，人的内在本质是尊贵的，因而要求所有人赋予适当尊重。孟子的"孺子入井"故事将儒家基本思路表达得很清楚。只要是人，看见一个小孩爬向水井，都会情不自禁上前把她抱起来，因为凡人都有"恻隐之心"。每个人都有这样的自然冲动，表明每个人都有仁义之心。事实上，我们之所以对一个连说声"谢谢"都不会的孩子萌动恻隐之心，不是为了获得某种物质上的回报，而是出于尊重其生命所包含的内在价值。因此，儒家会强烈谴责那些对小悦悦见死不救的路人，因为不论出于什么理由，对生命的麻木不仁表明他们的仁心已近乎泯灭。既然每个人都有义务尊重和保护生命，任何人更不得主动伤害生命。

当然，儒家对人性并不盲目乐观。他们相信人性善，但也清楚知道人性是有弱点的。药家鑫的杀人灭口、李昌奎的凶残灭门、吴英的集资诈骗、贾敬龙的忿激杀人……都显示人性的弱点是如此致命，以至只是靠道德说教显然无济于事；在某些情况下，人必须被强迫尊重生命的价值。在儒家看来，人类之所以建立国家并制定律法（在中国古代主要是刑法），正是为了更好地保护生命，防止人类生命受到人类自己的非理性伤害。

然而，既然国家的基本义务是保护生命，刑法就不能为了惩罚而惩罚，尤其是不得没有必要地伤害罪犯的生命；否则，国家就违背了尊重与保护生命的基本义务。事实上，如果推到逻辑的极端，儒家的伦理主张应该不只是"慎杀""少杀"，而是完全禁止死刑，因为无论罪犯如何"罪大恶极"，他们的行为都没有也不可能泯灭自身存在的内在价值，而相对乐观的儒家会认为，只要经过适当的教育改造，他们总是存在认识错误、恢复人性的可能。在这种情况下，摧毁罪犯的生命是国家暴力的滥用，在本质上和罪犯对他人生命的侵犯无异。因此，控制犯罪的正当措施不是死刑，而是在罪犯失去理性期间剥夺其自由并进行教育改造，直至其恢复理性。看到药家鑫在法庭上泪流满面的场景，不论他此前犯过什么不可原谅的罪行，任何人都不能否认这个 22 岁的青年还有改过自新、重新做人的可能，而死刑判决彻底断绝了一个生命的希望。

主张死刑的立场历来有两类论点。一类是社会正义论，认为"杀人偿命"天经地义，或某些罪大恶极者影响恶劣，"不杀不足以平民愤"。被害人家属也常常坚持"以命抵命""血债要用血来还"的传统信条，似乎杀人者只有一死才对得起被害的亡灵。其实"杀人偿命"并非不证自明的"等价交换"，而是人类在社会进化过程中为了自我保护而发展起来的原始信仰；在没有国家或国家不能有效控制犯罪的时代，这类信条有助于迫使潜在罪犯正视自己行为对他人造成的后果，但是现代法治国家秩序的维系显然不再需要依靠原始血偿信条，死刑也就成了对罪犯生命的不必要剥夺。从儒家立场上看，杀人永远是非正义的，除非是为了保护更多人的生命不得已而为之。

如果死刑判决的主要理由是为了偿命或"平民愤"，那么这类理由显然是不充分和不正当的。即便罪犯杀了人，死人也不会因为再杀一个人而复生，死刑并不能弥补犯罪带来的伤害。为了满足多数人的感觉而杀人，则更是违背了尊重生命的基本原则。在这种工具主义思维面前，人的生命不是终极目的，而是满足利益和感觉的工具；只要能让多数人满意，国家就有权力乃至义务剥夺个人的生命。一旦成为治国原则，对待生命的工具理性主义显然将产生极其可怕的权力滥用。因此，社会公正论对死刑的论证恰恰将催生最可怕的不公正，只能助长国家背离保护生命的基本义务。

第二类理由是社会功利论，主张死刑有助于减少杀人犯罪，进而保护无辜者的生命与安全。譬如有人主张不仅应该维持死刑，而且应该立即执行，因为中国的监狱不够牢固可靠；如果死刑犯逃脱，无疑会对社会产生巨大危险。但是这种论点显然不攻自破，因为维持可靠的监狱是国家职能，国家显然不能因为自己疏于履行义务而转嫁责任并剥夺犯人的生命。更何况如果以后发现判决错误，立即执行将造成无可挽回的伤害，聂树斌就是前车之鉴。在国家适当履行职责、有效控制罪犯的前提下，真正意义的无期徒刑足以防止最危险的罪犯对社会产生进一步危害，因而也就没有剥夺罪犯生命的必要。社会功利论的更一般主张是传统法家的"重刑去刑"论，认为极刑有助于震慑危险犯罪，迫使潜在罪犯三思而行。如有确凿证据表明死刑判决对其他潜在罪犯产生显著的震慑效果，从而减少杀人凶案，那么或许可以在严格控制的前提下维持死刑。维持死刑的惟一正当理由是保护人的生命，而政府有义务提出足够证据证明目的和手段的合理相关性。

贾敬龙本来并不是一个危险人物。在一个政治清明、法治彰显、财产权利得到基本保障的地方，他完全可以是一个好公民。他之所以走上犯罪道路，制度因素和他的个人因素同样重要。换个有个性的平常人，碰上他的遭遇也完全可能诉诸性质同样的愤激行为。当然，他必须为自己的犯罪行为付出沉重代价，但是显然罪不至死，因为这个人不是不可以改好。经过惩戒、教育，他完全可以恢复理智，重新做一个好人。在处理这类案件过程中，国家首先要反思和检讨自己的制度缺陷造成的暴力犯罪行为，采取有效措施弥补这类缺陷、改善村庄的政治生态，保护村民的基本权利；其次，在以人为本的思想指导下，对贾敬龙案作出适当量刑。至少，法院不得为了满足被害人亲友的复仇心理或实现并未得到验证的威慑效应，运用国家机器再剥夺一次人的生命。

近年来，最高法院收回死刑复核权，实际上是对尊重生命传统的回归。死刑复核是慎用死刑、尊重生命的最后一道关口，因而既不应流于放任地方司法滥权的"橡皮图章"，也不宜成为各种政治考虑因素的平衡器，而是应该为人的生命和内在价值提供切实有效的司法保护。如果完全废除死刑的时机尚不成熟，尊重生命、少杀慎杀至少可以从贾敬龙案开始。

惩治犯罪绝不能一杀了之

近年来，中国社会的暴戾之气像房价一样疯涨。民间对贪官污吏一片喊杀之声，暴力抗法如贾敬龙者又被专政机器轻率判死。究其原因，往往是官府横行霸道在先，各种恶政致使民怨沸腾，但依然强征血拆、我行我素，根本不容小民们任何商量余地。百姓的基本利益横遭剥夺，却四处投诉无门，多数无奈隐忍、郁抑终生，少数则铤而走险、以暴制暴，个别的甚至闹出人命。贾敬龙案是一个典型的例子。杀人作为一种私力救济是犯罪，但是如果国家加入到"血债血还"的同态复仇之中，对杀人犯一杀了之，则不仅无力制止人民之间的相互残杀，反而会因为自身的参与而使得杀人竞赛愈演愈烈，进而背离创设国家的原初目的。

国家是人类理性的造物，其目的是让我们远离相互残害的野蛮状态，进入和睦相处的文明时代。在没有国家的自然状态，人们只能诉诸私力救济，同态复仇也就成为理所应当、别无选择的自卫手段。但是在建立国家、进入文明状态那一刻，人民就已经把自己手中的剑交出来，托付给国家统一保管。国家之所以设置刑罚，绝不是为了同态复仇或为惩罚而惩罚，而只能是威慑犯罪、缔造和平。既然惩治犯罪必须通过国家公诉机制，那么量刑标准即不应考虑被害人家属的情绪。如果被害人家属强烈要求判死，法院就要屈从，这样的国家还成其为国家吗？

如果我们认同每个人都是目的，而不仅仅是实现其它目的之手段，那么我们也不能通过牺牲任何人的生命来实现任何社会目的，不论杀死那个人能给社会带来多大的好处，除非有充分确凿的证据表明，此人不死就无以拯救更多人的生命。当然，是否可以牺牲一个人的生命去拯救其他人的生命，在伦理上是有争议的。在此权且将其作为一条绝对底线：要动用国家机器杀死任何一个人，必须证明只有这么做才能拯救更多人的生命；否则，国家就是在把人的生命当儿戏。在我的想象空间中，这样的证明是极难完成的。这也是为什么我反对死刑。

　　文明国家的基本底线是尊重每个人的生命，因而禁止任何人残害生命，而国家本身更不能随意杀人。无论被杀害的村长多么无法无天、横行乡里，他都罪不致死；无论贾敬龙受了多么大的冤屈，杀人都是极其严重的犯罪，除非是出于正当防卫不得已而为之。贾敬龙杀人是严重犯罪，但同样罪不致死。要不是被害人做得太过分，贾敬龙本来不会犯罪。事实上，甚至有理由相信他现在已经悔罪，即便马上放他回家也未必会再次犯罪，但是为了威慑潜在犯罪，有必要严厉惩罚其严重犯罪行为。然而，如果国家判处其死刑，则不啻再次杀人，无端剥夺了一个本来可以悔罪从良的青年生命。

　　没有人会相信，杀死一个贾敬龙就可以让反抗者变得更加温顺，让暴力抗法的生命代价变得更小。要消灭反抗，只有消灭产生抗法的制度根源，那就是民主与法治的缺失。在没有民主和法治的政治土壤上，从村庄到中央，产生了一批又一批祸害百姓的"土皇帝"。在权力得不到任何制约的环境下，他们疯狂敛财、为祸一方，有时也害了自己。人民不能通过民主与法治的和平手段约束政府，便只剩下暴力抗法、同态复仇一途。当国家不能在制度上防止各级地方滥用公权，政府和人民之间的基本契约便已遭到破坏，文明正在蜕化回到私立相争的丛林状态，人民也就不再有守法的道德义务。如果动用国家公权杀死贾敬龙，那只是表明我们离丛林状态更近了一步。

　　要让中国社会回归文明，只有从国家权力尊重个人生命做起。中国在文明之路上是进步还是倒退，贾敬龙案是一块试金石。

死刑数量不是"国家秘密"

2011 年，药家鑫案和李昌奎案引发了关于死刑存废的激烈争论，也让正在进行中的死刑判决改革有点骑虎难下。[1] 其实这两个案件都是情节极其恶劣、激起巨大民愤的个案，对于讨论一般意义的死刑存废而言不具备代表性，因而也不足以遏制一般意义的死刑制度改革。以这两个极端个案为背景，人们至多是在讨论"行为极端恶劣的杀人犯是否应被免除死刑"的问题，但是这类广为公众关注的案件每年屈指可数，其它死刑判决又如何呢？即便支持对药家鑫、李昌奎判处死刑的人，也未必反对犯罪情节不那么触目惊心的罪犯免死；当然，冤假错案更不必说了。这就提出了一个问题，我们每年究竟有多少死刑判决？这些案件都是什么情况？对于刑法目前要求判处死刑、立即执行的那么多案件，社会公众是否可以接受免于立即执行的判决？在这些基本事实都一概不知的情况下，所谓死刑存废的"讨论"只能是一种情绪化反应而已。

然而，我们不仅往往不公开死刑审判，而且对于死刑判决的数量也讳莫如深，各地对死刑执行的数量和情况都语焉不详，甚至据说死刑数量是"国家秘密"。这是哪门子"国家秘密"？我为此专门查阅了 2010 年刚修订的《保密法》，其中第九条定义了保密条件："涉及国家安全和利益的事项，泄露后可能损害国家在政治、经济、国防、外交等领域的安全和利益的，应当确定为国家秘密。"具体哪些呢？查来查去，在六项规定当中，我只发现第一项"国家事务重大决策中的秘密事项"和第六项"维护国家安全活动和追查刑事犯罪中的秘密事项"能扯上点边。但是区区一个死刑判决数目能构成

---

1 "云南死刑变革进退维谷"，《新世纪》2011 年 9 月 7 日。

"国家事务重大决策"吗？在经过国家法院的正式审判之后，披露这个数目会妨碍"维护国家安全活动和追查刑事犯罪"吗？虽然这两条本身有不小的"弹性"，但是就此而认定死刑数量构成"国家秘密"显然"言重"了。

当然了，但凡中国法律规定都免不了一个"兜底条款"：上述六项具体规定之外，还有最后的"经国家保密行政管理部门确定的其他秘密事项"。这个"国家保密行政管理部门"应该就是国家保密局，而非中央其它机构或地方保密部门。且不说保密局是否正式规定过死刑数量是"国家秘密"，即便规定了也不是铁板钉钉、不能质疑的。什么构成"国家秘密"显然不是任何机构或个人说了算的，而必须符合法定条件，在此至少要符合《保密法》第九条规定的前置条件："泄露后可能损害国家在政治、经济、国防、外交等领域的安全和利益。""泄露"死刑数量会损害中国的什么政治、经济、国防、外交等"安全和利益"呢？是不是会授人以柄，攻击我们的"人权状况"呢？这样的"口实"也许在某些人看来会"损害中国形象"，但是其实对中国的"安全和利益"有百利而无一害。归根结底，人权是我们自己的，生命是我们自己的；如果公开死刑数量能为关于死刑存废的理性讨论提供基本的事实依据并减少不必要的死刑判决，中国人自己应该高兴才对，管别人怎么看怎么说干嘛？

虽然《政府信息公开条例》已施行多年年，《保密法》修订也缩小了"国家秘密"的范围，但是"国家秘密满天飞"的状态尚未得到根本改观，各级官员动辄把自己不愿意公开的信息打上"国家秘密"的印记，从而使公众对某些重要问题的讨论失去了基本的事实依据。死刑判决和执行数量就是一个典型的例子。虽然司法信息未必受制于信息公开条例，但既然它不是《保密法》意义上的"国家秘密"，那么它就是公民有权知道的信息，任何部门都无权拒绝披露这个数字。也只有公布死刑数量，中国关于死刑存废的理性讨论才能开始。

陆、招生考试改革

北大领导在教导我谨言慎行的时候，总是不忘提醒我"北大无小事"，一定要注意自己说话的"社会影响"，以免"被人利用"。其实，北大本身就那点事，社会影响也不见得是坏事。作为国家的基本法，"宪法无小事"才是真的。如果产生了什么影响，那也是因为我讨论的宪法问题关乎广大国民的切身利益。迄今为止，我做过的两个课题直接牵涉国民的最根本利益，其中之一是招生考试制度。

梁启超断言，"少年强则国强"，但中国的少年就是强不起来。从 6 岁到 18 岁，中国学龄人口 2 亿是有的。在长达 12 年时间里，他们生活在这个不公平的制度之下，顶着巨大的学习考试压力，牺牲快乐的童年，住着昂贵的学区房，临到招生时还面临巨大的地域歧视。这个制度已经形成了巨大的产业链，其所产生的盘根错节的问题绝非简单砍掉教辅行业所能解决，手段简单粗暴的后果也早已呈现。要让中国少年强起来，必须从制度痼疾的根子上下手。

我的"方子"很多，从不受待见的高校尤其是"一流大学"的本科扩招，回到"全国一张卷"、统一考试标准——貌似头疼的随迁子女异地考试问题也将迎刃而解，到取消招生标准的地域歧视，少数民族边远贫困地区可按全国平均比例录取，到倒置目前自主招生和统一考试的顺序，在教育领域完全对外开放。任何一招都能至少缓解当下越改越糟的教育状况，就看治国理政者敢不敢用了。

"评价" 泛滥害死人

　　"评价" 在中国社会是如此无处不在、泛滥成灾，以至可以说国人最善长也最热衷做的一件事就是通过自我设定的各种评价体制折腾自己。高考就是每年上千万青年在人生中面临的第一次重大评价，这个体制的最近受害者是一名查完考分后投江自杀的武昌女生。其实高考引起的自杀事件远不只这一起，2010 年发生在湖北的就已有两起报道。面对夭折的生命，人们除了叹息逝者、规劝来者之外，就是诟病单一的高考体制及其长期形成的"高考情结"。说高考评价机制害死人，实在并非夸张。

　　事实上，高考所贻害的何止是几个不幸轻生的考生。作为全国"指挥棒"，它早已为全国每一个有条件上高中的青少年套上一付扼杀个性和原创力的枷锁。背着儿子沉甸甸的小学书包，我时常庆幸自己的童年在"荒废"的嬉戏中度过，甚至感激"文革"创造的"知识无用"年代为"60 后""70 后"保留了一片短暂而必要的宁静。如今的孩子从进幼儿园开始就要为高考做准备，再经历中小学长达 12 年的紧张学习、作业、考试、评比……最后少数幸运者才能实现自己的意愿，迎来苦尽甘来的大学时光。中国孩子所学的知识要比欧美国家的孩子多得多，但是这些知识当中有多少对于未来的人生发展或国家建设真正有用呢？我们为什么要让自己的孩子从小就背上如此沉重而无用乃至有害的知识包袱呢？

　　儿子随我来加拿大访问，进了这里的小学，那个幸福啊，说什么都不愿回国了。也难怪，这里回家没有作业，平时没有考试，上课就讲讲故事、玩玩游戏、学点基础数学，对于他来说太平洋相隔的两个世界宛如天壤之别。我们则既不相信这种体制会制造文盲，也不指望我们自己的教育体制哪天会培养出个诺奖天才来，事实很可能恰好相反。《南方周末》6月3日刊登一篇"多少精英正在移民海外：他们寻求什么"的文章，而海外的一个重要吸引力就是"优质教育资源"，但是国外的中小学究竟教了些什么呢？当然不是高深晦涩的火箭科学，而无非是一些对于人的生存和发展来说有用的基本自然和社会科学知识，以及对于形成健康的世界观而言不可少的未经过度扭曲的公民伦理教育。这些浅显易懂的道理难道我们的幼儿园和中小学老师教不了吗？我们为什么偏偏要避轻就重，用一套套沉重的知识和激烈的竞赛将自己的教育资源劣质化呢？答案让人很无奈：因为在国内就都得这么干，不然考不上好大学。因此，高考或者说不可自拔的高考情结就是我们折腾自己孩子的一个评价机制。

折腾中国社会的评价体制当然远不止高考，而是所有人都可以说深受其累，连考核别人的官员都要接受各种考核。说到上大学难，大学围墙之中的教师又如何呢？除了北大法学院还有教师出来抗议"计件工资"之外，全国各大高校似乎都越来越深地陷于各种"评价"的紧箍咒之中。教师要晋升职称甚至只是维持原来职称不仅要在"核心期刊"上发表若干论文，而且要满足成果获奖、获得国家或省部级课题等一系列条件。很多院校每年都严格按照一套"科学""客观""公正"的标准给教师打分，作为衡量教师科研能力并决定教师待遇的依据，给不少原本相当称职的教师带来巨大心理压力。本来可以好好传授知识、教书育人，现在不得不忙着制造和发表论文；本来可以潜心治学、厚积薄发，现在不得不和别人一起"跑部钱进"申请课题，实在是勉为其难。说实话，身在其中，我认为这种所谓"客观公正"的评价体制除了人为制造压力、鼓励垃圾论文甚至剽窃、加剧学术腐败、恶化整体学术环境——总之，折腾自己之外，不可能有什么好处。

当然，任何健康社会都离不开一套相对公正的评价体制，问题是一旦泛滥成灾，"评价"就必然走向反面，不是异化为压抑人性的桎梏就是沦为权力御用的工具。设置评价体制的本意是为社会提供一套公平而可信的衡量标准，用于区别优劣、选贤举能、按功分配或实现有限资源的最优配置（如因材施教）。然而，人的素质和才能是多方面的，不可能在单一评价机制下得到全面衡量；如果以偏概全，单凭一种评价体制来衡量人的全部，那么必然只能像高考那样走上"独木桥"。

事实上，单一的评价机制不仅让成千上万的考生受害匪浅，而且也极大压缩了中国的"优质教育资源"，人为加剧了考试竞争。目前无论在官方还是民间，中国对大学排行的认定是高度单一的。北大、清华就是公认的"国内第一"，考分达标而选择不上简直是不可理喻的愚蠢；下面依次是其它"985"和"211"高校，出了"一本"就剩下"劣质"学校，沦落到"三本"就彻底不可救药了。那个武昌考生之所以投河轻生，正是因为她的考分比湖北"二本线"仅差一分。在我们的评价体系中，"优质"本科教育就是科研位于世界前列的哈佛、耶鲁的同义词，而忘记了当年宋氏三姐妹就读的威斯里安女子学院没几个中国人听说过，却是地地道道的美国精英大学，其本科教育质量一点不逊于那些如雷贯耳的"世界一流大学"。教育和科研是完全可以分开的两码事，你不需要是爱因斯坦就能把相对论教得很好。我们为什么一定要用一个单一的评价标准，将大量地方和民办院校贴上"二本""三本"的标签并打入另册？为什么不能让它们做好自己能力范围内的事情，提供和清华、北大同样优质的本科教育呢？

要拯救中国的高等教育、每年数以千万计的青年考生以及在各种竞赛和补习中苦苦挣扎的中小学生，首先有必要使评价机制多元化。然而，多元化是有条件的。要全面衡量一个考生，除了考分之外还必须考察其公益心、社会表现、领导能力等"综合素质"，而这些是不可能通过任何试卷"考"出来的。这是为什么国外大学的录取过程除了硬的考试成绩之外，还考虑老师推荐等多种"软"因素，但是要采用全面而灵活的录取标准，前提是这些看上去公正合理的标准在落实过程中具备足够的社会公信力。如果大学招生要参考高中老师推荐，就必须保证推荐人和招生机构都不受权力的胁迫、人情的拉拢、金钱的腐蚀。中国的问题恰恰在于社会已如此缺乏信誉，以至除了高考之外不存在其它的可信衡量机制。我们之所以对高考怀着如此"爱恨交织"的复杂心态，在百般诟病的同时又别无选择地踏入这条死胡同，原因正在于一旦放开，各种权力、金钱、人情因素将立即乘虚而入。在社会信誉缺失的环境下，北大"校长推荐制"之类的招生考试改革注定只能有两种结果：被推荐人或者依然是名列前茅的考试高手，或者将受到社会公众的非议和质疑。

如此看来，要形成多元化的评价机制，首先需要生成社会的信誉基础。无论是评价考生素质还是教师实力，关键都在于评价机制本身的可信度。一个社会的信誉基础取决于多种因素，但其中的一个必要条件是免于权力干预的社会自治。其实对于公信力来说，权力是一个很诡异的东西。一方面，权力往往是信誉的后盾。我们之所以把立法、行政、司法权力交给政府，之所以每年给政府纳税、或让政府而不是某个私人机构印钞票，正是因为我们信任政府。事实上，我们之所以仍然信任高考，很大程度上是因为它受到政府的高度规制。另一方面，如果权力大得无边无际，那么它不仅不会支撑却反而会摧毁社会信誉。这不仅是因为不受控制的权力本身是靠不住的，而且因为这种权力在落实过程中很容易"异化"为以权谋私的工具；最后，表面上"客观公正"的评价只不过是为掌权者操纵规则、夺取资源提供又一次机会而已。

除了高度单一之外，中国评价机制的另一个特点是自上而下的权力控制，从而不可避免导致腐败。应用在官场上，自上而下的"政绩"评价体制已造成众所周知的买官卖官现象，不再赘述。在此仅举一例，目前绝大多数高校都规定教师晋升职称的条件是出版专著并发表一定数量的核心期刊论文。这个国际通行的标准本来十分自然正当，但是如果专著和论文只要交钱就可以出，就显然失去了作为评价标准的意义；而如果标准的执行又掺杂着以权谋私的交易，那么这种评价就更成为拉帮结派或打击异己的凶器。譬如某家"一级"法学期刊设立了多家"理事单位"，其中南京某大学法学院每年缴纳五、六万元作为"会员费"，回报是该杂志每年刊登该院教师几篇文章，而该院谁有资格写这几篇"一级"核心期刊论文自然由院长决定。这种"评价"的结果就是让院长用院里的公款买下杂志版面，供自己和关系密切的"哥们"发表成果。他们和杂志社当然皆大欢喜、互利"共赢"，但是除了腐败、内斗、虚假和评价失真之外还能给中国学术带来什么呢？这么做的院校在全国绝不止此一家，而是相当普遍的现象。这种被权力异化了的"学术评价"泛滥开来，又怎么可能出得了"大师"呢？！

要建立信誉社会和真实可信的评价体制，必须打破自上而下的权力垄断，让社会在自由宽松的环境下自发形成自己的评价体制；只有不断经受社会公众的尝试、挑战、质疑和自由辩论之后，任何一种机制才可能建立起自己的信誉。毕竟，就和任何名牌商品都不可能是政府指定的一样，政府命令并不能创造社会信誉，权力干预则只能让机制失常、评价失真。在目前还不能保证政府自律、社会自治的情况下，或许还是少一点评价更好。何况某些评价并非社会必需，而是权力部门为了创造"政绩"或收取租金而设，这样的"评价"与其由其泛滥，确实还不如没有。

通过本科扩招缓解招生歧视

　　2010 年高考结束，大学招生即将开始，全国重点大学的招生公平问题再次进入公众视野。纵观各大高校目前公布的招生指标，招生地域歧视状况虽然较往年略有改善，但是依然相当严重。以北京大学为例，该年文理科每万名考生录取指标（简称"录取率"）在北京是 31.6 人，是全国平均值(1.44)的 22 倍。相比之下，2009 年北大在北京市的录取率将近 47 人（包括医科但除去护士高职），是全国平均值（2.0）的 23.4 倍。即使除去北京之外，各省市享受的北大"招生待遇"也是大相径庭。2009 年，北大录取率名列前十的有天津（第二）、上海（第四）、重庆（第十），其余是少数族群和边远省区；2010 年，除了后者排名有所调整之外，三大直辖市的考生依旧享受北大招生的"特殊待遇"：天津（第二）、上海（第三）、重庆（第八）。2009 年，北大招生指标排名倒数前五名分别是安徽、广东、河北、云南、河南；2010 年则是广东、广西、河北、安徽、甘肃，河南、山东退居倒数第六、第七。

　　下图中的曲线表示北大 2010 年文理科招生指标的地域分配，柱图则形象显示了不同省市的考生进北大的录取"门槛"。在现行招生指标制度下，录取机会最低的广东考生面临的"门槛"是北京考生的 65 倍，平时抱怨较多的"高考大省"河南、山东考生面临的门槛则分别是北京的 39 和 35 倍。如果这种差异真实体现了各地考生的能力或"素质"差别，那自然顺理成章、无可非议。问题在于，这恰恰不是各地考生在同一个录取标准面前平等竞争的自然结果，而是一所中央直属大学制定、教育部确认的招生指标方案人为造成的结果，而且这种现象显然并不局限于北大。事实上，相对于上海、浙江、江苏等高等资源相对优厚的部属大学来说，北京高校对外地考生的歧视程度还算比较轻的。作为计划经济体制的顽固遗产，部属高校至今无一例外采取了招生指标制度，由此产生的招生地方化严重歧视了全国大多数考生的平等受教育机会。

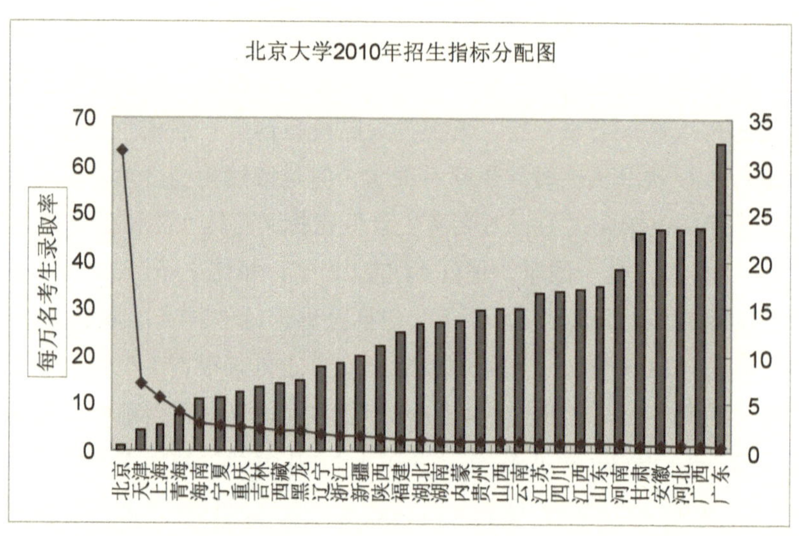

大学招生地域歧视不仅根深蒂固，而且涉及京、沪等大都市的切身利益，因而不可能在一夜之间根除，而只能在全国压力和中央关注下逐步改革。在不能一步到位的情况下，大学招生制度只能在现行框架内采取渐进改革。近年来，教育部要求京外部属院校不断降低本地招生比例，取得了一定的成效，上海等地部属高校已经将本地招生比例限制在 50%以内，但是还没有实现教育部关于本地招生比例不超过 30%的要求。各地部属高校之所以难以去除招生本地化，主要症结在于大学对地方在财政、土地等方面的严重依附，削减本地招生名额显然将得罪地方既得利益，因而难上加难。然而，即便在维持本地招生名额的前提下，招生平等改革也不是不可能的，一个办法就是本科扩招并将扩招名额分配给外省，尤其是受歧视严重的省份。

2010 年，由于考生人数减少，全国不少高校相应减少了招生指标，譬如北大文理科招生分别从上一年的 622 和 828 人减少到该年的 620 和 744 人；虽然文科基本维持原来水平，但是理科招生指标减少了 10%。由于北大师资等教学资源仍然维持在原来水平，缩小招生规模是完全没有必要的。与其如此，不如维持总体招生规模以及在京招生比例，并将多余名额分给两广、安徽、河南、山东等在北大招生指标方案中排名倒数的省份。要知道，北大 2010 年拨给广东的文理科招生指标总共不过 30 个、广西 20 个……多余指标虽然为数不多，但是对于这些省区来说无疑是雪中送炭。当然，只是维持招生规模是不够的；如果本地招生压力不能缓解，大学不妨在维持本地现有招生人数的基础上扩大招生规模，通过增加外地指标逐步缓解招生地域歧视。

在不少人看来，"扩招"也许早已成了降低中国大学质量的贬义词，也不符合近年来国内各大名校纷纷打造"世界一流"的风潮；它们似乎只是把哈佛、耶鲁、牛津、剑桥等招生规模小的顶尖大学当作自己的模仿对象，而忘记了这些大学其实都是精英私立学校，像巴黎大学、加州大学伯克利分校等一流公立大学的在校生规模都是动辄好几万，本科教学则常常是和我们一样好几百号学生一起"上大课"。这些公立大学虽然未必能挤入某某排行榜的世界前五名，却承载着为尽可能多的学生提供优质高等教育的重要使命；更何况本科规模并不完全决定大学导向，一所大学可以同时实现本科通识教育和研究生精英教育的双重目标，扩大本科招生但是严格控制研究生的规模及其和教师的比例。总之，在大学招生本地化难以破解的情况下，本科扩招不失为实现招生平等的权宜之计，固守所谓"世界一流"的精英教育模式则只能加剧地域歧视，而这种"超英赶美"式的教育"大跃进"是否现实、是否符合中国"国情"及长远国家利益，也确实到了该反思的时候了。

取消招生指标是众望所归

2010年"两会"期间，北京大学人大与议会研究中心和腾讯网合作，就大学招生与考试制度对350多名网友进行了问卷调查。结果表明，大多数网友认同教育机会平等的宪法理念。取消招生指标、实行统一考试、保障地域平等，已是中国社会众望所归。

招生指标的地区分配是目前中国大学招生制度中最突出的问题，也是社会广泛关注的焦点。指标分配制度直接造成了广为诟病的部属高校招生本地化现象，严重歧视了广大外地考生接受高等教育的平等机会。北大、清华等在京部属高校对北京考生的招生指标一般占总指标的百分之十几，录取本地考生的比例是外地的几十倍乃至上百倍；复旦、浙大、上海交大、南京大学等京外部属高校更是为本省市的考生保留了百分之三四十乃至百分之五十的招生指标，录取本地考生的比例是某些外省的几百倍。大学招生地方保护主义如此严重，自然早已成为中国社会的众矢之的。在这次网络调查中，绝大多数网友都认为招生本地化已经发展到不得不治理的地步，只有0.3%认为不需要治理；相比之下，18%的网友表示应该由教育部规定部属高校逐年降低本地招生指标，37.2%的网友要求设计更合理的指标分配方案，而更有42.8%的网友索性要求取消招生指标制度。另外值得注意的是，高达62.5%的网友认为全国统一录取标准、取消地区指标分配才是应对"高考移民"等资源浪费现象的根本出路。

对于本地招生照顾，各大高校提供的普遍理由是回报地方政府通过"省部共建"、土地划拨等方式的财政支持，或北京、上海等大城市的考生"综合素质"较高、"知识结构"全面，因而集中在这些大城市的重点高校似乎理应降低门槛优先录取。然而，广大网民是如何看待这些理由的呢？即便问卷选项将本地招生比例限制在30%，也只有 8.8%的网友接受地方财政支持是本地照顾的适当理由。至于大城市考生素质高的论点，则只有2.2%的网友认同。换言之，总共只有11%的网友认为部属高校的招生地方化存在任何正当理由。当然，任何大学都必然得到地方在财政、土地、水电、治安等方方面面的照顾，但是这些照顾是否必须通过招生指标这种方式予以回报呢？我们的调查结果显示，只有 6.6%的网友对此持肯定态度。对于大学回报地方支持的适当方式，27.8%的网友认为是减免本地学生部分学费，16.5%的网友则认为是为本地学生提供奖学金，而更有 45.7%的网友认为大学为所在地培养高素质人才已经构成了适当回报。

既然地方支持不足以构成招生地方保护主义的正当理由，就有必要从根本上改革目前中国大学的招生指标制度。当然，目前的招生指标制度不是不可能修修补补，减少地域歧视程度甚至促进地域平等，譬如中国政法大学就在 2006 年提出在全国实行同比例招生的目标。但是从长远来看，国家仍有必要在原则上按照统一录取标准平等对待不同地区的考生，让全国各地考生在同一起跑线上竞争；对于西藏、新疆、内蒙、宁夏、甘肃、青海、广西、云南、海南等边远贫困和基础教育落后的地区，则可按全国平均招生比例实行同比例录取，以体现对于这些地区的特别照顾并促进族群团结和大学校园多元化。这次网络调查显示，33.8%的网友支持根据各省考生数实行同比例分配招生名额，而 52.7%的网友主张在原则上取消招生指标制度，按全国统一标准招生录取，但是对于上述特殊地区约占 15%人数的考生实行同比例录取。

要在全国各地原则上实行统一招生，显然必须存在统一录取标准，而这正是统一考试应当发挥的作用。然而，2002 年以来，全国各地陆续实行"分省命题"，已经打破了自古以来的统一考试机制；目前已有 16 省市自主命题，因而全国实际上是 17 张考卷，各地考试和评分标准都不统一。所谓的"统一高考"其实已名存实亡，蜕变为全国"统一时间"（但不同试卷）的高考，几乎完全丧失了衡量不同地区考生能力的作用。要实行统一招生、保障各地考生的平等入学机会，首先必须实行统一考试制度，而这一主张也受到网民的普遍支持。调查结果显示，总共只有 22.4% 的网友主张维持分省命题的做法，高达 75.4% 的网友支持全国统一命题考试。有人认为，全国统一考试录取反而对某些地区的考生不利，但是只有 11.7% 的网友赞同这一结论。事实上，我们提出边远贫困地区实行同比例录取、其余地区按统一标准录取的方案，便已经兼顾了教育落后地区考生的需要；除非不信任全国大部分地区考生的竞争能力，并没有什么理由在全国范围内继续维持招生指标和分省命题制度。不奇怪的是，高达 83.6% 的网友认为应该按统一考试的成绩平等录取各地考生，只不过有 37.2% 的网友支持简单实行统一考试、平等录取，而另有 46.4% 的网友则认为还应该同时照顾少数族群和贫困地区的考生而已。

实行分省命题以来，各地已经形成了反对统一考试的既得利益集团，其冠冕堂皇的理由无非是地方多元化和大学自主权。真不知论者究竟是在主张美国的统一考试(SAT)破坏了美国的地方多元或损害了美国大学自治，还是中国如此"地大物博"，连数理化或中英文语法也带上了"地方特色"。如果统一考试限于测试考生逻辑推理、数理分析或语法基本能力，那么"地方特色"显然是扯谈，而将统一考试和大学自主人为对立则不是出于无知，便是别有用心的混淆。仅从美国 SAT 或英国 A-level 等统一考试机制也足以看出，统一考试并不等于"一考定终身"；统一考试只是要求考试真正全国统一，而并不排斥多次考试或大学自主考试。正常的自主招生是建立在全国统考基础上的一次附加考试，由大学自己或和其它同类大学联合对达到一定统考成绩的考生进行标准更高的统一测试，从中选拔综合素质更优秀的学生。不错，中国目前也有少数重点大学实行全国统一的自主招生考试，甚至每年都会制造出点"花边新闻"，但由于这种考试是建立在不统一、不公平的招生制度基础上，并对外地考生甚至本地非重点中学的考生实行更严重的歧视，现行自主招生考试制度已经失去了社会公信力。值得注意的是，调查显示近27%的网友主张彻底取消自主招生，只有11%的网友主张维持目前的自主招生方案，只有 4.3%的网友认为应推广北京大学 2010年开始实行的"校长推荐制"，而高达55.7%的网友支持"先进行全国统一考试，超过一定总分的考生参加高校自主招生考试"的方案。

只有在全国实行统一考试，在此基础上平等录取各地考生并适当照顾边远地区考生，中国的大学招生考试制度才能符合宪法第33条规定的"公民在法律面前一律平等"，也才能承载起公平选拔人才的使命并满足中国公众的期望。

北京学籍新政关键在大学招生平等

2010 年 5 月，北京市废除了 1986 年的《中小学学生学籍管理办法》，规定非京籍学生享受同等入学待遇。虽然平等待遇仅限义务教育阶段，不包括高中和高考，但是对于长期原地踏步、乏善可陈的中国教育公平事业来说，这已经是难能可贵的进步。作为全国"首善之区"，首都理应在教育机会乃至各个领域的平等领各地风气之先，更何况北京作为大都市长期享受城乡二元体制和农民工廉价劳动的优惠，无论于情于理都应该让那些父母为这座城市做出贡献的非本地孩子分享同等教育机会。可是，出于可以理解的原因，不少北京家长抱怨这项改革，甚至"对外地孩子的憎恶溢于言表"。如此看来，北京学籍新政本应作为全国各大城市的楷模，但是首先还得应对来自本地的阻力和压力。

作为物质、就业、教育等各方面的既得利益者，北京市民对学籍新政的拒斥是长期制度性歧视造成的自然结果。城乡二元体制早已将国家分割成一个个受户籍制度保护的既得利益堡垒，北京更是集中全国资源优势的计划经济发展战略的首要得益者，自然会对任何威胁"特权"利益的改革举措采取排斥态度。事实上，在记者接触的各类北京家长中，不乏权贵歧视平民、本地人歧视外地人的现象，不仅精英们不愿意看到自己的孩子和普通家庭的孩子"混"在一个学校，即便是普通市民也不愿让自己的孩子与外地人为伍。"解铃还须系铃人"，由制度歧视造成的意识歧视还得通过制度改革才能逐步消除；北京学籍新政就是一个很好的起步，有助于户籍在外地的孩子融入北京社会并分享相对优质的教育资源，因而决不能因为本地市民的抵触半途而废。

问题在于，只是在义务教育阶段实现平等待遇不仅远远不够，而且也会给在北京接受义务教育的外地子女造成一系列困惑。按照目前的规定，这些孩子在初中毕业之后还得回到原籍接受高中教育，或交纳好几万元的变相"择校费"才能留在北京读高中，而毕业之后仍然必须回到原籍参加高考。但是自近年来实行"分省命题"等地方"多元化改革"之后，无论是高中教材、教学模式还是高考命题都出现了很大的地方差异，让这些孩子回到原籍很难适应当地教育和考试模式。如果不放开参加高考的户籍限制，那么义务教育入学改革对于在北京的外地孩子来说就成了"鸡肋"；要实现真正的教育机会平等，必须取消高中教育和高考的户籍限制。

然而，目前推行义务教育同等待遇似已在当地"怨声载道"，要取消高中和高考限制岂不更是捅了既得利益的"马蜂窝"？毕竟，对于大多数中国家庭来说，接受中小学教育的最终目的似乎不是教育本身，而是"苦尽甘来"的大学教育和毕业后的就业机会。这也正是为什么高考成了中小学教育的"指挥棒"。如今要动这块货真价实的"奶酪"，在绝大多数北京市民及官员看来无疑将产生"不可想象的恶果"。据 2010 年统计，北京流动人口中的适龄入学子女大约 40 万人；一旦取消户籍限制，这些学生将会迅速占据大量优质高中教育资源，"老北京"在现行高考体制下享受了数十年的高录取率也将不复存在。就连一位长期呼吁教育公平的北京市政协委员也认为，高考是万万不能放开的，否则"外地人就会蜂拥而至，北京的教育优势将不复存在，教育资源也会严重不足"。

这话背后的忧虑当然就连"外地人"也能听出来，但是他们既不会认同也不会分享这种忧虑。为什么北京偏偏应享受其它地方没有的"教育优势"呢？为什么北京就不能体会一下农村教育资源的"严重不足"？如果北京的教育优势本身就是中央集权和歧视制度人为造成的结果，外地人的"蜂拥而至"不也很正常、很正当吗？要防止由此带来的北京教育、交通、财政等各方面资源枯竭，同时又符合宪法第 33 条规定的平等原则，解决办法其实很简单，那就是至少放弃北京在大学招生和高考领域的户籍歧视，让全国各地考生在同一张试卷和同一条录取分数线上平等竞争。

　　之所以一旦取消户籍限制就会导致"外地人蜂拥而至"，最主要的原因无非是目前无所不在的大学招生地域歧视，集中在北京的众多重点大学对北京户籍考生保留的招生指标是其它省市的几十倍甚至上百倍。这样，全国各地的考生当然都巴不得来北京高考，因而那样就成了享受特殊录取标准的北京考生。假使取消实施了几十年的招生指标制度，全国各地都像 2002 年之前那样实行真正的"统一考试"，北京和各地的全国性大学也都在原则上采用同样的标准衡量各地考生，而不论他们是什么户籍、在哪里考试，试问还会有那么多"外地人蜂拥而至"吗？

　　当然，那样的话北京人还是会抱怨，但是不要忘记中国很大，远不只是北京，诸如北大这样的全国重点大学也不是属于北京市的大学。为什么只听来自北京的抱怨，而不听听河南、山东以及全国绝大多数地区的呼声呢？

北大在京扩招是制度倒退

据 2010 年 7 月报道，北大在京实际录取人数在计划招生 256 名的基础上增加了 112 人，扩招比例高达 44%，引起全国一片非议。[1] 我稍早比较过北大该年和往年招生方案，得出"招生地域歧视状况虽然较往年略有改善，但是依然相当严重"的结论，现在连"略有改善"这句"好话"也不得不收回了，因为在整体招生指标及其地域分布基本不动的情况下，如此大规模在京扩招的结果是北大文理科每万名考生录取指标（简称"录取率"）在北京高达 45.4 人，为全国平均值(1.55)的近 30 倍。假定其它省份录取人数基本不变，那么北京考生进北大的机会是机会最低的广东考生的 93 倍，是广西、河北、安徽考生的 67 倍，分别是"高考大省"河南、山东考生的 55 和 50 倍。和 2009 年相比，北大的招生地域歧视不但没有改善，而且在扩招后变本加厉，也和教育部近年来要求缩小本地招生比例的基本政策背道而驰，因而是不折不扣的"制度倒退"。

当然，在自家门前扩招不能没有一点理由。据北大招办解释，如此大比例扩招是因为北京考生"报考踊跃"，而且生源质量"非常优秀"。然而，这样弱智的"理由"现在连一般读者也忽悠不过去了。除非有条件出国，对于北大这样的"国内第一"，有哪个省报考会不"踊跃"呢？事实上，各省报考的"踊跃"程度已经被严重地域歧视的招生指标体系极大压制了。以广东为例，2010 年高考人数 62 万，而北大文理科指标加在一起才 30 个。60 多万人面对区区 30 个录取名额，可谓"万里挑一"了；即便是有实力成为省状元的考生，报考北大也是要有点"胆"的，更何况不少省要求考生在知道考分

1　"北大在京扩招别拿'生源质量'说事儿"，《燕赵都市报》2010 年 7 月 15 日。

甚至高考之前就填报志愿。反之，北京考生报考北大之所以如此"踊跃"，应该和北大在招生标准上的"特殊照顾"不无关系吧；用"报考踊跃"来解释扩招，显然是因果倒置了。

至于"生源质量"，我相信报考北大的北京考生一定是"非常优秀"的，不过这并不能为在京扩招提供理由，因为我相信其它省份报考北大的考生也同样是"非常优秀"的。谁都知道如今考分不算数，因为北京有自己的高考，北京的考题和广东或任何其它省份都是不一样的，究竟凭什么说北京考生"素质"更高呢？空口无凭，除非北大招办有证据证明北京考生的"素质"确实比广东考生高93倍，就没有理由因为"生源质量非常优秀"而把扩招名额投在北京，而不是广东或其它地方。"彼君子兮，不素餐兮。"北大需要为在京扩招拿出点像样的理由来，才能不辜负全国人民对国内"第一学府"的期望。

北大由于在新文化运动中的那段特殊历史，理所当然被期望领全国风气之先，在招生公平方面发挥一点带头作用。但是从其历年招生方案尤其是 2010 年的大举本地扩招来看，北大在这方面实在乏善可陈、令人失望。相比之下，中国政法大学近年来不断降低在京招生比例，切实推进了高等教育的机会平等。有人会说，也许这是法大在北京招不到那么多"高素质"考生的不得已之举，但是即便事实如此，也并不抹杀法大招生改革的进步意义和正当性。其实让内外招生门槛更均衡一些、各地录取标准更平等一些，对北大自己又何尝不是一件好事；我就不信在北京招收的那 300 名开外的考生"素质"，就比排除在北大门外的广东第 31 名高。作为北大教师，我当然希望自己的课堂上多几个来自两广、河北、安徽、河南、山东或京外任何地方的"素质"更高的学生，但是这个愿望只怕今后若干年都因为地域歧视的招生指标制度而无法实现了。

早先，我曾撰文提出通过大学扩招缓解招生地域歧视；意思很简单，就是把扩招名额投放到广东这样受歧视最严重的省份来缓解教育机会不平等。现在看来，"扩招"口号也不能随便提，因为一不小心，扩招名额不是被投到高等教育机会偏低的地区，而是被投到京、沪等机会已经比其它地区高几十倍的大城市；如此便不是缓解地域歧视，而恰恰是在加剧歧视了。

中国改革近二十年的经验抑或教训是，在一个权力运作不公开、不负责、不受监督的环境下，改革未必总是往好的方向；如果既得利益阶层总是"近水楼台先得月"，那么改革和初衷大相径庭乃至背道而驰，甚至"改革"动机一开始就不正，以至越"改"越糟，本是预期之内的事。大学招生"改革"就是上述规律的一个经典注脚，而北大此番本地扩招只是在大学招生相互歧视这盘乱棋中一步错得离谱的乱招而已。

高考户籍限制侵犯考生平等权

2011 年高考报名在即，一万多名在京家长在《取消高考户籍限制呼吁书》和《2011 年北京高考报名紧急建议》上签名并递交市教委和教育部，希望北京能允许广大外来人口子女在京参加高考。[1]这些家长多长年在北京工作，有的长达十多年，他们的子女都在北京长大成人，有的连家乡话都听不懂，但就是因为户口不在北京，因而高考必须返回其户籍所在地。

众所周知，北京、上海等大城市集中了全国大部分相对优质的高等教育资源，汇聚了绝大多数"985 高校""211 高校"等名牌大学，而这些大学都对本省市考生和外地考生采用截然不同的录取标准，对本地考生设置的录取比例通常是外地考生的几十倍甚至上百倍。在严重地域歧视的招生指标和分省命题体制下，全国各地任何考生显然都希望在北京、上海这些大城市高考，尤其是在北京长期工作的外地家庭当然渴望分享北京考生享受的得天独厚的受教育特权，但是报考的户籍限制却将他们排除在外。

不难看出，高考户籍限制违反了宪法第 33 条的规定："公民在法律面前一律平等。"法律平等显然不是指只有全国人大或常委会制定的"法律"必须平等对待公民，而法律之下的法规、规章、规范性文件或公权力机构制定的任何具有约束力的规范可以任意歧视。这种结果显然是荒唐的。因此，法律平等只能是指公权力制定的所有国家行为都必须符合平等原则，其中也包括北京市教委规定的高考户籍限制和经过教育部审定的公立大学招生指标方案。事实上，直属中央的"部属高校"招生指标方案本身已经违反了宪法平

1　　刘泽宁："万余家长联名上书呼吁允许外地考生在北京高考"，《新京报》2010 年 11 月 26 日。

等原则，只是高考户籍限制的违宪性更加明显而已。

在什么情况下，地方政府或公立大学的规定就违反了宪法平等原则？在它们区别对待考生而这种差别又不具备正当理由的时候。譬如一个北京考生和山东考生同时报考北大，北大作为受宪法约束的公立大学凭什么给北京考生提供高几十倍的录取比例和机会呢？只是因为有北京户口显然不能构成充分理由，就和高干子弟不能只是因为父母是高干就能上北大一样；接受高等教育是公民凭自己的天赋、特长和成就而平等享受的一种资源，户籍、家庭背景、富裕程度等本身都不足以为受教育权的差别对待提供理由。

当然，不是所有的大学都一定要一视同仁地对待本地和外地考生，譬如北京科技大学作为一所由北京市财政供养的地方性大学就可以对北京考生适当照顾，因为北京市财政主要是由北京市民作为纳税人维持的，因而北科大通过招生优惠"投桃报李"，似乎只是"取之于民、用之于民"的顺理成章之举。不过这个问题实际上很复杂，在此不赘述。我想说明的是，如果可以假设北科大确实是一所纯粹的地方院校，那么地域上的差别对待在这里就有一定的合理性，因为外地人没有像北京人那样对于建设北科大做出同样的贡献，因而也就无权完全平等地享受其录取机会。相比之下，北大是直属教育部的全国性大学，但是如果北京市也在财政、土地、税收等方面对北大做出重要贡献，那么北大就不是一所纯粹的国立大学，而是具有地方院校的某些成分，因而也许可以在一定限度内对北京考生网开一面。

然而，不论上述推理实际上是否成立，它们对高考户籍歧视都没有任何帮助。无论是北大还是北科大，都没有理由区别对待北京户籍的考生和家长长期在北京工作但户籍在外地的考生。假设有这么两个邻居的孩子，一个家长是北京人，一个只是家长长期在北京工作；他们平时在一起上课、考试、读书、玩耍，但是高考的时候，其中一个却要千里迢迢地回户籍所在地考试，两个人报考同一所北京高校却面临天壤之别的录取标准。这种差别对待究竟有什么理由呢？以上建立在市民贡献的理由显然不再成立，因为这些长期工作在北京的家庭实际上早已成为北京"市民"；他们不仅在北京工作、生活、消费、生儿育女，而且他们也是完全意义上的纳税人。无论是北大还是北科大的地方财政支持，都有他们的一份。更何况作为"外来户"，他们对北京市的建设往往比"老北京"付出了更多的辛劳、做出了更大的贡献。因此，在高考和招生上对他们进行差别对待是没有任何道理的。

没有理由的差别对待就构成了任意的歧视，而这正是宪法第33条所禁止的。

自主招生考试是极少数人的特权

2011 年初，中国农业大学柯炳生校长批自主招生"不科学"，和全国 99.9%的考生无关。这一点可以说是触到了全国各重点学校正在进行的自主招生考试的痛处。教育部考试中心主任不久前也发表文章，要求"坚持公平公正，深化高考改革"。但是就从目前"如火如荼"的自主招生考试场面来看，长期严重不公的招生考试制度好像还很难触动。该年北大等 13 所全国重点高校举行"联盟自主招生"考试，只是在技术上为极少数有资格参加自主招生考试的考生提供了方便，而丝毫没有改变现行自主招生体制的内在不平等。

"自主招生"几个字之所以吸引人，是因为中国长期受计划教育体制之苦，国家垄断了国民的思想和教育，造成教育体制的高度政治化和单一化，因而只要一提"自主"或"地方多元化"就能博得一片欢呼。尤其是一些近乎无政府主义的自由浪漫派人士也不分是非地跟着起哄，恨不得取消高考，而不问"自由"是谁的自由？"自主"由谁自主？在部属高校不履行宪法平等责任的前提下谈"自主"，其所带来的"自由"必然只是少数既得利益者才能享受的歧视绝大多数人受教育机会的特权。恰逢教育部需要降低风险、下放责任，和京沪等发达省份一拍即合，"分省命题"和"自主招生"试验很快大行其道。现在看来，作为"分省命题"依据的"地方多元化"只是京沪等大城市实行招生地域歧视的幌子，而"自主招生"试验则已沦为集歧视（不仅歧视省外而且歧视省内非重点高中的考生）、任意（有资格推荐或参与考试的高中划定标准极为随意）、隐患巨大（面试打分等过程无法规范）于一身的怪胎。

就字面理解，"自主招生"这个概念是天然正确的。除了在中国五六十年代的高度计划体制之外，还有哪个国家会直接越俎代庖替大学招生呢？问题在于，它在中国的实际意义究竟为何？事实上，经济改革并非对教育体制没有一点触动，原先由中央或省承担的具体招生职权陆续都下放给了高校，因而中国今天是不存在这个意义上的"自主招生"问题的——我们的大学早已基本上实行"自主招生"了，只不过教育部每年还会象征性地核准大学招生指标，但那只是一个程序；考生档案还临时保管在省里，那也只是为了管理上的便利。现在所说的"自主招生"，其实就是增加一次考试，以便挑选出万一被高考埋没的"偏才""怪才"。

既如此，第一个问题就是大学教育的目的究竟是什么？浪漫的自由主义者主张大学就是为了实现人才的自由发展，以实现"民族复兴"为己任的精英主义人士则认为大学教育要为国家培养顶尖人才，两者在自主招生考试上找到了共同点，似乎各校投入那么大的资源和精力命题、考试、阅卷、面试，就是为了挖掘几个能为民族争光的"偏才""怪才"，其中个别甚或能成为中国未来的诺贝尔奖获得者。在这个意义上，"自主招生"看上去是一场反对"大一统"的自由主义导向的改革，实际上恰恰是民族主义、国家至上狭隘思维作祟的结果。它和当年拔苗助长的"少年班"试验一样，注定是要失败的，因为真正的人才只有在自由和平等竞争的环境中才能成长起来，而主导"自主招生"的思维恰好与此背道而驰。

我认为，今日中国大学教育的主要目的仍然是通式大众教育，用某位先贤的话说就是帮助大学生塑造"自由之精神、独立之人格"。这对于中国来说尤其重要，因为在高考这根"指挥棒"驱使下，可怜的全国青少年将几乎全部时间都投入奥数、英语、特长训练，在中小学根本没有完成人格塑造，大学总算提供了一个相对宽松的学习环境。中国每年录取的大学生好几百万，即使其中只有10%进了985、211重点院校，也有好几十万之众。大学教育乃至招生考试制度显然应该围绕如何将他们培养成引领中国未来的人才，而不应该也没有必要只是为了区区几个"偏才""怪才"。这是为什么我主张北大、清华等精英大学扩招，让更多的中国青年享受相对优质的教育资源；对于那些前来"混饭"的学生，则完全可以根据其考试表现将其淘汰出校门。事实上，大学阶段很难谈得上什么出色的专业成就，平时表现突出的学生也不难发现，他们的进一步培养完全可以委托给研究生阶段。研究生是培养专业人才的阶段，但在我们这里却随着不断扩招而几乎等同于大众教育。

明确了目的，下一个问题是手段。如果全国统一进行的高考不足以筛选考生，大学是可以进行二次考试的；把它称作"自主招生考试"虽不准确，但也未尝不可。关键在于，正如农大柯校长指出，二次筛选必须建立在全国统考的基础上，而且每个学校都可以有自己的卷子，但是必须对来自各地的考生实行"全国一张卷"。当然，从理论上讲，各大高校可以完全不参加全国统考，而自己单独或联合其它高校给来自全国各地的考生出题，但是这样不仅极大增加了众多考生的负担，而且高校自己也不可能承受直接面对全国上千万考生之重。这就决定了现行"自主招生"体制只是徒具虚名，在一般招生考试的严重地域歧视之上加剧歧视，因为获得参加自主考试资格的高中必然因大学自身的能力而限定在极小范围内；这些高中的极少数考生获得高考加分，就成了建立在歧视绝大多数考生基础上的特权。

要让"自主招生"合法化，首先必须废除考试资格歧视，按统一标准将参加自主考试的资格平等赋予每一个满足要求的考生，而这必然要求颠倒目前的考试次序，把真正意义上的全国统考放在第一位。

地域歧视推高中国房价

　　据 2011 年 5 月报道，上海、重庆等地施行购房新政三月有余，但是房价仍居高不下。中央屡次要求调控而各地房价依然坚挺，使房价成为国人经久不衰的话题。由于信息不公开等原因，国内经济学家在这个问题上没有给出一份令人满意的答卷，因而国内房价究竟是"虚高"还是"实高"，我们其实不清楚。和纽约、巴黎、东京乃至首尔相比，北京、上海的房价或许不算高，但是房价涨幅远超过收入涨幅，导致众多家庭辛苦劳作多年还买不起房，这样的房价无疑是过高了。除去收入差距过大、缺乏可靠的替代投资渠道、游资炒作等因素之外，高房价中的一部分正是我们的制度人为产生的。

　　大城市房价之所以高，最重要的因素无非是住房需求高。谁都想去北京、上海发展，知名大学的学生毕业后都想留在所在大城市工作，这些地方的房价能不高吗？但是为什么我们都想在大城市工作和生活？这个看上去过于常识的问题似乎不值得回答，却牵出许多更深层次的问题来。作为长期行政集权的单一制国家，中国干什么都有一个高度单一化的高低排名。不仅中央和地方各级政府的职位排名泾渭分明，而且连法官都有个三六九等；不仅大学有单一的官方排行榜，而且教授也分二三四级；城市则有一二三线之分，农村当然就排不上号了。大城市居民不会想去小城市生活，这种选择是反理性的；除了个别学者或艺术家需要新鲜空气刺激灵感之外，城市居民更不可能到农村定居。大学生毕业找不到工作，可以暂时到农村当"村官"，但是做几年赶紧调回城市。长期呆在农村能干什么？把人才都给"荒废"了。

　　广大农村成为没有人想去的地方，精明能干、年富力强的人纷纷涌入大城市。几十年来，这种单向人口流动在中国一直是天经地义、无需理由的大趋势。你不需要实际去中国的大城市、小城市或农村生活，就知道这些地方无论在收入、福利、医疗、文化、娱乐、机会、视野、教育水平乃至政治与法治的文明程度等各方面都是天壤之别、高下立判的。中国俗话说，"人往高处走，水向低处流。"如果人对幸福的追求确实是"不证自明"之理，有什么理由不让人去什么都好的大城市呢？又有哪谁会愿意留在什么都落后的农村呢？准确地说，正是农村的全方位贫困造就了城市的拥挤；大城市的全方位优越每天都在吸引成千上万各式各样的"移民"，高房价自然也就成为城市居民享受城市待遇而不得不付出的代价。这一切并非纯粹是城市的天然优势或农村的天然劣势造成的，而是因为歧视性制度人为扩大了两者的差距

在市场经济国家，人才、物资、服务、资金都能自由流动，不同地区在国家宪法和法律保护下平等竞争，因而一个城市只能凭借自己的自然资源、人文环境或历史传统的优势积攒人气。在这样的国家，人口分布照样是不均衡的，大城市照样会因为人多而地贵，但是由于宪法禁止歧视性的制度扭曲，城市之间和城乡之间的差距并不那么显著，人也就有更多的自由选择。住在乡村或城郊也许要忍受交通上的不便，却可以呼吸新鲜空气、享受田园风光；住在城市固然享受了生活上的各种便利，却要忍受拥挤、喧闹、犯罪、高房价，难怪不少城市的市中心周围反而集中了没人敢光顾的贫民窟。如果在美国工作，我绝不会想去华盛顿特区或纽约市这两个不仅冬天寒冷、夏天湿热，而且集中了吸毒、犯罪、高房价等所有"城市病"的地方；东北部的波士顿要好得多，西海岸的斯坦福、圣地亚哥风光迤逦，尽管这些地方的房价也都不低；如果不需要寻找都市文化的刺激，雄伟壮观的落基山脉或一马平川的广袤中原也是相当不错的去处，而生活也极其滋润实惠。多元化的居所选择极大缓解了大城市的住房压力，也自然而然地有效控制了城市房价。

反观中国，大家之所以都想去北京、上海等大城市"发展"，原

因正在于中央集权的计划体制长期剥夺了其它城市尤其是农村的正常发展机会，人为将各种机会和资源集中于大城市。不可否认，这些城市因为历史机缘、经济基础等诸多因素享有一定的先天优势，但是没有歧视性政策赋予的制度优势，这些城市不可能具备那么大的"魔力"，以至于那么高的房价仍然不足以阻挡浩浩荡荡、源源不绝的"移民"大军。

别的且不说，这些"移民"中的一个重要组成部分是"高考移民"；这波人不为别的，就是冲着京、沪等知名大学集中而录取标准宽松的省市去的，目的是让自己的子女享受和这些省市的孩子同样优越的高等教育机会。他们之所以产生"移民"动机，是因为大学招生指标制度将相当比例的录取名额划给本地考生，致使北京考生上北大的机会比安徽、山东、河南等外地考生高几十倍，上海考生上复旦大学的机会比外地考生高上百倍。为了给自己的孩子争取入学机会、减轻高考压力，外地居民能不想方设法向这些省市"移民"吗？没有让子女上名牌大学的诱惑，许多外地家长压根就不会考虑到京、沪谋生。我不知道"高考移民"人数究竟多少，但是大学招生的地域歧视推高了京、沪房价，应该不是什么离谱的说法。

广而言之，城乡二元体制对农村的长期剥夺已是众所周知，无须赘述。虽然近年来户籍改革正在进行，但是和户籍捆绑的福利、医疗、子女教育等实质性改革迟迟难以开展。既然农村不能提供足够的收入和就业机会，生活也没有可靠保障，凡是有能力的劳动力自然纷纷"移民"城市，农村的"空壳化"必然意味着城市人满为患，进而变相助推城市房价。即使是为了让子女获得像样的义务教育，也足以让农民家庭设法"移民"城市。事实上，即便是不同城市之间的待遇也是千差万别的。北京之所以如此发达，是因为作为国家的"首善之区"，它从行政集权体制中获得了不成比例的建设、投资、供给等各种保障；在很大程度，上海的发达也是计划经济体制下集中投资的遗产。极不平等的机会和资源分配致使中国人口过度集中在少数大城市，成为这些地方高房价的制度推手。

照理说，中国虽然人多，但是地也大；城市房价高，人口可以反向"移民"土地大量闲置的农村。事实上，这种受市场规律支配的自然流动趋势近年来已然形成，许多不堪房价压力的城市居民在城郊地带买了相对便宜的"小产权房"。本来，"小产权房"增加了城市住房供给，因而可以为高企不下的城市房价解压，但是现行政策却否定了"小产权"的合法性，海口还刚刚将一处"小产权房"作为"违章建筑"强行拆除。这其实也是对农村土地的政策性歧视——为什么在城市土地上盖房就是合法的"大产权"，在农村土地上盖房就是违法的"小产权"呢？而土地政策歧视的后果也和其它形式的歧视如出一辙，那就是进一步推高城市房价。

如今北京、上海、重庆等大城市纷纷出台限购令，主要是限制外地人在本地买房，其地域歧视的本质是显而易见的。用一种地域歧视去治理多种地域歧视带来的后果，前景并不让人看好，而失败也在情理之中吧。其实，要从根子上解决中国房价未必是件难事。只要取消京、沪等某些特权省市在教育等公共福利领域享受的诸多优惠，禁止用行政权力将公共资源人为集中在少数大城市，逐步实现城乡平等，尤其是废除限制农村自由发展的诸多管制和禁令；在清除各种藩篱之后，中国人口自然会在广阔的领土上自由流动，大城市的人口压力也必将自然缓解。一旦制度不再成为中国房价的幕后推手，那么无需国家总理几度呼吁、各级政府强力干预，市场的"无形之手"会自动化解久治不愈、挥之不去的所谓"房价问题"。

高考压力是谁造成的

2011 年 6 月，中国各地又要迎来一年一度的高考。此时此刻，成千上万考生都在昏天黑地、夜以继日地紧张复习。其实成年累月，高考几乎让每一个中国家庭绷紧神经；从小学到高中，孩子十年寒窗、家长含辛茹苦，为的就是在这一刻过关斩将、金榜题名。压力能不大吗？对于由此产生的压力、焦虑、应试教育模式及其对青少年人格成长的抑制和扭曲，你可以怪"万恶"的高考制度，可以怪中国人太多，可以怪中国家长的"望子成龙"心态，可以怪严重的大学招生地域歧视尤其加剧了某些考生大省的压力……但问题是，即便取消招生地域歧视、改革不尽合理的考试制度，高考压力仍旧不会消失，因为产生压力的根源在考试之外。这也是为什么无论如何改革高考，都不可能消除高考给全国人民带来的压力。

再说别的国家也有"高考"，美国的 SAT 就是一例；而且不仅美国的考生考，加拿大等某些其它国家也用美国的"高考"。你可以说美国"高考"比较灵活，一年可以考几次，无须"一考定终生"，但是这只能防止考生一次考试发挥失常而已，不会实质性地减少考生人数及其产生的竞争压力。为什么别人的"高考"就没有像我们这样产生那么大的压力呢？究竟是谁给中国高考造成这么大的压力？

回答这个问题之前，不妨先做道简单的算术题。中国目前每年考生大约 900 万，而教育部确定 2011 年全国普通高校招生计划的总规模是 675 万。换言之，如今 3/4 的中国考生都能上大学。即使以发达国家标准衡量，这个录取率显然也是不低的。问题在于，这上千万考生每年并不是冲着这几百所"普通高校"去的，而是都希望上那几十所"985"（至少"211"）重点院校，而它们的招生规模加起来只有几十万。

这和改革初期"十里挑一"的状况差不多。那个时候大学少，能上大学就很不错了；现在"大学"数量大大增加，招生规模年年扩大，表面上录取率年年上升，实际上人们瞄准的还是那么几所学校。北大、清华等"名校"也许人人想上，但是偏偏要做中国的哈佛、耶鲁，实行"精英教育"，每年只招三四千名学生，对于除了北京之外的大多数地区来说是万里挑一。这样，"千军万马过独木桥"就不可避免了。中国高考压力之所以那么大，归根结底是因为中国大学本身就是一根"独木桥"。改革那么多年，教育"市场"仍然没有开放，以至中国大学提供的优质高等教育严重供不应求。

不妨做个梦吧，假想全国这几百所高校都是北大、清华，想上哪一所任你挑，高考还会有那么大压力吗？西欧一些国家就是这么录取，一般都会满足申请人的志愿；法国人未必都想上巴黎大学 13 所分校中的一所，但是凡事想上的基本上都能被录取。可怜偌大中国，却只有一所清华、北大；大学规模越来越大，建筑越来越豪华，但是真正像样的"大学"并没有几所。即便进了"一本"，许多学生觉得是在混日子，荒废了四年光阴；进个"二本""三本"或民办院校，更不必说。难怪有条件的家庭都纷纷把孩子送出国，因为国外大学虽然贵，但是确实能学到东西，还能"镀金"，价有所值。中国本科教育水平的整体低下把一小部分考生挤出国，让绝大多数出国无门的考生为获得极其稀缺的优质教育资源激烈竞争。

有人也许会说，美国不也只有一所哈佛和耶鲁吗？对，也不对。美国确实只有一所哈佛、耶鲁，但是却有一大批至少本科教育可以和哈佛、耶鲁一比高低的大学。其实即使在科研水平上，许多大学也是各领风骚，至少和"世界一流"没那么大差距；哈佛、耶鲁或许可以包揽多数美国总统，却包揽不了诺贝尔奖，多数获奖者均非出自"两校"。在这种高等教育格局下，美国考生的选择范围很广阔，即使符合条件也未必选择去哈佛。多数国人可能至今也没听说过宋氏三姐妹就读的威斯利安女子学院，因为它在所有的"大学排行榜"上都排不上号，但是它的本科教育质量和声誉却绝非在哈佛之下；否则，以宋氏家族的实力，送她们去哈佛又有何难呢？美国的高考压力之所以小，正是因为它的东西南北都有大批的威斯利安女子学院们、麻省理工学院们、加州理工学院们、加州大学们、密西根大学们可供美国考生选择。

为什么中国没有一所威斯利安女子学院呢？这个问题无需多说，看看南科大仍然面临的尴尬就知道了。市场化是三十年改革的主旋律，但在教育领域似乎只是体现于"产业化"和乱收费而已，大学的市场准入仍然受制于严格的行政控制。即便大学被批准成立了，它也不可能指望得到和清华、北大同等的待遇。别的不说，招生环节就首先把它卡死了。按照目前的分批录取方式，这些"野鸡大学"永远只能在"一本"大学挑肥拣瘦后吃点"剩食"。这些大学不可能录取好学生，便不能吸引最好的老师；不能吸引好老师，便更不可能吸引好学生……民办大学由此被定格在"三流"以下，带有官方权威的"大学排行榜"上永远看不到它们的名字。

再说这些"排行榜"是怎么出来的？中国当今有哪一所大学会因为本科教学优异而名列前茅？目前每一所有点希望的大学都在"赶超一流"，所用的评价因子当然就只有论文数、SCI 等"硬指标"。所有的大学都在打造"研究型大学"，所有能挤出点墨水的教师都把自己打造成"研究型教授"，否则职称这一关就过不去。除了催生大量文字垃圾之外，这种高度单一化的大学评价体制完全扼杀了中国的威斯利安女子学院。其实即便对于直属中央部门的"研究型大学"，国家投入的力度也是极不均等的；北大、清华所获得的投资远超过其它"985"院校，一般院校就自生自灭了。如此政策倾斜或许有助于打造个别"一流"，却抑制了中国大学的自由与平等竞争，并迫使广大考生在人为打造的高等教育阶梯上竞逐那寥寥几所"尖子"大学。

这种行政化的办学模式延续过去计划经济老路，从一开始就扼杀了优质高等教育的产出。凡是计划时代的"过来人"都知道，计划经济就是一种"短缺经济"（匈牙利诺贝尔经济学奖获得者科尔奈语）；油票、粮票、肉票、布票本来是为了应对国家供给的短缺而施行的，但是它们的施行却使国民经济陷于永久的短缺之中。计划办学模式与此如出一辙，或许本来是为了提升国内大学的科研竞争力，其实际效果姑且在此不说，但无论是准入权的人为障碍还是招生权和政府资助的三六九等，无疑都极大抑制了中国优质高等教育资源的生成，并使之陷于永久的"短缺"状态之中。就和计划经济下的人们都吃不饱饭一样，计划办学模式造成教育资源短缺，进而产生了困扰每一个中国家庭的高考压力。

其实要消除（至少缓解）高考压力并不难。只要破除行政化办学模式，撤销限制私人办学的人为障碍，对所有大学在招生和政策上一视同仁，废除单一化的大学排行和评价机制，让所有大学自由发挥自己的特长，让优秀大学的毕业生安心教书育人，中国的威斯利安迟早会自然出现。中国人不笨，也许创新能力欠缺一点，但好好读书和教书是完全可以胜任的，而这对于本科教育就足够了；创造相对论需要爱因斯坦，但是能教相对论的却大有人在。不是每一个国家都能建成哈佛，但是只要打破计划办学，中国人完全有能力拥有一批自己的威斯利安。

废除高考户籍限制正当其时

2011 年 11 月，十几位法律学者向总理温家宝提交了"关于提请国务院审查并修改教育部《普通高等学校招生工作规定》的建议"，众多家长也再次表达了让随迁子女的在学籍所在地高考的强烈愿望。这些家长常年在北京、上海等大城市工作，不仅用自己的辛勤劳动为这些城市的繁荣和发展做出巨大贡献，而且也和当地市民一样是纳税人，只不过在目前尚待改革的户籍体制下没有本地户籍而已。除了户籍之外，他们其实就是当地居民，在医疗、福利和教育等诸多方面应该享受和当地居民同等的宪法权利。剥夺他们的随迁子女就地参加高考的基本权利，于情于理于法都是说不过去的。

然而，上述《工作规定》却一直要求考生在户籍所在地报名高考，导致外来人员的随迁子女就因为父母没有本地户籍而不能在本地报考，为北京等省市在享受他们服务的同时剥夺其子女在当地接受教育并参加考试的权利提供了法律依据，对他们及其子女造成了巨大的焦虑、困惑和精神压力：如果留在户籍所在地，那么这些孩子就成了远离父母的"留守儿童"，除了骨肉分离的痛苦之外对他们的教育、成长和心理健康产生严重问题，也对中国未来的公民社会建构与可持续发展留下巨大隐患；如果随父母迁徙到他们工作的城市，以上问题基本解决，孩子交了赞助费就可以在当地学校接受教育，但是到高考的时候麻烦就来了——按照现在的"分省命题"体制，北京采用自己的试卷，和全国各地都不一样，而高考是根"指挥棒"，指挥着各地的中小学教学；高考试卷不一样，教学内容和模式也都不一样，意味着这些孩子在接受北京中小学教育之后是不能适应户籍所在地的高考的。要求随迁子女回户籍所在地高考，不仅让他们和当地考生一样受到京、沪等省市对外地考生的招生歧视，而且也让他们在起跑线上落后当地考生一大截，从而对他们造成双重歧视。因此，《工作规定》所授权的高考户籍限制已经到了非改不可的时候。

当然，废除高考户籍限制可能产生一系列连锁反应。北京等地的教育部门之所以一直说在"研究"而迟迟不行动，倒未必是有意不顾当前随迁子女就地高考的迫切诉求，而是怕这个口子一开可能会加剧"高考移民"，对当地的教育资源乃至住房、交通、秩序等生活环境产生巨大压力。北京市要容纳目前的随迁子女高考，未来几年内将增加大约40%的考生，并不会对现行高考格局产生根本冲击，但是这些考生在北京高考后究竟按什么标准录取？在长期实行的招生指标制度下，一所大学对每个省市都划拨了一定的录取指标。如果河南籍随迁子女在北京高考后还是按照河南指标录取，那么因为河南试卷（可能也是全国试卷）及其评分标准和北京不同，就需要首先将这些考生的北京考分折合成河南考分，才能使他们的考分和河南本地考生具有可比性。然而，不同的试卷如何折合考分？恐怕这是尚未攻克的世界尖端难题，要找到科学合理、令人信服的折合公式谈何容易？最自然也最公平的办法是让随迁子女和京籍考生一样，按北京本地的考试标准统一录取，但是这意味着能来北京工作就等于子女可以在北京参加高考。以京籍考生目前在大学招生中享受的巨大优势，这种政策势必将吸引全国各地的大量"高考移民"来到北京。"高考移民"的根子无非是京、沪等高等教育资源集中的省市靠招生地域歧视形成的巨大高考特权，正是种种特权造成这些省市人口密集、交通堵塞乃至房价畸高。

我们的建议指出，这个问题其实不难解决。随迁子女之所以面临就地高考难题，纯粹是目前"分省命题"体制惹的祸。上海早在1987年就开始"特立独行""自主命题"，但是北京等半数省市直到2002年以后才开始实行"分省命题"，逐渐和另外半数省区的"全国试卷"形成半壁江山。今天中国已没有真正的"统考"，所谓的"统考"其实是全国每年在同一时间的考试，但考的是 17 张不同的卷子（全国卷加 16 张分省卷）。一旦恢复真正的全国统考，考生不论户籍，在哪里考试都是同样的卷子，随迁子女考试问题顿时消失。因此，当下放心取消高考户籍限制，因为不会马上产生严重后果，而随迁子女的教育和高考确实如众多家长呼吁的那样，"等不起！"至于以后几年可能产生"高考移民"后果，则还有时间通过建立全国统考等制度加以解决。

不过，且慢！如今中国存在诸多话语禁忌，统一高考就是其中之一。不仅自主命题省市已经建立的考试院等既得利益产业出于本能反对全国统考，而且力主改革的自由派人士也斥之为"倒退"，仿佛回到统考就是恢复计划经济那老一套。其实既得利益者最爱听这种是非不分的言论。只要维持"分省命题"，全国考试不统一，就只有维持长期实行的分省招生指标制度。招生指标分配当然可以更趋平等，但是和高考方式不同的是，指标再分配可是要"割肉"的，难度可想而知。时至今日，京外各大高校的本地招生比例只是控制在 50% 以内，远未达到教育部规定的本地招生比例不超过 30% 的要求，实现各地同比例招生要等到猴年马月？对于各大省市招生地域歧视的既得利益者来说，维持现状就是胜利，而其中的一个法宝就是"分省命题"。什么"分省命题"促进"地方多元化""素质教育"这套说辞已基本上不攻自破，看看今日京、沪本地中小学生的高考压力便一目了然。说穿了，"分省命题"就是一个障眼法，用来掩盖统一高考体制下各地录取分数线的巨大差异。只要"分省命题"不除，大学招生就离不开带有巨大地域歧视的分省指标体系。这才是最大的"计划经济"！

虽然中国人搞"大一统"已经吃了几千年亏，我们没有必要不分青红皂白把全国统考妖魔化；该统一的地方还是需要统一，否则必然放任地域歧视。我不知如何评价经济改革，教育改革还就是1978 年恢复全国高考那些年有起色，后来就走下坡路了。回顾八十年代的高考，我并不认为当年的"全国一张卷"比现在不公平，也看不到现在的"分省命题"比当年合理到哪里。更何况全国统一考试并不等于"全国一张卷"，全国可以有许许多多张卷子——理论上，每个大学都可以出一套自己的考卷，就和现在的研究生专业课考试一样，但是每一张考卷都必须全国统一，不然就又没有统一衡量标准了。民国时期的考试就是这样，只不过中国考生人数今非昔比，如此各校为政成本太高；试想如果北大自己出题，全国上百万学生都来应试，北大哪有能力应对如此大规模的全国性考试？一个考生想报几所大学，就要参加几场考试，也不堪重负。因此，实行全国统考可以极大降低大学和考生的考试成本。对于绝大多数一般大学，一次考试也就够用了；对于全国那么几十所精英大学，如果一次统考不足以全面衡量考生水平，可以各自设定分数线，并对过线的申请人按各校的需要进行全国统一的自主命题考试。这样既能做到公平，又能降低成本并维持效率。

现在一提统一高考就有人喊"狼来了"，好像又要回到五六十年代的国家"统分统招"体制，但是这只"狼"究竟在哪里？今天的大学招生哪里有什么中央计划的影子？除了招生总量之外，分省招生指标都是大学自己决定，教育部基本上是一个"橡皮图章"。因此，招生地域歧视主要是大学自己的行为，而不是政府行为；即使政府有影响，也是地方政府而非中央政府的影响。2001 年，青岛三考生诉教育部，其实是诉错对象了；她们应该直接诉在招生中歧视她们的大学，教育部至多只是承担不作为的责任。这次诉讼可能也促使了教育部责任下放的决心，次年就放手某些省市开始"分省命题"试验。现在要取消"分省命题"，又有人提出分省格局已经积重难返，不仅导致"自主命题"省市建立起自己的一套考试机构，而且造成各地教育模式差异巨大。但是同样作为"指挥棒"，为什么当年"分省命题"模式能够扩大地方教育差异，现在实行统一考试就不能缩小各地教育差异呢？

更重要的是，地方差异究竟对高考有多大影响？这个问题很大程度上取决于高考应该考什么，但高考命题是一个不同性质的问题，无法在此展开。我们只需要知道美国的地方教育并不遵循任何统一模式，地方差异甚至比中国更大，但是美国大学录取却一直实行统一考试(SAT)。我真不懂为什么美国这个极其强调地方多元和自治传统的国家都可以实行统考，中国这个一贯中央集权的国家却一定不能恢复十年前还在实行的全国统考。归根结底，还是大家恐惧中央这个"利维坦"把教育带回到单一的计划体制时代，但是这种担心是多余的。只要命题设计合理，将高考限于基础能力测试，统一考试制度完全可以避免"利维坦"的陷阱，并和地方教育的适度多元化并行不悖。

警惕城市歧视卷土重来

改革三十余年来，中国城乡壁垒逐渐消解；虽然宪法和法律没有规定迁徙自由，从农村到城市的迁徙却一刻未曾停止。在以牺牲农民和农村为基础的城乡二元体制下，城市汇聚了物质、文化、财富等诸多方面的特权，吸引大批农民来到城市打工，人口中的四分之一因此而成为带有双重身份的"农民工"，其中许多人长期在城市工作和定居。然而，在迁徙自由和宪法平等没有得到实质性保障的条件下，城市对农村的门户从来不是完全敞开的，充其量只是半开半闭：城市所欢迎的是廉价劳动力，而不是平等享受公民权利的农民。户籍体制已不再捆绑他们的手脚，但是和户籍捆绑在一起的利益却和他们无缘；他们可以来城市打工，但不能分享城市居民所享受的福利、医保和教育，更不用说他们的配偶和子女。在这个意义上，农民工及其家庭至多是城市的"二等公民"。随着公民意识的觉醒，这个长期受歧视的群体越来越积极地维护自己的平等权利，但是与此同时，城市的门户也在"治堵""秩序""稳定"等各种幌子下逐步关紧，一直未曾消失的城乡二元歧视正在卷土重来。

两起和随迁子女受教育权利有关的事件成为上述新趋势的注脚。一是在 2011 年秋季开学前夕，北京市教育部门强行关闭大量打工者子弟学校。虽然关闭的名义是"整顿"和保证教学质量，并一度承诺由正规学校吸收那些无处上学的打工者子弟，但是有证据显示，只有大约半数这类孩子得到了落实，另外一半则不得不回到家乡就学，成为和父母分居的"留守儿童"。我不知道北京市此举的真实意图为何，但是在效果上它已经达到了把部分城市打工者的子女赶回老家的目的。对于不缺廉价劳动力的城市，如果能把部分打工者本人赶回去，或许正是求之不得的结果。

　　二是在此之前，已有众多没有北京户籍的"随迁子女"家长联名上书教育部，强烈要求允许他们的孩子在学籍所在地参加高考。这些家长常年在北京、上海等大城市工作，不仅用自己的辛勤劳动为这些城市的繁荣和发展做出巨大贡献，而且也和当地市民一样是纳税人，只不过在目前尚待改革的户籍体制下没有本地户籍而已。除了户籍之外，他们其实就是当地居民，在医疗、福利和教育等诸多方面应该享受和当地居民同等的宪法权利。剥夺他们的随迁子女就地参加高考的基本权利，于情于理于法都是说不过去的。这些家长持之以恒地用温和理性的合法行动维护自己和子女的宪法权利，说明中国社会的公民群体正在走向成熟。

　　两起事件的根源都在于城乡二元体制所造成的地域和身份歧视。正是城乡歧视聚集了大量城市特权，吸引农民进城打工，而打工者却继续遭到城市的歧视和剥削。他们和城市居民一样纳税，但是他们的子女却不能进入城市的正规学校学习，除非交一笔巨额赞助费；即便上了因陋就简的打工者子弟学校，也动辄受到关闭和驱赶。即便交了赞助费接受当地教育，高中毕业后照样要回原籍参加高考，而目前的大学招生地域歧视几十年如一日，几乎没有什么本质改善；更有甚者，2002 年大规模实行各省"自主命题"之后，半数省市考自己的试卷，导致各地中小学的应试教育模式差异越来越大，这些随迁子女回到原籍后根本不能适应当地的考试，造成他们中的许多人不得不忍痛和父母分离，在户籍所在地接受中学教育。

　　要从根本上解决随迁子女在城市接受教育并参加高考等问题，必须消除针对他们的制度性歧视。作为城市生活的一份子，打工者也是纳税人，应该和城市居民享受同等待遇，他们的子女应该和城市居民的子女一样进入正规中小学接受义务教育，并在学校受到平等对待。由纳税人供养的市政府有义务平等对待纳税人，充分吸纳随迁子女就近入学，而不得额外收取赞助费或设置其它障碍。在目前有限的城市教育资源不能为所有随迁子女提供正规义务教育的情况下，不得关闭打工者子弟学校。更重要的是，这些孩子高中毕业后，所在城市必须接受他们在当地参加高考，并按照和本地户籍的考生同样的标准获得大学录取。

然而，歧视是吊诡的，歧视产生的结果往往反而被用来维护歧视的正当性。无论是吸收随迁子女就地入学还是允许他们就地高考，都会遇到城市的强烈反对，而反对理由高度一致——这样会严重加剧"移民"，尤其是"高考移民"，造成城市人口过多、交通拥堵、资金短缺、生活和教育等资源供不应求……其实，所有这些担忧都有一个共同的潜台词——城市长期依靠歧视积聚了种种特权，如果允许外地人进来平等分享，必然加剧各种"移民"。面对这种现象，城市的自然反应是继续走歧视的老路，不让打工者分享城市的利益，甚至把他们的子女赶出去，加剧歧视反成了拯救歧视的法门。然而，这种做法只能是饮鸩止渴，因为造成这些现象的根源恰恰是歧视本身；"高考移民"的根子无非是京、沪等高等教育资源集中的省市靠招生地域歧视形成的巨大高考特权，正是种种特权造成这些省市人口密集、交通堵塞乃至房价畸高。不全面消除歧视，就不可能从根本上解决中国城市面临的各种困境。

对于"高考移民"，我们的解决方案是简单明了的：重建全国统考并实行平等招生，各部属高校在原则上按同样标准录取全国各地的考生。其实随迁子女之所以面临就地高考难题，纯粹是目前"分省命题"体制惹出来的。虽然上海早在 1987 年就开始"特立独行""自主命题"，但是北京等半数省市直到 2002 年以后才开始实行"分省命题"，逐渐和另外半数省区的"全国试卷"形成半壁江山。试卷不统一，评判标准不一致，各地教育模式迥异，才造成面临高考的随迁子女无所适从。一旦建立全国统一考试，在哪里高考都一样，随迁子女的高考还是问题吗？在此基础上，各大学在原则上实行平等招生，考生无论在哪里都有大致同等的录取机会，还会有人千里迢迢"高考移民"吗？当然，在没有实行全国统考和平等招生的情况下，允许随迁子女就地高考确实会加剧"高考移民"，但是"移民"的严重后果在今后几年才会逐步显现，目前京沪等大城市完全可以承受随迁子女就地高考。因此，当下尽管放心取消高考户籍限制，因为不会马上产生严重后果，而随迁子女的教育和高考确实如众多家长呼吁的那样，"等不起！"至于以后几年可能产生"高考移民"后果，则还有时间通过建立全国统考等制度加以解决。

然而，这样一个合理可行的方案却遭到多方面误解和反对。一听说要"统一高考"，大多数人都不假思索摇头否定，好像又是计划教育体制回潮。其实哪有那么可怕？我们"60后"都是统一高考体制下考出来的，当时那套制度当然许多方面都需要改进，但我并不认为它比现在糟糕到哪里。我不知如何评价经济改革，教育改革还就是 1978 年恢复全国高考那些年有起色，后来就走下坡路了。2002 年各省"自主命题"之后，全国失去了衡量考生的统一标准，带有严重地域歧视的招生计划指标体系愈加根深蒂固。现在一提要取消"分省命题"，就有人断言分省格局已经积重难返，不仅导致"自主命题"省市建立起自己的一套考试机构出于既得利益反对恢复统考，而且造成各地教育模式差异巨大，无法统一考试。但是同样作为"指挥棒"，为什么当年"分省命题"模式能够扩大地方教育差异，现在实行统一考试就不能缩小各地教育差异呢？一个更重要的问题是统考究竟考什么？是否要求统一的教育模式？如果高考命题限于基础能力测试，那么各地在笼统的全国教学大纲指导下仍然有足够的空间发展自己的教学模式，不存在"一统就死"的计划教育体制复活。事实上，各地的基础教育差距正反映各地经济发展和教育投入的差距，说明中央对于均衡全国教育水平做得不够，需要对教育欠发达地区加大财政投入，而认可所谓的地方教育差异恰好为中央的不作为提供了借口。

归根结底，反对统一高考、平等招生的潜意识是出于对中央管制的恐惧，但是我认为这种恐惧在今天是没有根据的；当今中国实行招生地域歧视的不是教育部，而是各地的部属高校及对它们施加各种压力的地方政府。2001 年，青岛三考生诉教育部，其实是"找错对象"了；她们应该直接起诉对自己实施招生歧视的大学，教育部至多只是承担不作为的责任。这次诉讼可能也促使教育部下决心下放责任，次年就放手让某些省市开始"分省命题"试验，但是全国统考恰恰是教育部不该下放的责任。也许有些事教育部不该管，但是全国范围的教育平等是教育部不可推卸的责任，教育部不管谁管？难道你能指望北京市教委会出于对教育平等的宪法"觉悟"，主动善待打工者子弟学校或吸纳随迁子女在北京高考吗？事实上，假如没有教育部的有关规定，上海、江苏、浙江、武汉等地京外知名院校录取本地考生比例高达百分之六七十，并不是什么稀罕事。要禁止各地部属高校的招生地域歧视，必须通过中央的力量；在这个问题上，出于对中央集权的恐惧而抵制必要的中央干预显然是不智的。

时至今日，国人尚未学会像美国大法官卡多佐说的"有序自由"(ordered liberty)那样去生活。只要一说起自由，就是无政府主义；一说起秩序，就回归专制。我们必须理解，平等是最重要的宪法价值之一，直接影响着亿万中国公民的日常生活。虽然公民对于维护自己的平等权利发挥着不可或缺的作用，但是作为一项基本国策，平等终究要通过政府的力量才能得到有效落实，地域平等则只能通过中央政府才能落实，否则无法遏制地域歧视回潮。我们在打工者子弟学校和随迁子女就地高考等问题上所能做的，就是推动中央在全民监督下一步步实施宪法规定的平等受教育机会。

柒、私有财产与征收制度改革

　　直接影响国计民生重大利益的另一个问题是土地与征收制度，它的影响面甚至比招生考试制度更大，直接涉及城市与农村每家每户的切身利益。虽然"私有财产"已在 2004 年入宪，但这并没有改变中国的土地公有制，更没有解决土地二元公有制产生的层出不穷的社会矛盾。

　　2009 年底，随着唐福珍自焚事件的发酵，土地征收问题进入大众视野，国务院启动了废止《城市拆迁条例》的进程。虽然我在城市房屋征收条例的修改上花费了不少笔墨，但重点还是放在其鞭长莫及的农村土地征收制度。事实上，这才是"中国模式"乃至"中国奇迹"的奥秘所在。"中国模式"的核心在于快速城市化，快速城市化只有依靠政府强制征地才有可能。农村土地以极低的价格被政府征收后，高价专卖开发商变成工业或商业用地——也就是城市土地。这样，地方政府的"土地财政"就有了着落，贪官污吏也有了灰色收入。当然，最后总是要有人为这一切买单的，源源不断的社会冲突也就产生了。我从有限的比较研究中惊讶地发现，把"城市化"定义为"征地"的国家似乎全世界只此一家。

　　这个问题当然不是废止城市拆迁条例就能解决，也不是修改《土地管理法》所能解决。根子在于现行宪法第十条规定的城市土地"国有"、农村土地"集体所有"的土地二元制上。原来貌不惊人甚至有点怪异的宪法区分，竟没想到这么好用——要把农村土地变为城市土地，所有权必须从集体所有变为国家所有，当然必须征收了！从来不好好用的宪法，各地各级政府竟异常认真地执行起来。只有通过合理解释把宪法第十条"清热解毒"，中国土地制度改革才有希望。

征收条例须确立三大原则

自 2009 年底唐福珍自焚事件以来，城市拆迁暴力受到广泛关注。国务院法制办迅速拟定了《国有土地上房屋征收与补偿条例》的第一次征求意见稿（旧草案），并于 2010 年底再次出台新的征求意见稿（新草案）。两部草案各有亮点，也各有不足。要从根本上防止唐福珍悲剧重演，征收条例必须确立自愿、公开、公平三大原则。总的来说，两部草案都在公平方面进步显著，但是在自愿与公开方面又显然不足，新草案甚至比旧草案有所退步。如果新条例不能确立上述三原则，就无从防止层出不穷的拆迁暴力。

让我们把整个过程分为三个阶段，来看以上原则各自发挥的作用。首先是征收规划阶段——到底要不要征收？根据自愿原则，回答一般是"否"。在一个市场经济国家，大多数事情应该让人民自己去做，政府一般不应干预。众所周知，政府强制征收的宪法条件是满足"公共利益"，但是即便符合公共利益，譬如危旧房改造，也完全可以通过居民自己找具备适当资质的开发商，而未必需要通过政府征收。然而，新草案却对"公共利益"赋予极为宽泛的定义，并似乎误认为一旦贴上"公共利益"的标签，政府就可以理所当然地强制征收。殊不知，这种误解已经埋下了唐福珍式悲剧的种子；中国式拆迁之所以产生了那么多冲突，首先是因为强制征收泛滥。要防止征收泛滥，新条例必须规定市场自愿交易是原则，政府强制征收是例外。

换言之，只有确实符合重要的公共利益而又不能通过自愿交易实现的目标，才允许政府征收。征收是否符合"公共利益"不能由政府自己说了算，而必须尊重人民的意见。譬如政府为自己造机关办公楼可以属于"公共利益"范畴，但究竟是否符合当地公共利益

——也就是某地是否真的需要新建政府大楼，还得倾听当地人民的意见。某些工程主要影响被拆迁人的利益，譬如危旧房改造工程，因而被征收人应有权通过投票直接决定工程是否符合公共利益。旧草案规定这类工程应获得 90% 被征收人的同意，但是新草案删除了这一要求，极大削弱了公民参与的权利。新草案规定，征收决定必须公开征求意见，但是泛泛规定太容易走过场；如果你反映你的意见，我还是照样做我的决定，"征求意见"程序还有什么实质意义呢？要做到真正的决策公开，政府有义务将公众意见分门别类、归纳总结并予以公开。对于那些不予采纳的意见，政府有义务提供理由；尤其是面对征收不符合公共利益或补偿方案低于公平市价的质疑，政府如果还是坚持原来立场，就有义务详细论证其合理性。

其次是补偿协议阶段——如果决定了征收，那么下一个阶段就要确定补偿标准以及每户得到的具体补偿。确定补偿当然要坚持公平原则，但什么是"公正补偿"还须依靠自愿与公开原则才能发挥作用。虽然条例授权被征收人选择评估机构，但是评估机构能否保持客观中立仍然是一个很大的未知数；虽然补偿标准可以受到司法审查，但是受制于行政干预的司法现状让人们普遍感觉法院未必靠得住。在中国现有条件下，要保证补偿符合公平市价标准，必须让政府直接面对被征收人议价并和大多数人达成一致意见；只有至少 2/3 的被征收人和政府签署了补偿协议，征收过程才能开始。这一旧条例原有的规定也被新条例删除，但是没有公民的直接参与，补偿公平原则很可能成为不可实现的空想。因此，征收条例有必要恢复补偿协议须获得多数人同意的要求。

最后才是强制拆迁阶段——在征收确实符合公共利益和公正补偿原则的基础上，对于少数仍然不愿意搬迁的"钉子户"，可以诉诸法院实施"司法强拆"。很多人把新草案的主要亮点解读为司法强拆取代行政强拆，但这实际上是十分片面的，因为强拆只不过是整个征收过程的最后一步。事实上，如果自愿、公开与公平原则在前两个阶段落实到位，往往不需要进入第三个阶段——或者是因为征收根本没有合法性，或者是因为所有老百姓对补偿方案很满意，甚至巴不得早点搬走呢；反之，如果这些原则在先前阶段没有发挥作用，那么指望司法维权很可能只是望梅止渴、水中捞月。为了让司法更好地维护被征收人权利，摆脱地方政府的不正当干预，条例宜规定征收案件异地审理。只有切实保持司法公正，才能让"钉子户们"走得心服口服。

新拆迁条例凸显国家主义思维

我曾撰文总结《国有土地上房屋征收与补偿条例》的第一次征求意见稿（简称"旧草案"）有三大亮点和盲点：亮点之一是体现公民参与精神，二是明确公平补偿原则，三是规定了"非公共利益"的拆迁应按自愿、公平原则订立协议进行；盲点则主要在于所有这些亮点尚含不够完善之处，容易形同虚设，在此且不赘述。和旧草案相比，第二次征求意见稿（简称"新草案"）克服了一些盲点，但是也失去了重大亮点。

从表面看，除了第三个亮点之外，公民参与和公平补偿这两个最大的亮点还在。新草案第 2 条单独规定了公平补偿原则，第 3 条规定"房屋征收与补偿应当遵循决策民主、程序正当、结果公开的原则"，并克服了旧草案的一个危险盲点，也就是在授权被拆迁人就补偿分歧提出行政复议或行政诉讼的同时授权政府"不停止补偿决定的执行"。新草案第 23 条去除了这一授权，第 25 条规定："被征收人在法定期限内不申请行政复议或者不提起行政诉讼，又不履行补偿决定的，由作出房屋征收决定的市、县级人民政府依法申请人民法院强制执行。申请人民法院强制执行前，房屋征收部门应当按照补偿决定，对被征收人先予货币补偿或者提供产权调换房屋、周转用房。"既然强制执行权从行政转移到司法，如果补偿标准问题出现分歧，法院理当在裁决分歧之后才能予以执行。当然，这一点在新草案尚不够明确，应该在正式立法中明确诉讼期间停止执行的原则。

总的来说，新旧草案在公正补偿问题上没有发生明显变化，新草案还因取消行政强拆、规定先行补偿而略显进步。在实际操作过程中，两者则面临同样的局限性——在目前司法不够独立的情况下，法院是否能公正解决补偿争议？既然各级各地的法院都普遍极易受行政干预，司法强拆和行政强拆是否有本质区别？虽然补偿价格评估公司由被拆迁人选定，如何保证评估过程的客观中立？新条例第 17 条还增加了"被征收人选定房地产价格评估机构的具体办法由市、县级人民政府规定"一句，地方政府是否会通过规定"具体办法"而限制乃至剥夺被征收人的自由选择，使这项权利变得有名无实？这些问题都国家制度的运行现实，并非条例本身所能解决。

在公民参与问题上，新草案克服了旧草案的一个重要盲点，将征收补偿方案在对征收决定的征求意见阶段就予以公布，从而为公众早期参与征收决定过程提供了重要信息。新草案第 9 条现在规定："市、县级人民政府作出房屋征收决定前，应当按照有关规定进行风险评估，组织有关部门和专家论证，并将房屋征收范围、征收补偿方案予以公布征求意见。"虽然按照什么"规定"评估什么"风险"、如何组织"有关部门和专家论证"都和旧草案一样不够明确，但是将补偿方案在征收决定阶段就纳入公布范围是一个重大进步，因为被拆迁户最关心的就是补偿标准；不公布补偿标准，任何"征求意见"都是无意义的浪费时间。如果地方政府在决定是否征收的时候不知道被征收人对补偿标准的心理底线，按照自己一厢情愿的低标准匆忙决定征收，到了拆迁的时候双方因分歧太大无法达成一致，强拆、"血拆"就不可避免。

事实上，征收的先决条件是否符合宪法规定的"公共利益"，而"公共利益"存在与否在很大程度上取决于补偿标准，因为"公共利益"本身不是一个独立存在、一成不变的抽象概念，和私人利益之间也不存在一道截然分明的鸿沟；所谓"公共利益"就是私人利益的总和，因而我们说某一个工程是否符合"公共利益"，其实是在说这个工程预计给我们众人带来的利益是否超过了它给受影响的主体（譬如被拆迁户）带来的成本，而拆迁成本恰恰是由补偿标准决定的。譬如政府改造危旧房对于被拆迁户来说也许是有利的，但是拆迁显然有成本，而成本完全可能超过收益。对于同样的收益，如果市场决定的补偿成本低，那么它是符合"公共利益"的；但是如果拆迁成本高，那么它就很可能得不偿失，因而不符合"公共利益"了。如果政府不按市场规律出牌、误以为成本很低，那么它就根本误判了危旧房改造工程的"公共利益"。因此，补偿标准是一个在征收决定过程就需要公开征求意见的重要内容。只有在公开关键信息的征求意见过程中，政府才能及早发现利益相关人所预期的补偿标准，进而妥善衡量工程计划的成本及其可能带来的"公共利益"。

　　然而，新草案的技术进步不足以补救它在公民参与原则上的重大退步。两部草案的一个共同盲点在于，"征求意见"了又如何？地方政府一定会尊重征求意见过程中反映的民意吗？最后确定的征收项目一定符合"公共利益"吗？在目前全国各类听证普遍走过场的情况下，我们恐怕是没有这个自信的。新草案第 8 条在界定公共利益之后，最后规定"保障性安居工程建设、旧城区改建，应当纳入市、县级人民政府国民经济和社会发展年度计划"；换言之，这类工程将受到市县人大的审议。由地方人大审议政府的征收决定固然是一件好事，有助于发挥宪法规定的人大监督职能。事实上，我早先即撰文介绍美国经验，美国征地拆迁一般都由当地议会决定；如果地方议员确实由选民选举产生、通过周期性选举对选民负责并因此而代表广大选民的利益，那么议会简直就是一台"公共利益机器"，因为所谓"公共利益"其实就是广大选民的利益，而如果这种利益确实获得议会的代表，那么多数议员说什么是"公共利益"，什么就是"公共利益"。在一个成熟的代议民主体制中，这个问题的答案是如此直截了当，以至几乎成了法院不需要也不应该干涉的"政治问题"。问题在于，我只是介绍美国经验而已，并不表明这种经验在中国当前是可复制的。不可否认的是，中国各级人大代表选举尚不规范，各地人大尚未能有效监督制约当地政府，因而人大审议能发挥多大作用还是一个很大的未知数，至少目前还不能替代公民的直接参与。

既然"公共利益"最终是人民的利益，人民自己才是公共利益的可靠守护人；只有让人民实质性地参与征收乃至规划决策过程，宪法规定的"公共利益"才能得到有效保障。再以危旧房改造为例，谁最有资格决定改造工程是否具备"公共利益"呢？当然是住在危旧房的居民，因为工程将直接影响他们的命运。政府也许会说，危旧房改造还涉及市容形象等更大范围的"公共利益"；但是和命运攸关的居民利益相比，这类虚无缥缈的"利益"显得太微不足道了。因此，旧草案的一大亮点是规定危旧房改造需要获得90%以上被征收人的同意，补偿协议则需要2/3以上签约才能生效，从而要求征收决策过程由利益受到直接影响的被征收人参与决定，而非由政府和开发商单方面决定。当然，90%以上同意的要求是否太高？如果多数同意是在补偿标准公开之后的知情意志表达，是否还有必要在协议阶段要求多数签约？尽管一些实践部门的人士认为真正的危房改造很容易获得90%同意，这些细节都有进一步商榷的余地，但是征收决定和补偿协议应该获得多数居民同意的原则不能改变。然而，新草案恰恰删除了这一重大制度进步，以很可能流于形式的人大审议取而代之。

在没有公民参与的情况下，"公共利益"就成了一句政府说什么就是什么的赘语。新草案第8条对"公共利益"的列举和旧条例大同小异，并在列举前加了一条限定："为了保障国家安全、促进国民经济和社会发展等公共利益的需要"，但是这种限定有什么实质意义呢？难道还有哪　项工程会不"促进国民经济和社会发展"吗？如果任何工程、任何征收都满足"公共利益"的要求，那么新草案如何改变政府要拆哪儿就拆哪儿的现状？国务院法制办对新草案的说明更让人相信，也许在这个问题上新草案根本不想改变现状：

公共利益的界定，必须考虑我国的国情。在我国经济社会发展的现阶段，工业化、城镇化是经济社会发展、国家现代化的必然趋势，符合最广大人民群众的根本利益，是公共利益的重要方面；遏制房价过快上涨势头、稳定房价，满足人民群众的基本住房需求，也是公共利益的重要方面。……这些项目的实施既改善了城镇居民居住、工作条件，又改善了城市环境，提升了城市功能，也属于公共利益的一个方面。

按照这种指导思想，迄今为止进行的所有征收或拆迁有哪一个不属于公共利益的"一个方面"甚至"重要方面"呢？虽然政府卖地对"遏制房价"的作用恐怕是无稽之谈，但没有哪一项工程不是以工业化、城镇化、现代化、经济社会发展的名义进行的，也没有哪一项工程会一点都不改善居住工作条件、城市环境或城市功能。如果这就是立法者所理解的"公共利益"，而一旦涉及"公共利益"地方政府就可以"义不容辞"地插手，那么新草案就等于在为政府主导、GDP 至上的发展模式大开绿灯甚至保驾护航。事实上，新草案删除旧草案中关于"非公"拆迁的规定本身似乎表明，"公共利益"已经吃掉了一切，地方政府的征收权实际上无所不在。剩下的就是一个"公平补偿"问题，而法制办也特别说明："只要对被征收人按照房地产市场价格给予公平补偿，公共利益和被征收人的利益就不会对立，而是可以统一的。"

公共利益和公正补偿确实是并行不悖、相辅相成的两条宪法原则，但法制办似乎忽视的是，公正补偿并不能代替公共利益。政府并不是只要给予公正补偿，就可以随便征收；即便具备了公共利益，也不意味着政府就有必要征收，社会发展完全可以按照市场规律由人民自愿达成协议进行。反之，如果"公共利益"满天飞，政府动用征收的权力不受任何限制，那么我们会发现公正补偿也很可能是一句空话。其实，要求获得多数同意的参与原则与其说是维护了征收的公共利益，不如说是给予被拆迁人和政府在补偿问题上讨价还价的杠杆。在评估机构不中立、司法公正无保障、人大审议走过场的制度环境下，公民参与的缺失不仅让公共利益失去自然屏障，而且也很可能使公正补偿流于空想。到时候，中国社会将再次面临质问：我们凭什么防止唐福珍悲剧的重演？

关于房屋征收条例的网络民意

2010 年 12 月，国务院公布房屋征收与补偿条例第二次征求意见稿之后，产生了较大的社会争议。民众对未来的条例终止"血拆"的期待很高，对负责修订条例的政府部门也产生了无形的压力。近年来，政府"吃力不讨好"的现象屡见不鲜；法律政策的出台不仅没有带来社会喝彩，反而常常招致骂声一片。之所以造成这种现象，根源是出台的政策或法律和社会预期落差太大。要让房屋征收条例发挥良性的社会效用，首先需要了解大多数人对条例涉及的主要政策问题所采取的立场。为此，北京大学人大与议会研究中心和腾讯网评论频道合作，就房屋征收补偿涉及的九个重大问题征求网民意见，每个问题都大致设计了相对保守、激进与温和三种立场并简要说明了各个立场的理由。近两万名网友参与了此次调查，其中多数人对征收条例的期待是值得立法者重视的。

在进入实体问题之前，首先需要明确这部条例的适用范围，因而我们的第一个问题就是"房屋征收与补偿条例是否应该仅适用于'国有土地上'的房屋"。条例以"国有土地上的房屋"为名，显示条例将不适用于"城中村"这类城市内的集体土地上的房屋。这种限定的理由是显然的，因为一般的理解是城市土地所有权的性质为"国有"而非私有，因而城市房屋的征收仅涉及房屋的补偿，而不包括房屋下面土地的补偿；农村土地则为"集体所有"，因而农村征收还涉及土地补偿问题，在性质上不能和城市征收混为一谈，而必须通过修改《土地管理法》另行处理。这种理解在法理上或许不错，却极大限制了条例的社会作用，因为当今城市的诸多拆迁暴力恰恰是在条例不拟覆盖的"城中村"发生的。众所周之，拆迁条例修订是 2009 年底的唐福珍自焚事件启动的，而唐福珍的房子正是建在了成都市内的集体土地上；假如新条例最后连催生自己的个案都触及不到，人民如何会对它满意呢？

　　果然，在三个选择答案中，只有 11.2% 的网民同意新条例应仅覆盖国有土地上的房屋，20% 的网民认为应该包括"城中村"这样的城市集体土地上的房屋，而高达 68.8% 的网民认为条例还应该适用于农村集体土地上的征收。这个结果表明大多数网友认为冲突频发的农村征地问题亟需解决，但是似乎对条例本身的局限性估计不足。农村土地征收涉及土地所有权、国务院的立法权限、耕地保护政策等性质不同的问题，确实已超越这部条例的覆盖范围，因而只有等待《土地管理法》的修改才能解决。当前的上策似乎还是折衷方案，也就是覆盖城市中的集体土地上的房屋，并将名称改为更为顺口的"城市房屋征收与补偿条例"。至于土地补偿问题，其实并非集体土地所特有，国有土地也存在使用权的补偿问题。以下显示，绝大多数网民都认为条例应该将土地使用权纳入补偿范围。事实上，在征收补偿问题上，城乡统一是大趋势，"城中村"的征收补偿至少应参照国有土地上的房屋标准进行，因而不妨在适用过程中将其作为"试点"先行纳入征收条例的范围。

　　第二个问题是争议最大的"旧城改造是否符合'公共利益'"。条例的第一次征求意见稿曾要求危旧房改造获得 90% 以上的被征收人同意，但是第二次征求意见稿删除了这一要求，引起了不少非议。条例第 11 条加入了"多数被征收人认为征收补偿方案不符合本条例规定的，市、县级人民政府应当组织由被征收人和公众代表参加的听证会，并根据听证会情况修改方案"，但是并没有要求征收决定获得多数同意。调查显示，只有 8.8% 的网友认为旧城改造符合"公共利益"，35.8% 的网友认为相反；高达 55.3% 的网友则认为，如果 2/3 以上被征收人同意，可以认定其符合公共利益。这个结果表明绝大多数网民不认同旧城改造自然符合公共利益的立场，大多数网民更认同第一次征求意见稿的做法，也就是要求旧城改造获得被拆迁人的某个超多数同意，作为其"公共利益"的民意保障；否则，由于"旧城区"等概念十分宽泛，必然极易成为地方政府实行"圈地运动"的名目。

第三个问题涉及政府如何对待征求意见过程中出现的反对意见，尤其是在相当多的意见认为征收不符合公共利益或补偿方案不符合公平原则的时候，政府是否应仍旧决定征收？在这种情况下，只有0.5%的网民认为政府应该照常征收，46.7%的网民认为政府应该直接放弃征收；52.8%的网民则认为不能一概而论，而应该专门召集听证会，并且如果在听证之后仍然决定征收，必须详细说明不接受反对意见的理由，以防征求意见"走过场"。条例第十条只是要求地方政府"组织有关部门对征收补偿方案进行论证并予以公布，征求公众意见"，不仅显得过于笼统，而且征求意见的范围过于狭隘，仅限于补偿方案，排除了征收是否符合"公共利益"等重大问题。这样的规定自然不可能得到网络民意的认同。要顺应民意，新条例在适用过程中必须扩大征求意见的范围并进一步强化征求意见的程序要件，这样才能保证征收是政府在认真考虑反对意见的基础上作出的慎重决定。

和第一个问题相关，第四个问题是"房屋征收补偿是否应该包括土地使用权价值"。只有2.2%的网民认为不应该包括，31.9%的网民则认为应该包括土地使用权价值，但是无偿获得的划拨土地除外，而高达65.9%的网民认为划拨土地的使用权也应该得到补偿，至多要求被征收人补交当时的土地出让金。这个结果表明高达97.8%的网民都认为土地使用权价值也应该受到补偿，他们之间的分歧仅在于具体的补偿范围。条例第13条规定："房屋被依法征收的，国有土地使用权同时收回。"问题在于，城市土地使用权分为自然取得、交纳土地出让金后取得、通过划拨无偿取得等不同方式，而土地使用权的价值未必完全体现在房屋的市场价值之中；譬如北京的四合院面积很大，而房屋往往只占土地面积很小比例，而补偿房屋并不意味着整个四合院获得了公正补偿。因此，当被征收房屋的补偿不包括土地使用权价值时，就需要单独计算和补偿土地使用权价值；否则，征收房屋并收回土地就侵犯了公民财产权。

　　第五个问题是"征收决定何时开始生效"，或者说政府是否需要和多数被征收人签订补偿协议之后才能开始征收？条例的第一次征求意见稿曾要求政府和 2/3 以上被征收人签订补偿协议之后才开始征收，但是第二次征求意见稿和条例终稿都删除了这一要求。我们的调查表明，只有 2.2% 的网友认为政府作出征收决定之后就可以开始，6.3% 的网友赞同第一次征求意见稿的方案；高达 91.5% 的网友则认为 2/3 被征收人同意的要求仍然太容易满足，不足以保证被征收人的合法权益，因而政府只有和 90% 以上被征收人签订补偿协议之后才能开始征收。这个结果至少表明，第一次征求意见稿将多数人签订补偿协议作为征收条件的做法更有利于保障公民财产权，也更容易为绝大多数网民所接受。

　　第六个问题涉及政府在被征收人提出行政复议或诉讼期间是否可以强制执行。新条例的一个进步是明确了"司法强拆"原则，但是都没有明确规定行政复议和诉讼期间是否中止执行。只有 0.9% 的网民认为政府可以在诉讼期间强制执行，46.6% 的网民认为相反，而 52.5% 的网民则认为政府在诉讼期间一般不得强制执行，但是国防设施紧急需要的情况除外。由此可见，超过 99% 的网民反对在复议和诉讼期间强制执行，除非遇到极其特殊的情况。政府宜根据多数民意，在实施条例过程中遵循复议或诉讼期间不强制执行的基本原则。

　　下一个问题涉及房屋征收由哪一个机构强制执行。条例第 25 条的规定是由地方政府"申请人民法院强制执行"，但是如果司法确认了征收的合法性，最后究竟是由司法还是行政强制执行？调查表明，行政执行的选项仅得到 3.7% 的网民支持；34.4% 的网友认为应由身份相对超脱的专门执行机构，而高达 61.9% 的网友主张由法院机构负责强制执行。这个结果表明大多数网民对政府强制执行征收决定的不信任，因而有必要明确规定司法强制执行；即便规定由政府委托的实施机构强制执行，也有必要详细规定该机构的组成、程序、权力范围、法律责任等事宜。

第八个问题是"非因公共利益进行的城市改造应该遵循什么程序"。条例第一征求意见稿第 40 条曾涉及这一问题，但是由于措词等方面不当而饱受非议，后来被删除。其实该问涉及一条基本原则，即强制征收应该是例外，通过市场交易达成的自愿开发改造应该是规则；譬如旧城改造完全可以由居民和开发商自由协议完成，而没有必要通过政府强制干预。然而，对于不涉及紧迫的公共利益而又对多数居民有利的工程，少数人是否可以阻碍多数人实现改善居住条件的愿望？多数人或开发商是否可以通过申请法院强制执行等手段，强迫少数人搬迁？调查显示，高达 71% 的网友认为这种情况应遵循完全自愿的原则，开发商不得强制；只有 1.6% 的网友认为，如果 2/3 以上住户同意并签订补偿协议，开发商可以向法院申请强制执行，而 27.4% 的网友认为这个比例提高到 90% 之后可以申请强制执行。总的加起来，只有不到 30% 的网友认为非因公共利益的城市改造可以变相借助国家公权力完成。多数网民表达的反对立场或许过于理想主义，但至少体现他们高度尊重公民对私有财产的自由支配权。我们据此认为，新条例在执行过程中应严格按照非因公共利益进行的城市改造遵循公平、自愿等原则，尤其要避免所有城市改造或开发都允许政府征收的计划思维误区。

最后一问涉及条例第二次征求意见稿是否需要以及如何进行修改。由于条例是建立在该稿基础上修改而成，网络意见对新条例也有直接的借鉴意义。只有 9.3% 的网友认为该征求意见稿能成功防止"血拆"，应该立即执行；27.6% 的网友认为需要召开立法听证会进一步修改征求意见稿，而高达 63.1% 的网友认为国务院无权处置公民财产权，应由全国人大或常委会制定立法规定房屋征收与补偿。加在一起，超过 90% 的网友认为现行方案不足以防止"血拆"。

这个结果应该为中央决策者敲响警钟。如果绝大多数网民对条例的规定并不满意，如果条例的实施并不能成功防止"血拆"，今后如何向人民交待？更重要的是，现在"亡羊补牢"或许还来得及，因为条例在实施过程中还有一定的变通余地。要有效防止拆迁暴力冲突、保证中国社会的长治久安，今后应如何解释和适用条例对以上一系列重大问题的规定？这是一个值得执政者乃至整个中国社会认真对待的问题。

这个结果和第一问遥相呼应，因为超过 2/3 参与调查的网友都表示征收条例应该覆盖农村土地，而这个问题只有通过人大立法才能解决。综合两个结果，多数网友表达的意思应该被理解为强烈期待人大立法解决农村征地问题，但是人大立法过程比行政法规更加冗长，而进一步拖延确实会加剧地方违法拆迁的势头，因而折衷的办法似乎更为合理，也就是通过立法听证等公民参与程序妥善修改城市房屋征收与补偿条例，使之真正解决城市拆迁冲突。事实上，两种主张之间并不存在矛盾；一部成功的城市征收条例将确立征收与补偿领域的重要原则，为今后农村征地立法奠定宪法性基础。

北京大学人大议会中心对房屋征收条例
（征求意见稿）的修改意见总结

　　城市房屋征收与补偿条例的修订事关重大，直接关系到中国社会和谐与可持续发展的成败。为此，北京大学法学院人大与议会研究中心于 2010 年 12 月 25 日召开了"房屋征收条例修改与土地制度改革研讨会"。与会专家重点探讨了征求意见稿的得失，并在此基础上提出修改意见。目前人大议会中心已经将修改意见送交国务院法制办，主要包括以下四个重要方面。

　　一是明确条例管辖范围并相应修改条例名称，建议改为"《城市房屋征收与补偿条例》"，因为本条例主要是为了解决城市房屋征收与补偿问题，而"国有土地"的范围更广，还包括国有林地、农场等，这些并不属于本条例调控范围。更重要的是，城市土地不仅包括国有土地，而且还包括城中村等集体土地，而这些土地上的房屋征收问题也很严重，且没有理由对城市中集体土地上的房屋征收和国有土地上的房屋征收进行区别对待，因而本条例的覆盖范围是"城市"，而不论土地所有权的性质是国有还是集体。

　　二是强化公民参与，尤其是针对宪法要求的征收必须具备公共利益和公正补偿。为此，我们建议删除征求意见稿中第八条规定的"国家安全、促进国民经济和社会发展等""国家机关办公用房建设的需要"和："法律、行政法规规定的其他公共利益的需要"，主要因为这些规定过分笼统宽泛，容易为政府征收赋予无限授权。对于旧城区改造，危房改建须具备合法的危房鉴定书，不属于危房的其它旧城区改建须获得拟征收地区三分之二以上住户的书面同意。旧房改造主要涉及这些房屋居民的利益，因而多数居民同意是公共利益的自然保障。如果确实属于旧房改造，多数人自然会表示同意；如果多数人不同意，则至少证明没有必要通过政府征收的方式加以改造。如果改造并非迫在眉睫，居民自己很可能有能力自主改造居住条件；即便有些旧城区建筑属于历史文化遗产，也完全可以让居民自己修缮维护。

为了保证实质性的公民参与，我们建议第十条应明确要求政府在征求意见过程中公开"不予采纳的情况及详细理由"。只有这样，社会公众才能在信息完整、对称的情况下，理性评判和监督政府决策；否则，征求意见过程很容易流于"走过场"。尤其对于公众对征收的公共利益和补偿方案的质疑，政府如果坚持立场，就有必要解释详细理由。我们还建议第二十一条增加一款："经三分之二以上多数被征收户在补偿协议上签字同意，征收始得进行"，因为只有公民参与才能保证补偿公平。和政府单方面决定的补偿标准相比，多数被征收人与政府谈判协商形成的补偿方案更加合理公正；既然大多数人都接受补偿方案，征收也更容易顺利进行。

三是确保公正补偿，包括扩大补偿范围。征收不仅包括被征收房屋价值的补偿，而且也包括土地使用权价值的补偿，根据划拨等方式无偿取得使用权的土地除外。城市房屋征收主要目的是为了收回国有土地使用权，而土地使用权人如果不是以划拨等无偿取得国有土地使用权的情况以外，不予补偿显然不合理。除以据划拨等方式无偿取得土地使用权以外，绝大多数被征收房屋产权人都是购买了土地使用权，交付了土地出让金的。在法定使用期限内，国家要收回土地使用权，如果不对土地使用权进行补偿，对被征收人显失公平。

为了保证评估机构客观中立，不受地方政府干涉，我们建议第十七条删除"被征收人选定房地产价格评估机构的具体办法由市、县级人民政府规定"。评估机构应该由被征收人在全国范围内自由选择，评估机构的资质应由国务院有关部门统一规定，没有必要再由地方政府规定选择评估机构的"具体办法"；授权地方政府规定实际操作办法容易加剧评估机构对地方政府的依赖，进而损害房地产价格评估的客观公正和被征收人的合法权益。为了防止野蛮拆迁，我们建议征收条例明确规定规定"被征收人在法定期限内提起行政复议或者提起行政诉讼的，除因国防建设的紧急需要外，复议或诉讼期间不得强制执行征收"。

四是肯定城乡统一和市场主导原则。在一般情况下，城市发展可以通过居民和开发商之间的自愿市场交易完成，不需要政府主动干预；政府过多干预违背社会正常发展和市场规律，进而产生众多社会冲突。另外，目前城市集体土地上的房屋征收以及城中村改造等征收行为没有相应的法律依据；如果参照《土地管理法》等相关法律法规，则因为《土地管理法》本身亟待修改，在此之前直接适用容易引发很多社会问题。因此，我们建议条例增加第三十一条，将本条例的适用范围扩大到"城中村"改造等集体土地上的房屋征收及补偿：

非因公共利益的需要进行的城市改造，应按照自愿、公平的原则订立补偿协议，建设单位不得采用强制手段。城市改造须符合城乡规划、土地利用总体规划，并报房屋征收部门批准。

城市集体土地上的房屋征收与补偿，依照本条例执行。

终结"卖地财政"是开征房产税前提

　　城市房屋征收与补偿条例正在制定之际，上海、重庆等城市已准备试行征收房产税。无独有偶，上海方面又传出"七十年期满后土地无偿收回"的说法，不禁让人产生联想：地方政府是否感觉"土地财政"吃紧，又在寻找下一轮"生财之道"？如果属实，则未必不是好事；至少它表明拆迁条例的废止将产生实质效果，确实会有效遏制各地政府的征地和拆迁冲动。虽然"羊毛出在羊身上"，政府照样收钱，百姓照常交税，但是换了一种更加温和、对社会破坏更小的生财方式，至少可以防止"血拆"重演。但这毕竟只是我个人的"联想"，在没有得到证实之前只能算作没有根据的猜测。尤其是上海市宣称无偿收回土地使用权，似乎不是为了终结"土地财政"，而是在为延续新一轮"卖地财政"做准备。如此便产生一个问题，为什么征收房产税？

　　这是一个问题，因为中央十二五规划不久前刚表达"减税"的意向，地方政府就要开征一个新税种。这哪里是减税？明明是增税嘛。当然，政府征税是可以的，但是必须要给老百姓一个说法——为什么征这个税？其实要为房产税提供理由并不难，我们都知道它在各国极为普遍。事实上，无论是叫房产税还是物业税，财产税往往是地方财政收入的主要支柱，地方公共服务所需开支就全靠它了。把房产税作为主要地方税种的好处在于促使地方政府积极维护当地的财产价值，从而保障连年稳定的财政收入，但同时又防止地方政府的征地冲动，因为房产税年率很低，通常低于百分之一；换言之，如果地方政府大张旗鼓介入征地开发，而又不能靠"卖地"发财，那么要靠房产税收回征收成本则不知要等到猴年马月。

　　在英美等发达国家，许多地方为了改造贫民窟等切实的公共利益征收公民土地和房屋，但往往是完全从自己的财政收入支付征收成本，为被征收人提供公正补偿，然后将土地无偿转交非营利性质的开发机构，而不再通过有偿"出让"征收获得的公有土地来赚钱。本来，"国有土地"就是人民而非所有，就和国库的税钱来自人民，因而属于人民而非政府一样；用属于人民的财政收入为人民的公共利益服务，原本就是天经地义的事情。但这也意味着征地对于这些国家的地方政府来说是一笔代价很高的"赔本买卖"，注定是极其罕见的。既然不能靠卖地爆发，地方政府平时还得靠征收房产税等收入过正常日子。

但是迄今为止，这个逻辑在中国并不成立，因为"卖地财政"仍处于现在进行时，新的征收条例能否遏制"土地财政"还是一个很大的未知数。事实上，北京大学人大议会研究中心与腾讯网合作的民意调查表明，90%的网民并不看好第二次征求意见稿能有效终结"血拆"。一旦开征房产税，政府就没有理由"卖地"，但是如果新条例不足以遏制"土地财政"，地方政府继续"卖地"敛财，对人民却又凭空增添一个新税种，结果无非是政府再刮一层皮、百姓多受一茬罪而已。因此，在房产税和"卖地财政"之间，地方政府只能选其一，否则就构成双重征税。届时地方政府确实更富有了，老百姓却怨声载道，社会越维越不稳，这恐怕也不是中央决策者愿意看到的情景。

因此，开征房产税的前提是政府首先停止"卖地财政"，因为对房产征税的目的恰恰是让政府财政从社会发展中获得稳定收益，用于弥补政府在开发公共事业过程中的支出。如果中央有意实现地方税制转换，通过房产税为地方政府开辟新的财源，那么就有必要让即将出台的征收条例有效遏制地方"土地财政"。而要做到这一点，就必须严格界定财产征收所必须满足的"公共利益"条件，禁止地方政府打着"公共利益"的旗号征地敛财，同时保障被征收人获得公正补偿。最重要的是，及时修改目前的土地出让制度，全面禁止地方"卖地"，让征地在中国也成为一桩赔钱的生意。

需要被征求意见的不只是征收补偿

2011 年 1 月，国务院发布了房屋征收与补偿条例，主要对条例的第二次征求意见稿进行了修改补充，具体表现在如下几个方面。一是进一步明确了公民参与原则，譬如条例第九条规定："制定国民经济和社会发展规划、土地利用总体规划、城乡规划和专项规划，应当广泛征求社会公众意见，经过科学论证。"对于旧城改造，第十一条规定："多数被征收人认为征收补偿方案不符合本条例规定的，市、县级人民政府应当组织由被征收人和公众代表参加的听证会，并根据听证会情况修改方案。"

二是细化了公正补偿原则的落实。条例的第二次征求意见稿虽然明确了"房地产价格评估机构由被征收人选定"的原则，但是又同时规定"被征收人选定房地产价格评估机构的具体办法由市、县级人民政府规定"，这样就为地方政府干预房屋价格评估埋下了伏笔。条例第二十条删除了这一条款，将其改为解决评估机构争议的"具体办法由省、自治区、直辖市制定"，有助于避免评估过程受到不正当的干预。

但是进步当中也存在隐患，一个重大隐患恰恰埋伏在条例有所进步的公民参与领域。第二次征求意见稿第九条原先规定：

市、县级人民政府房屋征收部门拟定房屋征收范围、征收补偿方案，报市、县级人民政府。市、县级人民政府作出房屋征收决定前，应当按照有关规定进行风险评估，组织有关部门和专家论证，并将房屋征收范围、征收补偿方案予以公布征求意见。

现行条例第十条却规定："房屋征收部门拟定征收补偿方案，报市、县级人民政府。市、县级人民政府应当组织有关部门对征收补偿方案进行论证并予以公布，征求公众意见。"两相对比，不难发现条例的这条规定省去了某些关键内容。

被省去的最关键内容是"作出房屋征收决定前"征求意见。征求什么意见？当然首先是房屋征收决定本身是否适当。这在原征求意见稿中体现得很清楚。但是从条例措辞来看，征收本身的适当性似乎已经不在征求意见范围之内了。条例列举了若干"公共利益"，似乎只要地方政府认定征收符合公共利益，征收决定就自然合法；征收决定既已成立，剩下的就是补偿问题，由具体部门拟定补偿方案并"征求公共意见"。如此理解显然严重误读了宪法规定的"公共利益"原则，因为公共利益是征收合法的先决条件，必须在征收生效前进行衡量、辩论和决定，而这个决定不能完全由地方政府自己包办，否则必然后患无穷。

被省去的另一个关键内容是"房屋征收范围"。这是忽略征收合法性论证的公共参与的必然结果，造成征求意见的范围仅剩下补偿标准。当然，补偿方案确实是需要征求意见的一个重要内容。我也曾撰文认为，将补偿方案纳入征求意见的范围是第二次征求意见稿的一个重要进步。然而，如果将征求意见的范围仅局限于补偿方案，排除了征收范围等其它所有事项，则无疑是矫枉过正、过犹不及。诸如征收范围等补偿以外的问题也同样是需要公民参与的事项，不能被排除在征求意见范围之外。

自 2009 年底唐福珍自焚事件促发拆迁条例修订以来，公民参与已经成为中国社会的一致共识，而公开征求意见是公民参与的重要渠道。腾讯网对近两万名网友进行的调查显示，如果相当多的公民在征求意见过程中表示征收不符合公共利益或公正补偿原则，只有 0.5% 的网民认为政府可以照常征收；46.7% 的网民认为政府应该直接放弃征收；52.8% 的网民则认为政府应该专门召集听证会，并且如果在听证之后仍然决定征收，必须详细说明不接受反对意见的理由，以防征求意见"走过场"。总之，高达 99.5% 的参与调查网民十分重视征求意见过程，并要求认真对待其中出现的反对意见。

征收不只是一个补偿问题，"征收与补偿条例"也不应被简化为一部"补偿条例"。我宁愿相信条例第十条只是一不小心的笔误，但是无论如何，它必须以符合宪法精神的方式得到理解和实施。这意味着条例规定的"征求意见"不只是限于补偿方案，而且还应包括征收本身是否符合"公共利益"、提议的征收范围是否必要、是否存在更好的征收方案或其它备选方案等同样重要的问题。只有保障公民对重大征收问题的全程参与，才能保证中国社会的"公共利益"和理性发展。

农村征地制度亟需改革

成都唐福珍自焚事件引发了社会对城市拆迁的普遍关注，但是中国农村征地其实规模更大，问题也更为严重。2010 年 4 月 22 日，四川峨眉山市峨山镇保宁村 4 名村民因不满征地补偿，在峨眉山景区入口的工地上以自焚对抗施工，再次重演了唐福珍自焚事件。[1] 是年，农村征地引发的暴力冲突酿成多起血案，几乎每个月都闹出人命。1 月 7 日，江苏邳州 200 名暴徒在征地过程中打死村民；[2] 2 月 8 日，安徽利辛县一家拆迁公司在拆除一栋建筑时砸死了一位抗拒拆迁的老人；[3] 3 月 27 日，连云港市东海县黄川镇一户村民为阻拦强拆自家的养猪场，父子二人浇汽油自焚。[4] 由此显现中国农村征地悲剧早已不是偶发个案，而是不合理的征地制度和发展模式造成的必然结果。各地层出不穷的农村征地暴力表明，中国农村征地制度也和城市征收拆迁一样，已经到了非改不可的时候。

造成农村征地悲剧的直接原因并不难找，无非是征地补偿标准不公，农民和政府达不成征地协议，地方政府却动用公权力强征强拆。以此次四川峨嵋的自焚抗征为例，这块风水宝地其实早已经过几轮征收，在乐山大佛和峨眉山之间修建的"绿色旅游通道"就拆迁了当地 1100 余户农家房屋，目前保宁村 7 组只剩下 45 亩土地。2009 年底，峨山镇政府提出"租用"这块剩余农地，遭到组长姜建

---

1 "四川村民因征地自焚引发多人聚集，拍摄者被拘"，《新京报》2010 年 4 月 24 日。
2 "江苏邳州 200 人暴力征地打死村民，防暴警察抢尸"，《新京报》2010 年 1 月 18 日。
3 "安徽一拆迁公司疑故意毁房逼迁砸死 8 旬老人"，《京华时报》2010 年 2 月 11 日。
4 "江苏东海父子自焚阻止强拆，亲属被送至野外看管"，《南方日报》2010 年 3 月 29 日。

民拒绝，但是姜随后就被罢免组长职务。政府开出的补偿条件是为每名 7 组村民购置一份 19000 元的"养老保险"，村民到 60 岁每月可得 300 元保险费。虽然这一补偿条件遭到全体村民反对，但是镇政府并没有停止开工进程，于是便引发村民和政府对峙，直至数十名防暴警察带着三辆推土机和灭火器到达征地现场，整个冲突也就升级到村民诉诸自焚作为最后的抗拒方式。假使政府开出的补偿条件足以让村民满意，此次以及全国各地每年难以统计的征地暴力冲突根本就不会发生了。

不过如此普遍的征地补偿不公并不是个别地方官员腐败贪婪造成的，而是中国当前发展模式和征地制度的必然结果。征地补偿过低的直接原因不仅在于农村法治不健全，地方政府不按法律规定给予足额补偿，而且也在于宪法、《物权法》《土地管理法》等基本法律都没有确立世界各国普遍适用的"公正补偿"(just compensation)原则。2004 年宪法修正案明确规定"合法的私有财产不受侵犯"，体现了保护私有财产的基本精神，但对于财产征收则只是笼统规定了"给予补偿"，而没有说明补偿标准。虽然法律规定更为详细，但是也没有要求按"公平市价"(fair market value)计算的公正补偿标准。

《物权法》第 42 条规定："征收集体所有的土地，应当依法足额支付土地补偿费、安置补助费、地上附着物和青苗的补偿费等费用，安排被征地农民的社会保障费用，保障被征地农民的生活。"单从文本上看，这一条可以被理解为按照市场机制计算补偿价格，但实际上并不是按此操作。《土地管理法》第 47 条规定："征收耕地的土地补偿费，为该耕地被征收前三年平均年产值的六至十倍。……每一个需要安置的农业人口的安置补助费标准，为该耕地被征收前三年平均年产值的四至六倍。但是，每公顷被征收耕地的安置补助费，最高不得超过被征收前三年平均年产值的十五倍。"由此可见，中国对农地征收所实行的是"法定补偿标准"，而非按客观市价计算的公正补偿标准。法律规定的补偿或许在某些情况下达到甚至超过了公正补偿标准，但是显然不能排除法定标准低于甚至远低于公平市价的可能性。

以耕地补偿为例，耕地是农民通过劳动不断产生价值并赖以生存的永久性财产。虽然目前农民个体对于农地的承包期限是有限的，但村集体对农地的所有权是无限期的。《土地管理法》将土地补偿费和安置补助费限于平均年产值的某个倍数，却并没有说明如此计算的依据，显然不能保证按此计算的补偿额达到公正补偿标准。尤其是第 47 条明确限定"按照被征收土地的原用途给予补偿"，不仅造成耕地补偿数额因耕作种类不同而产值差异巨大，从而加剧了补偿标准的不平等和任意性，而且征地开发后土地价格激增，征地收入和补偿之间的巨大差价势必极大助长了地方政府的征地冲动。因此，即便地方严格按照现行法律规定给予补偿，也不能防止补偿标准过低以及由此产生的"圈地运动"和社会资源浪费。要遏制地方政府的征地冲动，只有从根本上修改《土地管理法》等法律规定的补偿模式，通过落实公正补偿标准消除征地收入和补偿差价，使征地不再成为地方政府的牟利手段，同时也让农民直接分享农村开发带来的财富增值。

然而，补偿标准不公只是中国征地悲剧的直接原因而非根本原因。从根子上说，各地此起彼伏的征地冲突是农民在征地过程中缺位造成的。在以上的四川征地自焚事件中，这一点体现得十分清楚。峨山镇的农民从一开始就不接受镇政府提出的补偿条件，但是不仅他们的反对丝毫没有影响镇政府的征收决定，而且代表他们意见的村组长反而因为保护村集体的利益而遭免职。如此霸道的管理和决策方式本身表明，在目前自上而下的权力结构中，农民对于影响切身利益的重要决定是没有任何参与权和发言权的。一旦农民参与完全缺位，那么无论法律规定得如何完善，都得不到如实执行。即便采用看上去简单的公正补偿标准，也因为征地补偿涉及市场价格的不确定性、评估机构的中立性与公正性等复杂问题，从而必然使补偿计算过程带上极大的自由裁量空间。如果征收补偿仍然是政府说一不二的单方决定，各地司法又不能像法治国家的法院那样有效维护公正补偿的宪法标准，那么无论修法都不足以防止中国征地悲剧的重演。

　　事实上，虽然中国社会几年前还不太了解公平市价、公正补偿等基本概念，但是近年来北京等地的地方改革试验以及城市拆迁条例的修改足以表明，公正补偿已经成为中国社会普遍接受的宪法性原则。在未来《土地管理法》等法律的修改过程中，完全可以借鉴拆迁条例的修改经验，充分体现公正补偿标准。问题难点在于如何落实这一标准，而这恰是城市拆迁和农村征地面临的共同问题。没有公民参与，法律规定的公正补偿标准将不可避免遭遇"潜规则"。我们可能以为公正补偿是市场规律决定的客观法律标准，但即使是客观标准也要通过人的主观努力才能实现。和城市拆迁相比，农村土地目前并没有进入市场流通，因而农地"市价"是一个自由度极大的不确定概念。确定农地征收补偿标准与其说是一个严格的法律过程，不如说是一个弹性很大的政治过程，而要保证政治过程的基本公正，就必须落实利益相关人平等参与决策的民主原则。在这一点上，同样实行土地公有制的越南已经走在中国前面；2005 年，河内市条例规定由政府、开发商和被征收人代表组成"专项拆迁与赔偿委员会"，让被征收人作为利益相关人直接参与征地方案的谈判和决策，有效缓解了征地补偿不公引起的社会不满（详见钱镜："征地拆迁，越南走在中国前头"，《南方都市报》2010 年 4 月 12 日）。

　　最后，中国农村土地之所以缺乏市场估价机制，根源在于对宪法规定的基本误解及其造成的过多国家管制和干预。众所周知，1982 年宪法第十条规定了土地所有权的城乡二元体制，由此产生一个普遍误解：在农村土地的城市化过程中，必须由国家征收农地才能使之成为城市土地——既然农村土地属于"集体所有"，城市土地则属于"国家所有"，国家要获得村集体所有的土地岂不是得通过征收吗？你看美国联邦或地方政府要获得私有土地，不也得通过征收吗？这种论点看起来顺利成章，其实混淆了"国家"和"政府"

两个性质不同的概念。美国要把土地从私人所有变为政府所有，政府作为公法人实际拥有土地，当然要经过征收，但是没有人认为中国宪法意义上的城市土地"国有"是指某一级政府所有。事实上，宪法第九条明确规定，自然资源"属于国家所有，即全民所有"；由此可见，我们的"国有"其实是指人民而非政府所有，政府只是代表人民履行土地的管理职能。既然如此，土地性质从集体所有变为全民所有，未必需要政府出面征收。当然，如果是政府自己要盖大楼，土地使用权在从私人转移到政府之前必须经过征收；但是如果土地使用权只是从村集体或农民转移到开发商或城市居民，则完全可以通过利益相关人的自愿交易完成，除非土地所有权和使用权的转移确实涉及宪法规定的"公共利益"，并只有通过强制征收才可能顺利转移。

"农地城市化需要征收"的怪论不仅从理论误解了土地所有权的性质，而且对中国发展模式产生了深远后果。它使所有城市化过程都搭上了"公共利益"的便车，让地方政府成为拉动中国经济增长的引擎；宪法规定集体所有制的意图原本是要保护农民土地权利，现在却成为政府全面干预农村发展的借口。一方面受土地财政诱惑，一方面迫于地方 GDP 指标的政绩压力，地方政府当然是很"欢迎"这种宪法误读的。只要农村城市化意味着征地，地方"二财政"就得到保障，地方 GDP 也能连年实现两位数增长，官员政绩也就锦上添花，但是这种政府人为拉动的增长模式不仅严重偏离了市场经济轨道，造成大量浪费社会资源、加剧生态环境污染等严重后果，而且还因为补偿标准不公而产生大量侵害农民土地权利、剥夺农民基本生计的社会悲剧。

要从制度上防止农村征地悲剧重演，必须首先消除农地用途变更等于政府征地的错误理解，让中国农村的城市化按照平等谈判、自愿交易的市场经济规律自然而然地正常展开。对于因公共利益需要而不得不通过政府强制征收的项目，则必须在保证农民有效参与的基础上落实公正补偿原则。

征地本该是笔赔本买卖

中国当下征地那么"疯"不难理解，因为我们的地方政府早已把它当作一本万利的生意经；只要一征地拆迁，GDP、地方财政、官员寻租机会和灰色收入就应有尽有了。不过其它国家（至少发达国家）征地那么少——少得出奇，却不那么好理解。我原先一直有一个误解，以为发达国家宪法要求征收给予公正补偿，部分是为了防止政府利用征收权赚钱，变成中国地方政府的"土地财政"；不过即便不能挣钱，也起码能以同价买进卖出、保持收支平衡吧，何至于征地成了当地政府民众谈虎色变、十几年甚至几十年没有一起的稀罕事？近来国外学者的解惑才澄清这个误解，原来许多国家征地不仅不能赚钱，根本就是一笔赔本买卖。这笔买卖之所以赔本，是因为政府只买不卖：一旦为了公共利益征地，政府必须按公平市价给予被征收户公正补偿，却并不以同等价格卖给开发商，而是一般把征来——更准确地说，买来——的地白给开发商，算是给他们提供优惠条件，让他们投入开发某些公共利益项目。

这样就不难理解为什么征地在国外那么稀罕了，谁愿意做这等赔本生意呢？政府要从自己的财政为被征收者支付巨额补偿，却不能通过"卖地财政"赚一分钱。这在我们这里听起来简直是天方夜谭。当然，财政收入原则上并不属于政府自己，而是政府代表纳税人为了公共利益而投资的那部分钱，但毕竟这笔钱的使用是在政府控制之下。既然征地要赔本，而且是赔大本，自然就没有哪个政府热衷于那么干了。其实国外政府卖地也不违什么法，不过据说这么做是很不得民心的，说不定把自己的乌纱帽弄丢了，所以也就没谁去做这高风险的行当，而是一般和开发商谈判，让他们在开发区域周边免费提供价值相当的道路、设施建设。这才是真正的"取之于民、用之于民”。

这样也解释了为什么"公共利益"在国外征地过程中是一个问题，但从来不是被我们想象得那么严重的问题。我们之所以如此在乎征地是否符合公共利益，不就是害怕以"公共利益"为名的征地实际上是被地方官员和开发商用来大发私财吗？现在政府根本不能从征地中获利，除非可以证明官员私下接受开发商贿赂，个人寻租或"土地财政"等不正当征地冲动应被排除在外。如果政府在赔本情况下还要征地，那么基本可以确定其主观动机确实是为了促进地方公共利益。当然，目的良好并不等于手段合理，地方领导可能出于好大喜功、低估成本或对财政能力过于自信而决定征地开发，因而征地决定一定要广泛征求公民意见，而且地方政府也需要确凿证明征地成本是其财政能力可以胜任的——既然不能"卖地"，那么征地补偿就得完全由政府财政支付，财政预算中得有这笔钱才行。然而，在目的正当、意愿良好的前提下，"公共利益"已经从一个火药味十足的政治问题转化为可以心平气和解决的技术问题。

这样也就不难解释为什么发达国家的发展不像我们这样竭泽而渔，任由整个社会被绑架在一辆政府牵引的高速"发展"列车上。既然政府不愿轻易插足，社会发展主要通过居民和开发商之间自愿交易进行；这种发展可能不那么迅速，但是成果要实在得多，生命、安全、资源、环境等方面的代价也低得多。政府财政也从开发中获益，但不是通过卖地赚钱这一锤子买卖，而是通过对开发后增值的土地征收财产税（或称物业税），而财产税只是一个小百分数，要征好几十年才能收回征地成本。既然前人栽树只能让后人乘凉，大概没有哪国官员觉悟那么高，以至像我们的各级官员那样恨不得在任期内把辖区全部土地都征完的。

现在有人提出要开征物业税——征税是可以的，但是从以上经验来看，征税的前提是政府首先停止"卖地财政"，因为对财产征税的目的就是让政府财政从社会发展中获得稳定收益，用于弥补政府在开发公共事业过程中的支出；但是一旦开征物业税，政府就更没有理由卖地。如果卖地还在继续，却又凭空添了一个新税种，结果无非是政府又刮一层皮、百姓多受一茬罪而已。

其实征地赔本的道理不难想通。既然征地是为了"公共利益"，政府用纳税人的钱投入某个促进广大纳税人福利的项目，同时公正补偿被征收者的损失，政府有什么理由一定要把买来的地再卖出去呢？用纳税人的钱为纳税人造福，"禄在其中矣"，公共利益本身就是公共开支的回报，政府为什么还要把这笔开支收回囊中甚至大发其财呢？换个角度问，如果征地真的是为了宪法规定的"公共利益"，各级政府还会那么乐此不疲吗？

别让征地绑架城市化

世界各国的经验表明，土地所有权是可以分割的，名义所有权完全可以和实际使用权相分离；城市化并不以土地征收为前提。然而，在我国，农村土地城市化却必须经过征收程序，完成从"集体所有"到"国家所有"的产权属性转变；城市化以土地征收为前提，将城市化和土地征收捆绑在一起。这极大地扩张了政府的征收权限，形成了政府主导城市化进程、违背市场经济规律的畸形发展模式。因此，必须尽早从制度上将城市化和征地彻底脱钩。

首先看看土地所有权和实际使用权分离的加拿大模式。加拿大的公地占据绝对统治地位。据统计，高达89%的土地属于政府的"皇家土地"，其中 41%的土地为联邦所有，48%为各省所有；仅剩下11%为私人所有。联邦和各省的土地管理权限泾渭分明。联邦土地都和联邦履行的职责相关，包括印第安人保护区、国家公园、军事基地、机场、航运、铁路、电讯设施以及和刑法、国际贸易与濒临灭绝的物种相关的设施。各省政府则全权管理省属土地，其中最重要的用途包括农业、森林和渔业。

在理论上，加拿大所有土地都属于英国国王。1066 年，威廉在英伦半岛建立"一统封地"，英国可以说是"普天之下，莫非王土"；国王是全部土地的封主，任何其他人或组织都是直接或间接的封臣，封臣通过分封获得对土地的使用权。随着殖民地的扩张，英国土地制度也被带到北美。加拿大的逐步独立也未改变这一事实。事实上，几乎所有独立后的"英联邦"成员都是如此。

在这个意义上，不仅公地是"皇家"所有，即便是私人所有的土地也至多只有永久使用权，每个使用者都是"女王陛下"的"佃户"。既然没有严格意义上的所有权，土地使用权或继承权在某些情况下受到一定的限制，譬如政府在批准土地的时候往往保留对矿藏的权利；如果一个人去世时没有订立遗嘱，也没有法定继承人，那么他所拥有的土地将回归"国王"，变成所在省管理的公地。当然，除此之外，私人对土地的使用权几乎是绝对的。在一般情况下，无论私有还是公有土地都感觉不到"国王"的存在，土地使用者或管理者貌似一个地地道道的所有者。

加拿大等英联邦国家的经验表明，土地所有权和使用权或管理权是可以相分离的。在加拿大，在绝大多数情况下，"国王"的名义所有权并不影响私人或政府对土地的实际占有、使用或管理。尤其是政府不能因为私人在理论上并非土地的所有者，就可以随意处置私有占有和使用的土地。事实上，虽然加拿大在宪法上并没有规定征收私人财产须给予公正补偿，加拿大的征收法律和程序和美国或任何发达国家别无二致。征收程序如此严格、征收成本如此高昂，以至征收行为在这个幅员如此辽阔的国家极少发生。

然而，我国 1982 年宪法规定的城乡土地二元体制产生了一个十分流行的误解，那就是农村土地在城市化之前必须经过征收程序，以完成从"集体所有"到"国家所有"的产权属性转变。实际上，1982 年宪法本身并没有任何文字表明两种土地所有权之间的转换需要经过征收环节。现实中，以城乡二元土地制度的名义将城市化和征收捆绑在一起，城市化以征地作为先决条件，由此极大地扩张了政府的征收权限，无理剥夺了农民利用土地分享城市化收益的权利，成为当今最大的户籍歧视，并因此产生了无所不在的暴力征地和拆迁事件，严重影响了中国社会的和谐与稳定。事实上，农村的城市化建设未必需要外来主体的介入，而完全可以由农民自己完成，前提是农民用于工商业建设的土地使用权受到法律的承认和保护。

在改革初期，国家鼓励农民利用集体土地创办乡镇企业。1980年代中期之后，农地进入集体建设用地市场的通道一直开放。1987年的《土地管理法》明确允许农地进入非农建设：只要符合乡村建设规划并得到县级政府审批，就可以从事农民住宅建设、乡镇企业建设、乡村公共设施、公益事业等乡镇村建设；如果全民或城市集体所有制企业同村集体经济组织共同投资举办联营企业，既可以征收，也可以由集体经济组织按协议将土地使用权作为联营条件，而城镇居民在县级政府批准后，也可以使用集体所有的土地建住宅。

直到 1992 年，国务院才出台《关于当前经济情况和加强宏观调控的意见》，逐步关闭了集体建设用地市场；集体土地必须先征为国有土地，再经出让后才能作为建设用地。换言之，政府垄断了城市化进程中的农地使用权交易。1998 年修订的《土地管理法》进一步将征收成为一切建设活动获得土地的惟一途径，并大大收紧了农地进入非农集体建设使用的口子；第 63 条明确规定："农民集体所有的土地的使用权不得出让、转让或者出租用于非农业建设。"1999 年，国务院文件规定"农民的住宅不得向城市居民出售，也不得批准城市居民占用农民集体土地建住宅。"与此同时，各省市相继建立了土地储备制度，其中大部分储备土地都来自于对农村土地的强制征收。例如 2006—08 年，湖南省共储备征收土地 9533 公顷，占储备总量比例将近 70%。

这些措施极大压缩了集体建设用地量，几乎完全遏制了农村通过市场主体实现自发城市化的健康发展趋势，从而剥夺了农民自发利用土地资源分享城市化收益的权利，同时也极大助长了各级政府的"征地冲动"，形成了政府主导城市化进程、违背市场经济规律的畸形发展模式。

事实上，1982 年宪法第 13 条明确规定，只有"为了公共利益的需要"才能征收私有财产。2011 年颁布的《国有土地上房屋征收与补偿条例》第 8 条则列举了五类"公共利益"，其中并不包括住宅、工厂与商场等多数城市化建设项目。既然城市化建设通常不符合宪法意义上的特定"公共利益"，政府一般不得以城市化为由动用征收权。在我们的比较研究范围内，也没有发现任何其它国家将土地征收作为城市化的前提。因此，当务之急是要从制度上将征地与城市化彻底脱钩，赋予农民真正意义的土地使用权，让中国农村的城市化在自愿交易的市场过程中自然进行。而不应该由政府主导城市化进程。

当下，中国亟需从过度征收走向参与式规划。在性质上，农村城市化是一个城乡规划问题，和土地征收无关。城市化实质上仅涉及土地权属和用途的变更，完全可以通过农民、村集体、城市居民或开发商之间的自愿协议完成；政府的正当角色是审批规划的合理性，而非直接介入征地。

当然，政府审批的权力也不是任意的；城乡规划是否"合理"，最终取决于地方民意，因而规划草案必须充分征求公众意见，并由地方人大表决通过才能生效。法治国家极其重视土地用途规划的编制和修改程序。例如，美国的土地规划编制分为调查、预测、形成规划方案、公众讨论、听证、地方议会批准等程序，一般需要几年时间才能完成；许多地方的规划要求半数以上民众讨论同意，经地方议会批准以法律形式出台，具有正式的法律效力。

相比之下，中国 2008 年施行的《城乡规划法》主要依赖自上而下的行政审批，对于自下而上的民主决策程序重视远远不够。在 70 条规定中，只有第 46 条一条要求编制机关"采取论证会、听证会或者其他方式征求公众意见"，并向本级人大常委会和镇人大提交评估报告以及征求意见的情况。城乡规划的民主决策走过场，政府自行确定农村城市化后就动用征收权，中国广大农村上演着一幕幕"被发展"伴随强征、抗拆、自焚的悲剧。要让中国式"发展"走上理性轨道，除了在法律上保证征收的公共利益和公正补偿之外，还要从宪法上保证私人主体和市场经济的主导地位，并通过民主参与程序保障政府征收权和规划权的行使符合多数民意。

"海上皇宫"为什么"违章"

　　围绕深圳"海上皇宫"的"拆违"拉锯战历经数个回合，相持五年仍"巍然屹立"在南澳东山湾海域。2011 年 4 月，龙岗区农林渔业局对这座投资近亿元、占地数千平方米的海上建筑物展开第二次强拆，再次将"拆违"这个话题带回人们的视线。其实"拆违"在中国是一个极其普遍的现象，当年唐福珍就是因为当地强拆其"违章建筑"自焚而死。深圳"海上皇宫"只不过是最豪华、投资最大、拆除起来更令人触目惊心的"违章建筑"而已。不论"合法"还是"违章"，也不论是公有还是私有财产，没有人能否认"海上皇宫"是价值亿元的巨额资产，强拆后将变成一堆污染海上环境的废铜烂铁。从巨额资产变成废铜烂铁乃至潜在的污染源，这种资源的巨大浪费伴随着中国各地此起彼伏的"拆违"。然而，这些却丝毫没有削减有关部门的"拆违"热情；似乎一旦打上"违章建筑"的标记，就可以不记后果、理直气壮地"依法"强拆。

　　所谓"违章建筑"，是指在未取得土地使用权的地块上搭建或用途不符合规划、未经批准的建筑。任何国家都有城乡规划，公民只能在规划指定的用途范围内行使自己对土地的使用权；不符合规划的建筑根本不应该开建，建成了也应被拆除。问题在于，为什么规划？和立法一样，规划不是政府随意限制人民活动自由的一种权力，而是为了实现公共利益最大化而采取的必要措施。如果把猪圈建在市中心、把耕地浇上钢筋水泥或在泄洪道盖起高楼大厦，当然就破坏了人们的日常生活、经济生产甚至基本安全。因此，现代文明生活离不开规划，但是并非所有的规划都是正当的，正当的规划必须最大程度地保护和促进特定社会的公共利益。如果规划方案中的用途限制没有促进公共利益，而只是限制了私人经济活动自由，那么这种规划本身就不正当地剥夺了人民充分利用和享受自己财产的基本权利。换言之，只要人民对财产权和经济活动自由的合理行使并没有实质性地损害他人和社会利益，那么这种自由就不应该受到政府规划的任意限制；否则，违法的恰恰是把公民合理搭建的建筑定性为"违章"的任意规划。

如何保证政府规划符合公共利益、防止规划过于严格或任意？就和征地拆迁一样，规划的公共利益也只有通过有效的公民参与才能得到保证。在法治发达国家，政府规划的制定和变更都需要广泛征求民意；得不到多数民意支持的规划方案自然无疾而终，否则决策者在下次选举中的选票就会因而一意孤行而付诸东流。事实上，许多市镇的规划正是由地方议会通过的；周期性选举保证了规划方案符合地方多数民意，而多数民意最准确地体现了地方公共利益。反观中国，当前最大的问题就是公共决策的公民参与严重不足，无法保证规划和征地等重大决策真正符合公共利益，因而无法防止政府规划的任意性。在缺乏公民参与的情况下，规划的正当性与合理性得不到保证，"违章建筑"究竟违反了什么、是否应该拆除也往往成为见仁见智的问题。

事实上，关于"拆违"的补偿问题在房屋征收与补偿条例的征求意见过程中即已产生争议。虽然条例明确规定对违章建筑"不予补偿"，但是在现实执行过程中却很少分文不补；譬如唐福珍之所以自焚并非因为她的"违章建筑"没有得到任何补偿，而是双方就补偿标准达不成协议。这种妥协也变相说明政府界定"违章建筑"的权限过宽，很难避免任意性，因而不补偿原则因当事人抗争而不得不在"拆违"执行过程中打折扣。

即便规划本身是合理的，违章建筑应该拆除，政府在执行过程中也可能出现偏差。一个经常发生的现象就是政府明明发现违章建筑正在兴建，却没有及时制止；等到木已成舟，再来罚款甚至强拆，必然造成人力、财力和物质资源的浪费以及环境污染的隐患。如此"拆违"往往是两败俱伤，其所维护的公共利益未必足以抵偿由此带来的资源浪费。

如果"违章建筑"并没有侵害安全等迫切的公共利益（譬如占据了泄洪道），更合理的做法很可能不是一拆了之，而是采取资源浪费最小的处理方式。对于深圳"海上皇宫"，就曾有人建议就地利用、对外开放，将这座私人豪华娱乐场所转变为公共旅游设施。[1]如果"海上皇宫"占据了航道，可以将其转移到不妨碍安全航行的地点；在此前提下，哪怕将其充公也比强拆更合理。既如此，当地政府又何必"依法"坚持此等损人而不利任何人的措施？

因此，深圳"海上皇宫"为什么违章？违什么"章"？这个"章"本身是否合法或符合地方公共利益？即便符合，是否存在资源浪费更小的变通措施？所有这些问题都不是一个"拆"字就能解决的。更重要的是，鉴于各地"违章建筑"认定的任意性和破坏性，现在是全面反思中国城乡规划和建构公民参与制度的时候了。

1　见周明华："强拆'海上皇宫'不如就地利用"，《羊城晚报》2010 年 1 月 18 日。

如何保护中国耕地？

农村土地属于村集体所有，因而土地所有权和城市土地相比更为具体。但即使如此，农村土地所有权还是残缺不全的，因为《土地管理法》禁止农地的自由转让，因而农村土地无法进入全国的土地市场并通过自由交易而直接实现其价值。农地要变更其用途，必须首先通过征收才能进入一级土地市场，而地方政府往往将补偿标准压得很低，并和开发商分割征地所得利润。事实上，在城乡二元体制下，城市和农村成为割裂的两个世界；农地和城市土地不可能在同一个市场上交易，过低的农产品价格和落后的基础设施等一系列因素大大贬低了农地价值，导致农地价值远低于城市土地价值。农村城市化之后，原先的农地将大幅度升值。这意味着农村面临着巨大的城市化压力。1990 年代末以来，随着中国的城市化进程明显加速，政府获利的机会也越来越多。1990—2001 年间，中国地级市数量由 188 个增加到 269 个，人口超百万的大城市由 31 个增加到 41 个，城市覆盖面的面积占全国国土面积的比重从 20% 增加到 42.6%。在此过程中，地方政府将大片土地卖给城市运营商，同时将开发经营的权力交给后者；政府从中获得大量资金，开发商也大发其财。

在天平的另一侧，中国城市化进程中土地冲突和阶层矛盾愈演愈烈，各地因农地被征而出现的暴力冲突乃至人命事件屡见不鲜。与此同时，过度开发也导致耕地不断流失。全国人大常委会执法检查组在检查《土地管理法》实施情况的报告中指出，目前大量占用耕地——尤其是基本农田——的现象时有发生。违规设立的开发区遍布各地，导致开发区设立过多过滥，占用了大量耕地。2004 年曝光的"铁本事件"直接引发了国务院暂停各地征地的命令和土地审批权集中的改革。

为了防止耕地流失，中央规定了严格的农地保护制度。就在2006年6月，国土资源部还计划再度收紧用地审批，传闻土地审批权限将进一步向中央集中。土地审批制度改革方案将从"审批环节、审批事项、批准权限、报批方式、报批程序和审查内容"六人方面，严把土地审批中的关键环节，对新增建设用地进行"全方位卡位"。加强审批管制的主要目的是控制农用地向建设用地的流转，为土地的可持续利用建立保障体系。

然而，"抽刀断水水更流"，即便是最严格的耕地保护制度还是未能有效遏制农地流失。根据济南市建委、国土资源局等单位的摸底调查，仅2005年上半年，济南市就有96个村在农村集体用地上违法进行房地产开发，除建成已交付使用的200多万平方米外，仅在建工程项目就有113处，建筑面积近600万平方米。这一面积几乎与济南市2005年上半年正式开工建设的房产面积相当，违法开发建设已经发展到了与正常开发并驾齐驱的严重地步。在长三角地区，违规开发农村集体用地的现象也屡见不鲜，一些自然风光优美的乡村成为违规开发的重点地区。江苏省某临江城市有多个江中小岛，原本都以农业生产为主。近年来，旅游业带动了这些地区的经济发展，一些小岛上的乡镇通过开发别墅类房地产吸引城市居民买房。据当地村民介绍，这里的别墅是由镇里开发的，销售价格比城里的别墅便宜许多，吸引了不少城市居民。根据记者在采访中了解的情况，目前以旧村改造甚至新农村建设名义在农地上进行的房地产开发主要通过三种形式．一是某些村未经审批，擅自组建队伍进行建设；二是部分村与开发商合作，由村出地、开发商出钱，双方利益分成；三是个别村委会直接把地卖给开发商，违法转让集体土地使用权。

从长远来看，中国城市化是不可阻挡的发展趋势，也是农民致富的主要途径。无论是暂停征地还是严格审批，都不可能从根本上解决土地制度所引发的社会问题。事实上，农地征收问题的源头正是在于中央法律的规定。和城乡二元体制的逻辑一脉相承，目前耕地保护制度是建立在牺牲农民利益的基础之上，因而农民利益和国家利益之间发生了根本冲突。为了严格保护耕地，《土地管理法》要求任何单位和个人因建设而需要使用农村集体土地，均需通过征地改变其产权属性，将集体土地转为国有土地后由各地政府通过土地一级市场以划拨、租赁等方式让渡使用权，同时给予土地原主人一定补偿。但问题是，目前规定的补偿方案也未必能充分体现农地本身的价值，有些地方政府更是想方设法规避法律、降低补偿。况且即便地方政府依法给予合理补偿，只要农地不能自由转让，不能和城市土地一样直接进入流通市场，那么农地就不可能充分实现其应有的市场价值。目前的耕地保护制度仍然延续了半个世纪以来的思维，通过限制农村的自由发展来保证整个国家的粮食安全。2011 年在广东、重庆、成都等地实施的农地流转或"股田制"试验虽然有所突破，但仍然带有诸多限制，且有些创新已在实施过程中遇到困难，因而并没有从根本上解决农地所面临的矛盾。

面临全国利益、地方利益和农民利益之间的矛盾，中央目前除了硬"堵"之外似乎还没有更好的解决方案。当然，中央确实有理由限制土地使用权的流转或用途变更，保证足够数量的耕地，进而保证国家的粮食安全。目前，中央划定的耕地"红线"是 18 亿亩，其中 16 亿亩为"基本农田"，接近耕地保有量的 90%，占国土总面积的 15%。世界各国的耕地占总面积比例相差很大，有的远高于中国（如印度高达 54%），有的则远低于中国（如俄罗斯只有 7%）。但是各国的粮食需求也各不相同，例如俄罗斯虽然耕地比例小，耕地面积也小于中国，但是俄罗斯的人口及其对粮食的需求也远少于中国；印度土地面积小、人口增长快且总数逐渐接近中国，但是耕地比例高，因而耕地面积仍超过中国。总之，中国可能是世界上粮食需求压力最大的国家，因而有必要采取特别措施保护耕地。在此且假定，目前所确定的基本农田和耕地面积对于保证全国的粮食安全在大体上是必要的。

　　然而，如果说保证粮食安全是中央可以追求的正当目的，那么什么是实现这个目标的有效和必要手段？不可否认的是，目前的土地审批制度的效率相当低下，中央制定的土地利用总体规划失灵。由于信息不充分、不完全甚至扭曲、失真以及目标定位过高，土地规划不切实际，以至不得不在实践中随意调整，从而失去了缺乏权威性。更重要的是，由于缺乏地方参与，土地规划极少考虑地方利益，没有充分考虑地方经济发展的需要，也没有不可能建立适当机制来遏止地方政府违法用地的势头。《1997—2010 年全国土地利用总体规划纲要》将全国划分为八大区域，但是除了地广人稀的青藏高原区和西北区（包括新疆、内蒙及甘肃部分地区）之外，其余六个区域的目标几乎是清一色的农用地限制。这个规划显然没有充分考虑沿海及其它地区城市化和工业发展的需要，因而规划批准实施才一年，到 2000 年底全国就有 19 个省、市、自治区的耕地少了2010 年的保有量，提前 10 年用完了规划指标，以至国土资源部官员指出，规划和指令性指标已经没有"权威性和约束力可言"，"指令性的土地利用总体规划和高度集权的审批制度并未奏效，计划配置失灵显而易见"。

　　由此可见，目前的土地利用总体规划必须全面修改。这项工作必然是相当艰巨的，因为理性规划必须建立在充分信息和社会检验的基础上，而现在不仅公众不具备理性决策的信息，甚至国家有关部门都未必能及时监测和掌握农地用途的实际情况。但是合理规划、严格审批正是中央和各级政府有义务履行的职能，因而有必要通过更新技术、增加人力等手段加大监控力度，至少在省一级建立准确完备的掌握土地用途实际情况的资料库。另外，土地规划的合理性必须公开接受社会公众的检验。目前，土地规划中许多问题仍有待回答，譬如 18 亿亩的耕地"红线"是如何确定的？对于保证未来人口的基本食粮是否必要和充分？全国耕地是如何分布的？各地基本农田的划定是否合理？这些信息都和回答诸如是否有必要禁止小产权之类的问题相关，但是公众都不知道，因为政府从来没有向公众说明过。据我们了解，不少地方的农民甚至无法知道村里哪些土地是必须由中央批准用途变更的基本农田。如此又如何谈得上促进农田保护？农田多数集中在欠发达地区，这些地区也正是因为农地多才"欠发达"，而许多地方之所以冒险违法征地，无非是因为农田收益低；在没有充分补偿的情况下强令这些地方维持耕地，是不是剥夺了欠发达地区的发展机会？要真正保护全国耕地，中央财政应该对河南、山东、安徽等农业地区作出什么承诺？不首先回答这些问题，土地规划就难以合理化，耕地保护也将流于空谈。

如何理解与界定"公共利益"

1982 年宪法规定，财产征收必须符合"公共利益"，但是这一概念十分模糊宽泛，很难通过立法列举清楚限定其边界。因此，在《土地管理法》的修改过程中，首先需要关注界定这一概念的原则和实际方法。

土地征收之所以必须符合"公共利益"，是因为征收和拆迁属于公权力行为，政府显然不应公权私用，将社会公器用于私人牟利，更不能授权私人借助强制性的公权力为牟私利开道；私人牟利应该通过自愿互惠的市场交易，公权力不应直接介入。如果农村开发对所有人都有利，那就是最大的"公共利益"，而理性利己的私人只会比政府以更大的热情与智慧去促成这件事情。市场经济的基本逻辑在于，即便纯粹从促进社会公共利益出发，政府也没有必要事无巨细广泛干预，而是应该将绝大多数事情留给公民自己去做，只有私人无法通过市场自愿交易实现的公共利益才需要政府动用公权力推进。宪法的公共利益原则看上去只是表达了公权公用的自明之理，其实还进一步体现了"最小政府"的市场经济和私人自治原则。

最小干预原则对于界定"公共利益"尤其重要，因为"公共利益"是一个很难界定的政治概念。现在普遍存在的一个误解是可以在法律上明确规定什么是"公共利益"，国务院颁布的《房屋征收与补偿条例》也假定可以"列举"公共利益。但是从小区拆迁这个例子，我们已经看到这种假定是不能成立的；即使在实践中可以操作，这种列举也是相当任意的。迄今为止我们似乎都假定，"城市改造"是一种政府有权甚至有义务促进的"公共利益"，但实质上就是小区开发。换一种表述，它就成了开发商和居民"私人"之间的那些事。同样，修建高速公路似乎显然也是"公共利益"，但实质上就是让使用这条公路的范围宽泛但仍然具体鲜活的"私人"得益。界定"公共利益"的主要困境在于不可能在"公共"和"私人"之间一刀两断地划清界限，私人是公共的一部分，"公共利益"就是众多个体私人利益组成的，因而不存在独立于私人利益之上的"公共利益"。各地政府目前仍然大力推动的各种"开发""改造""建设"可以说都是"公共利益"，都会让许多人受益，建造商场的受益群体完全未必比高速公路更小。有人认为"公共利益"的主要特征在于其非赢利性，但是只要看一下全国各地高速公路的收费情况，就足以说明这种界定没有什么用处。

既然"公共利益"决定了政府征收权的范围，这个概念的界定取决于我们对政府职能的认识。在计划经济时代，政府包办一切，因而什么都可以成为"公共利益"；但是我们早已进入市场经济时代，政府干预也应该局限于私人自愿交易做不到的事情，而且既然市场经济逻辑是建立在信任普通人而非政府基础上的，必须由政府出面完成的事情必然是数量少、范围小的。因此，最小干预原则其实是对"公共利益"的一种市场化解读。在理论上，目前各地政府推动的各种项目也未尝不是"公共利益"，但是"公共利益"未必要求政府出面推动；即便项目本身确实关乎许多人的利益，但是如果没有必要，政府还是不应插手。换言之，最小干预原则要求严格解释"公共利益"的范围，而对于集权传统悠久、计划思维严重的中国，这种严格解释尤其重要。

最后，由于"公共利益"概念弹性很大，在实践过程中解释余地也必然很大。严格解释等于断了地方"土地财政"之路，自然是地方政府不愿意看到的。《土地管理法》的修改或许会有助于"公共利益"概念的限定，但是真正的"公共利益"只能通过有效的公民参与才能得到维护。即便地方政府表面上不反对严格界定，如果没有公民参与，《土地管理法》还是会在实施中走样。"徒法不足以自行"，再好的原则也必须通过有效的制度才能实现，而公民参与就是保证"公共利益"的必要机制。由于"公共利益"内在的政治性和不确定性，发达国家的法院基本上将其界定"委托"给民主代议机构，并采用相当宽松的审查标准——只要政府规划的征收具备相当广泛的民意基础并获得地方议会的多数支持，那么自然就被认为符合"公共利益"。反之，如果民主政治参与不存在，那么即便法治国家的法院也无法保护"公共利益"；如果单纯指望通过法律列举限定征地拆迁的范围，那么这种希望注定是要落空的。

土地制度改革的中国问题与国际经验

土地制度是任何一个国家的根本问题，农村土地制度是中国农村的根本问题。尤其是改革开放三十年来，中国经济发展的主旋律就是城市化，大量农村土地转化为城市住宅或建设用地，而这个仍将长期持续的过程已经产生太多的社会和法律问题。由于 1982 年宪法规定了城市和农村两套土地所有权，"农用地"要变更为"城市建设用地"，就必须经过"国家"征收才能改变土地所有权的性质。但是"国家"只是一个虚拟的概念，实际上负责征收的是各级地方政府，而近年来农地征收出现了许多问题。由于地方政府可以低价征收农地，然后高价卖给开发商，从中赚取巨额利润，征地已经成了不少地方政府的主要财源，甚至造就了为数量不少的贪官，进而产生了地方政府官员的"圈地"冲动。中国各地方兴未艾的城市化过程，实际上就是通过征地变更土地所有权性质完成的，但是这种方式的城市化产生了巨大的社会代价。一方面，农民对土地的基本利益得不到保障；另一方面，大量廉价征收的"开发区"被搁置抛荒，极大浪费了中国很有限的耕地资源。因此，在中国农村的城市化过程中，征地往往意味着补偿过低、农民流离失所、官员和开发商中饱私囊以及国家规定的耕地红线受到威胁。能否解决农村土地制度在城市化过程中出现的问题，直接关系到中国经济和社会发展的可持续性。

虽然农村土地问题一直广受关注，但是国内学者对于解决方案众说纷纭，既没有产生一种主流意见，也没有形成一套令人信服和行之有效的主张。例如不少人认为，由于宪法要求土地征收必须符合"公共利益"，应当通过法律严格界定"公共利益"的范围，限制地方政府的征地自由裁量权。但是"公共利益"太抽象、太模糊、不具备可操作性，以至不论什么征收项目，总是多少可以和它沾上一点边。关键在于，在"公共"和"私人"之间不存在一条绝对分明的界限，因而通过"公共利益"限制征地行为的希望注定要落空的。还有人认为目前的集体所有制无法解决土地产权虚置导致的诸多问题，因而主张农村土地私有化。然而，如果制度不完善，即便实行土地私有化也未必能根除征地所带来的弊病。如果补偿标准过低而"公共利益"难以界定，那么地方政府依然可以通过变卖土地而财源滚滚，因而依然存在强烈的征地冲动。如何在土地私有化之后构建相应的制度体系，目前却很少有人论及。因此，国内研究尚未能找到解决农村土地问题的钥匙。与之相比，某些西方国家的相关研究则更为成熟，实际的土地管理制度也运行良好，甚至某些发展中国家和地区的土地制度也有不少可圈可点之处，其理论和实践都值得中国借鉴。

正是抱着"他山之石，可以攻玉"的想法，北京大学宪法与行政法中心、法学院人大与议会研究中心于 2011 年 8 月 6—7 日联合召开了"城乡规划、土地征收与农民权利保障"国际研讨会，来自美国、加拿大、澳大利亚、荷兰、哥伦比亚、南非、新加坡及台湾地区等近十位国际知名学者参与研讨，和江平、郭道晖、郑振源、甘藏春、姜明安、党国英、秦晖、刘守英、陶然等几十位国内专家进行交流，并就这些国家和地区的土地制度及其改革发表了诸多真知灼见。他们的经验大致可以总结为以下几条。发达国家之所以能够维持现在的社会繁荣与和谐，从先前相对不发达的农业社会发展到今天这个样子，也都是因为遵守了这几条原则。

一是坚持市场经济的主导地位，国家干预是例外，市场主体的自愿交易是规则，即使在发展过程当中也坚守这个基本点。二是关于城乡的合理规划，他们有比较公开和民主化的程序，能保证规划真正符合社会发展的需要。三是如果政府最后要介入，那么征地必须符合公共利益原则。当然，和城乡规划一样，公共利益概念很难真正"法治化"。哥伦比亚宪政法院前院长塞曼和教授在会上指出，

1991 年的哥伦比亚宪法因此而明确禁止法院审查征收是否符合"公共利益"，硬是把公共利益问题交给了议会。在公共利益问题上法院干预确实很难，很多世界上"老牌"法治国家的法院也避之三舍，譬如美国、德国法院基本上都不管征收是否符合公共利益。然而，这些国家或地区都要求征收决定必须经过民主政治过程，譬如广泛征求民意并举行听证，或索性由民选议会决定是否征收。最后是公正补偿原则，这当然是法院必须发挥作用的地方。

当然，"他山之石"虽然可以为我所用，但是借鉴并不意味着照抄。此次国际会议的目的是为中国《土地管理法》的修改提供国际经验，而中国土地制度最实质的问题就是保护耕地和中国社会发展之间的矛盾。事实上，无论土地制度如何设计，这个或许是中国特有的矛盾都将存在。毕竟，虽然中国号称"地大物博"，但中国既不是加拿大，也不是澳大利亚，甚至不是墨西哥；中国的可利用土地资源确实很有限、很紧张，因而在社会发展过程中必然会遇到其它国家未曾遇到的额问题。发达国家和我们不一样，它们的格局早已大体确定，什么是农地、什么是城市建设用地、什么是住宅长年保持稳定。该开发的已经开发，该保护的则实行严格保护；耕地就是耕地，基本上动不了。但是中国还要发展，发展说穿了就是要把泥土变成钢筋水泥，而这在中国会带来一系列问题。

首先，如何权衡发展与粮食安全的需要？是否需要考虑粮食安全？政府部门认为中国有必要基本实现自给自足，茅于轼等自由主义经济学家则认为这不是一个问题，因为我们永远可以依靠国际贸易弥补本国的供应不足，在此且不赘述。其次，假定粮食安全和耕地保护仍然是一个值得追求的目标，国家有必要维持严格的耕地保护制度，但是不允许农地流转显然剥夺了农民发展致富的权利，将他们永远捆绑在低产值的农业上，这样对农民和以农业为主的省份是否公平？要维持一个公平的耕地保护制度，国家如何为他们的牺牲提供补偿？更重要的是，中国的现状究竟怎样？是不是已经走到"山穷水尽"的地步？是不是紧张到一定要采取"世界上最严格的耕地保护制度"？究竟还有多少地可以有效利用？对于所有这些问题，国内学术研究都缺乏相关信息，因而国家有关部门有义务公开信息，否则就无法集思广益，共同解决中国耕地和发展之间的矛盾。

在这个意义上，探讨其它国家的经验教训更多是为了反思中国土地管理的问题并形成自己的改革思路。2010 年《行政法论丛》选择的几篇论文从不同地域和不同视角，体现了土地制度领域的基本原则和改革路径。其中陈新民教授的论文体现了台湾地区近年来面临的征收、发展、政府作用和权利保障之间的复杂关系，王江雨教授的论文则分析了新加坡土地改革与"组屋"制度的利弊及其对中国的启示。彭錞、刘婧娟和李志强的论文分别探讨了英国、加拿大、澳大利亚土地征收制度，显示发达的土地征收虽然都脱胎于同一个制度原型，在程序细节等问题上却存在诸多不同之处。普利切特教授的论文讨论了美国在"危旧房改造"领域的政府、开发商与居民之间的法律关系，关于墨西哥土地改革的论文则揭示了一个发展中国家的"集体土地"制度面临的困惑和挑战。钱镜的论文探讨了中国的社会主义近邻——越南——土地制度改革迄今取得的部分成功及其原因，其对中国的借鉴不言而喻。上述每一个国家和地区的探索都有大量值得消化和吸收的信息，都为中国大陆的土地管理模式改革提供了独到的启示。如果要说有什么缺憾的话，那就是我们在此囿于篇幅，不能引介更多国家和地区的土地管理制度，为中国土地制度改革提供一个更加全方位的参考。但是这组内容翔实的论文已经足以告诉我们，一个国家的健康发展需要什么样的土地管理制度。

中国土地制度改革的路径与原则

修改《土地管理法》确实是中国目前最重要的问题。和它相比，拆迁条例只是个皮毛，最根本是土地管理制度。现在的征收条例草案只是适用城市房屋拆迁，但是农村土地征收其实问题更大。当然，城市拆迁也在不断制造悲剧，但是无论是从人口还是土地面积来看，目前农村还是占了中国的大多数。农村土地问题不解决，中国社会将永无宁日。

不过土地制度改革还是要考虑路径问题。我是一个纯粹的功能主义者或者说实用主义者，主张土地改革要考虑可行性、有效性。这在中国是没有办法的事情。法治国家实行言论自由、民主决策，什么主张都可以提，由大多数人决定什么是最合理、最有效的办法，一旦确定下来就可以实行。但是在中国不得不考虑意识形态和政治问题，否则必然遭遇阻碍。我们的改革只有沿着阻力最小的路径进行才有希望成功。毕竟，我们的资源，包括学术资源，都是非常有限的，我们只能把有限的资源用在刀口上，在阻力最小、成本一效益最大的方向上推进。

所以我建议我们应该尽可能避免政治上的雷区，或者在可见的将来不可能实现的事情，比如说土地制度的私有化。大家都看到公有制在中国的弊病，六十年来它的弊病已经显示得非常明显，但这是在中国目前不可能解决的问题。其实土地所有权并不是最实质、最根本的问题。当然，我们的土地所有权早已经被虚化了，任何公有制产权都必然是比较虚的东西，问题是有没有可能 100%虚化。我认为完全可能，目前没有理由不将所有权 100%虚化。我们所说的土地所有权无非是包括各种使用权的总称，只是个名义上的"权利束"(bundle of rights)；就像是将一束花扎在一起的那根绳子，重要的不是那根绳子，而是其中的花。当然，所有权在私有制国家可以实化，但是目前我们国家实行的是公有制，无论是国有还是集体所有在本质上都属于公有。有学者说中国的集体所有制比国有制还糟糕，我未必同意这种判断，因为我认为越虚的东西越糟糕，而城市国有土地比农村集体土地所有权还要虚，但我同意它们都共享公有制的问题和弊病。既然已经是一个虚的东西，不如将它彻底虚化。否则，如果要实行土地私有制，就得改宪法前言和总纲。现行宪法规定，中国是社会主义公有制国家，这究竟体现在什么地方呢？现在私营经济占 GDP 的比重明显超过国有经济，所以北大前几年有人说改革方向错了，凭什么说我们是公有制？公有制最根本的当然是体现在土地和生产资料所有制上，这是现体制合法性的终极来源。所以执政者是不会同意改变土地所有制的，除非已经做好准备，要从根本上改变，不仅是土地制度，全部的合法性基础都要重新改头换面进行包装。说实话，现在还看不到这一天什么时候到来。在这天没有到的时候，我们现在该怎么办呢？难道就什么都不做了吗？

同时我们也可以看到，在中国即使你解决土地所有权问题，也不能解决征地等很多实质性的问题。和城市不一样，中国农村至少还有集体所有权，城市建设按现在理解需要事先征收，但是征收方面出的问题还少吗？土地私有化固然能把事情变好一点，因为这个土地是你所有，我要拿走多少费点事，但是并不表明我不能拿。在我们国家国强民弱的情况下，有些时候即使把权给了人民，但是没有实质意义的制度保障，未必能被人民用来很有效地保护自己的权利。所以没有必要在这个问题上过多纠葛。

我这次刚从加拿大回来，让我感到惊讶的是，加拿大土地所有权制度表面上和中国非常相似。我在美国学习过财产法，略知一点，我原来以为英美法中的 fee simple 是绝对所有权，但在加拿大其实就是永久性的使用权。我不知道英国或其它英联邦国家是否与加拿大一样，但至少加拿大是这样。所谓的土地产权最终是属于国王的，也就是英国女王。你看这多"荒唐"，加拿大实际上早就独立了，但是全国的土地所有权名义上还隶属于女王陛下。即使获得土地永久使用权，比如我拥有这土地的使用权，如果我死后没有留下遗嘱，也没有后代，那么这土地使用权在没有继承人的情况下又由国家收回。很有意思的是，加拿大是比较"左"的国家，准确地说是边沁功利主义的拥戴者，强调"代表最大多数人的最根本利益"，不是很重视少数人的权益。加拿大宪法不像美国宪法，没有规定征地必须按照公正补偿，但是因为有公民参与，同时也有文化上的影响，毕竟都是属于同源的发达国家，加拿大的征地实际上还是按照公平市价标准做的，否则邻国美国都是给予公正补偿，加拿大不给公正补偿，弄得鸡飞狗跳的多不好看，形象上也不利。因为种种这些原因，加拿大在征地实践过程中还是落实了公正补偿。我想加拿大的经验对我们国家有很重要的启发，从中可以看到，规范土地征收征用行为未必需要土地私有化。

　　在中国目前，解决征地问题还是得坚持以下这么三个原则。第一是政府干预最小原则。在中国最突出的问题是城市化好象就变成了政府必须得征地。曾有一位著名经济学家对我说，我没有读过宪法，为什么没读过呢？因为宪法规定了两套土地制度，农村是集体土地，城市是国有土地，如果行政规划把集体土地变成国有土地，政府就得把它买过来，这不是征地吗？所以农村变为城市土地，一定要经过征收，现在征地出了那么多问题，全是宪法二元土地制度惹的祸，所以还是得改宪法。这种思维好象是天经地义的，我也无可奉告。这种看法也不能说错，它可以是对宪法的一种顺理成章的解读，但是我告诉他，这不是唯一的解读，因为宪法规定是很宽泛的。宪法并没有说农村土地变为城市土地一定要经过征收，这是《土地管理法》的事情。宪法只是规定了两套土地制度，也许可以把两套变成一套，不过这种变法可能更加糟糕，因为如果把集体土地往国有化方向，变成这种一元化，在我看来是更加糟糕的改变方向。还有一种就是把它变成私有制，但是前面已经说过这不可能，所以只有如弱化二元体制的影响。

宪法确实规定了两种土地所有制，但是为什么要把二元体制当真呢？那不是跟自己过不去吗？谁说集体土地变成国有土地一定需要征收？土地使用权性质从农村变成城市，这种划分本身就非常成问题。种庄稼养猪就是农村，城市就是钢筋水泥？这有时候确实可以说的通，但有时候说不通。为什么不能弱化两者的区别？所以我非常赞成沈教授他们强调的平等地位，索性不要提城市和农村土地的区别，这根本没有意义。如果人为强调它的意义，就变成我们绕不开的环节，就需要修宪。宪法在中国确实是经常修的，但是我可以告诉你们这一条修改的可能性非常小，难度非常大。

那怎么办呢？从农村土地变为城市化土地，没有必要经过征收嘛！开发商愿意去买，农民愿意卖，就可以完成这种交易。当然，这就涉及一个问题，政府要不要审批？我知道天则所在这个问题上的立场，但是这个立场似乎有点争议。我个人在没有弄清楚的情况下，觉得中国可能还是有必要维持 18 亿亩耕地的红线；要是取消了，这件事情的影响非常深远，我们不知道最后会有什么后果。从自由主义经济学家的观点来说，不需要审批，通过国际自由市场，像杨俊锋博士刚才也提到印度经济学家森的看法，世界上主要粮食危机不是因为自由市场造成的，而是因为管制造成的。这些观点都有道理，但是在中国是不是确实会如其所预期得那样，我不能确定，不过至少我们可以把目前要求的征收弱化为审批。审批不是征收，审批只是审查和批准；当然审批过程也可以做一些手脚，比如故意不批，利用审批进行寻租，引诱贪污贿赂，但是比土动征收好得多，因为征收过程中政府成了利益主体，而审批毕竟是作为中立的第三者出现的。

今天我们要确立一个原则，那就是市场主导而不是政府主导。改革开放三十年了，到今天又变成了国进民退，这是什么事？我在《南方都市报》发表过一篇文章，强调要确立市场定位，绝大多数的事情能通过私人自愿交易完成的就通过私人交易完成，政府不要干预，或者把干预降低到最小。政府什么时候可以插手？政府插手征地的前提是一定要具备公共利益。但是公共利益怎么界定？干预最小原则要求这种界定一定要比较狭窄。我原先不看好公益界定，我觉得这种界定在中国没有什么用；我强调公共参与，公民一定要介入谈判。这就是我说的第二条原则。不过我现在也可以做个让步，因为这两个方面不是相互排斥的。如果规定了公共利益，也会给公民参与带来好处，使谈判变成有法可依，有具体的依据作为谈判砝码。

目前条例草案对公益的界定表面上很狭窄，像国防项目、政府用地等明确，但是有些我看不可能规定得很明确。可能唯一能排除的是纯粹盈利性的商场，这类商场当然有，不过即便是商场也很难说就不具备一点公共利益。公共利益必然是弹性很大的概念，最后一定要有公民去参与，才能将公共利益的边界确定下来。公民怎么参与呢？这就涉及条例征求意见稿中的一个很大问题：它要求公告，包括征收的目的、征收的范围在什么地方、征收准备实施的时间。这其实是不能解决问题的，一定要把补偿问题放进去。你说决定征收的时候就要决定补偿吗？能否先决定是否征收，然后决定补偿多少？这看起来是两个阶段，其实是联结在一起的。你说拆迁户关心什么？难道是征收符不符合公共利益吗？其实我管你用这块地做什么，你建学校也行，高速公路也行，反正我的房子拆了，我最关心的当然是补偿标准。你现在不把补偿标准放进去，让他们论证什么？所以论证时一定要把补偿标准放进去，而且补偿和征收两者是紧密联系在一起的。

关于征收过程，刚才大家都发表了意见，有一些原则大家觉得没有完全明确，但是在我看来已经很清楚了。所谓的征收其实就是征购，以前不明确，包括宪法修正案和《物权法》都没有说明公正补偿，但是现在征收条例明确了就是公正补偿，也就是大家所说的征购，这一点是没有问题的。问题在什么地方呢？具体问题还是有很多的，为什么中国政府愿意征收？无非是因为政府是直接的参与者和得益者。怎么让政府保持中立而不是利益相关者呢？唯一的办法就是让他变成一个市场主体，让它征收多少就是补偿多少；这个时候，政府就要考虑自己的腰包了，要进行准确的成本利益分析。比如我在北京买套房子，但是我只有 100 万，我该买多大房子、在什么地方？都是必须仔细考虑的问题，因为不同地段价格相差很大。公正补偿就是要让政府也必须考虑这些问题。如果没有公正补偿机制，征地不需要考虑成本，想征哪一块就征哪一块，肯定要出问题的。之所以一定要在征收过程中就考虑补偿，是因为补偿的标准往往会决定政府要不要征收，或者征收哪里。一旦考虑补偿标准，最后很可能发现，领导原来完全拍脑袋以为很容易可以搞定的地方，成本远不止他想象的，根本拿不下来，或者要征也必须改变计划，不能在二环那里征地，必须到六环哪里征一块地，而这是两个完全不同的概念。

第三个原则是公正补偿，就是我刚才说的征收征购的问题。征收条例草案有几个亮点，其中之一就是确立了公正补偿的原则，我觉得这今后在中国不会成为问题，包括农村征地这次没有涵盖，但是也不应成为问题。原则虽然简单，但是操作起来就复杂了，涉及许多经济学甚至财会学的细节。我们前几天在北大召开的土地管理研讨会也讨论这个问题，一是中国缺乏土地市场，土地市场完全没有建立起来；二是缺乏中立的评估机构，我听说有很多家评估机构，但是这些评估机构都是吃地方政府的饭，地方政府让你在这营业，你得搞好关系，那么评估的时候你也要和政府"搞好关系"，这意味着什么是很清楚的。另外，即使在实施过程中做的没有问题，土地价值问题本身就很难解决。到底用什么标准？你说公正补偿、市价补偿，但是哪个"市价"？征收前的原用途的市价还是征收后的市价？也就是说，开发是会让土地增值，这个增值应该如何分配？农民应该获得多少？全部利润究竟应分给农民还是政府或开发商？这个问题争论比较大，我倾向于比较折中的模式。我认为农村土地的增值完全不给农民是不公正的，完全都给了农民也有失公正。最公正是这两者之间的某一个标准。

所以即使像公正补偿这样比较确定的概念其实也是相当模糊的，尤其是在中国土地市场存在很多缺陷的时候，是弹性很大的概念。在这种情况下，如何确定补偿是否公正？这就需要谈判。有的专家认为，这件事情让法院去管。公正补偿确实是法院应该管的事情，但是尤其在中国司法不独立的情况下，不能把什么问题都交给法院了事，必须首先有公民参与补偿标准的谈判。其它过程法院发挥的作用就更小了，也更需要公民直接参与。譬如征地经过政府批准了，但是政府按照什么条件去批准呢？当然首先要符合公共利益，可能还有关于耕地总量的限制，但是这些概念在操作上弹性都很大。按照条例草案的规定，这个问题也可以诉诸法院，但是如果没有衡量标准，政府征地究竟违法还是合法本身就是一笔糊涂帐，法院能怎么判？这个问题我还没有时间谈，就是说城乡规划本身的弹性是很大的，如果按照规划农地变为城市土地，政府就可以来征，那么现状不可能改善多少。关键是为什么把这土地变为城市土地？这件事究竟应该由谁说了算？现在好象都认为是自然发生的事情，其实没有公民参与，城乡规划是许多问题的源头。

这是为什么我主张这几个过程都需要公民参与，从规划开始到征收决定到最后的补偿，整个链条的所有环节都必须有公民参与。如果没有公民参与，规划本身就不合适，后面必然问题层出不穷。所以，所有原则中公民参与是最重要的原则，一定要提前到规划第一步。如果可以做到这几方面，我相信最后中国的土地制度不需要私有化，也能解决土地问题；反过来，如果说这些问题解决不好，那么即便土地私有化也解决不了什么实质问题。

《土地管理法》修改须开门立法

虽然国务院已于 2011 年启动《土地管理法》的修改程序，但是至今音讯寥寥，以至学者担心这部重要法律的修改又成为诟病已久的"部门立法"。部门立法之所以成问题，未必是因为这样出台的立法必然促进特定立法部门的利益，而是因为部门立法往往是关起门来立法，我们不知道究竟谁会对这部立法产生影响。显然，任何的法律、法规、规章都应该为公共利益服务，但是立法的公共利益只有在公民普遍参与的前提下才能得到保证。部门立法的最大问题正在于缺乏公民参与，导致立法完全为中央或地方各部门利益绑架了立法。

《土地管理法》似乎也存在同样问题。据说国土资源部的修改方案已经完成，现在已经移交到国务院法制办，下一步才提交全国人大。但是整个过程究竟如何，大家一无所知，这是比较让人担心的。数年前曾经流传过《土地管理法》修改的第一稿，遭到了一些学者的批评，结果第二稿成了"国家秘密"，对外界滴水不漏。立法是社会公器，公众批评很正常，怎么能因此而向老百姓保密呢？

立法过程可以大致分成三类：一类是最糟糕的立法过程，在一个部门主导下关起门来立法。另一个是大家都比较看好的议会主导立法。如果议会主导立法，至少在立法过程中发挥实质性的影响，那么立法质量还是会有区别的，最后出来的立法成果还是会和纯粹部门立法很不一样。之所以如此，一是因为议会首先是受制于选民控制，立法不能让人民满意会直接影响他的选票；二是议会立法过程一般比较公开，选民意见会得到实质性的重视，因而立法也对公众比较有利。

然而，中国目前完全遏制部门立法、独倡人大立法这个模式似乎不太现实。其实在这两者之间有一个中间模式，在国家体制运行良好的时候也未尝不是一个好的模式。甚至在西方国家，尤其在欧洲国家，立法往往是由政府部门提出。部门启动立法未必就是坏事，这可能也是今天中国不得不接受的一个现实。关键在于立法过程必须坚持一些原则，比如说公开性。目前，《土地管理法》不论它已经走到哪个阶段，国务院也好，人大常委会也好，都得让公众知道这部法的大致倾向、基本框架是什么，让公众能够及时提出意见，而不是等到这个框架已经成了一个既成事实，"生米煮成熟饭"再来公布、"征求意见"。

当然，让民众提意见，也总是存在国家的法律法规有没有实质性采纳这些意见的问题。西方国家也同样存在立法听证是不是"走过场"的问题，因为不可能把每个人意见都容纳进去。在这个问题上，美国行政法上是有一些控制手段，譬如司法审查。制定规章的程序要经过好几轮的。首先是听取公众意见，然后出台草案，再征求公共意见，回去修改后再公布最终方案，再提意见再修改，最后定稿。虽然程序比中国复杂得多，但和中国的物价听证、春运听证一样，总会有人还是不满意，因为终稿没有吸收他们的意见。对这个问题，美国司法的控制主要在于要求行政机构说明理由。首先要把公开听证上提的意见归纳出来、总结出来，向公众说明有哪几类比较主要的社会意见。然后还要说明采纳了哪些意见、没有采纳哪些意见、为什么不采纳那些意见，一定要把理由说清楚。经过这个过程，至少能保证行政立法认真考虑了公众意见。

中国的《信息公开法》已经实施了好几年，这一点应该是可以做到的。至少，《土地管理法》的修改进程不是任何"国家秘密"，有关部门有义务让公众尽早知道这部重要法律的立法进程，并及早征求公众意见。只有这样，才能消除部门立法的传统弊端，保证《土地管理法》越改越好。

让公安远离拆迁暴力

据《京华时报》2011 年 3 月 3 日报道，公安部党委下发《公安机关党风廉政建设和反腐败工作意见》（以下简称"意见"），要求各级公安机关贯彻国务院严格征地拆迁管理工作的有关要求，严禁公安民警参与征地拆迁等非警务活动。如果该《意见》得到有效实施，将有助于遏制各地暴力征地拆迁行为。

长期以来，征地拆迁暴力屡禁不止，其中一个很大的因素就是开发商在政府公权力掩护下肆无忌惮、为所欲为。虽然 2011 年 1 月颁布的《房屋征收与补偿条例》第 27 条规定："任何单位和个人不得采取暴力、威胁或者违反规定中断供水、供热、供气、供电和道路通行等非法方式迫使被征收人搬迁。禁止建设单位参与搬迁活动"，但是如果开发商可以串通当地政府动用警力强征强拆，岂不更加省事？

众所周知，"土地财政"是当今各地政府的主要财源，地方官员对征地拆迁具有"天然"的兴趣。虽然《房屋征收与补偿条例》对征收决策程序和补偿标准的确定都有所规范，但是毋庸讳言，征收与补偿程序的公民参与还远远不够，评估机构与法院的中立和公正程度也是很大的未知数。可以预见，各地政府仍然具有强大的征地与拆迁冲动。既然开发商交纳的土地出让金为政府财政收入做出了贡献，帮着办事似乎也是政府的"天然"义务。事实上，过去发生的几乎所有大规模征地拆迁冲突都是公权力强力推行的结果。只要地方"一把手"拍板，当地公检法一齐出动，公安警察尤其一马当先，充当强制征地拆迁的打手。

当然，《房屋征收与补偿条例》的一个主要亮点是废除"行政强拆"，建立了"司法强拆"制度。条例第 28 条规定，房屋征收须由市、县级政府"申请法院强制执行"。然而，这条规定有其模糊之处——究竟是由法院执行部门强制执行，还是政府申请法院批准并在批准后仍由政府强制执行？两种理解都不违背条例文本，而两种做法也确实各地都有。如果按后一种理解，其实"行政强拆"并没有被废除，而只是在其中加入了申请法院批准的程序。但是在司法不独立的情况下，法院批准对于终止"血拆"究竟能起多大作用？在此只能留下一个问号。

尽管如此，网民对于取消"行政强拆"还是抱有很大期待。据我们年初对近两万名网民的民意调查显示，只有 3.7% 的网民信任政府出面强制征收，高达 62% 的网民则认为强制征收应该由法院亲自执行。虽然司法不够独立，但是绝大多数网民仍然认为法院执行要比公安更文明。要有效终结"血拆"，有必要切断地方公安和征地拆迁之间的直接关联，让法院亲自执行强制征收。

《意见》禁止"公安民警参与征地拆迁等非警务活动"，至少明确了没有经过司法批准的征地拆迁是地方公安不得违法从事的"非警务活动"。这兴许是走向废除"行政强拆"的第一步。

如何防止地方政府"黑社会化"

当主要官员将自我牟利作为执政目标的时候，地方政府实际上已经变成了黑社会，而且是没有其它黑社会组织能够与之抗衡的黑社会老大。在黑社会运营过程中形成诸多黑色利益链，主要官员的亲朋好友及各类关系户成为利益链的上游，利用公权垄断并疯狂瓜分属于全体人民的公共利益，也就不足为怪了。土地是不可再生的稀缺资源，自然而然成为官商勾结、巧取豪夺的主要对象；攫取当地人民的土地并高价变卖不仅是地方财政的主要来源，而且也是官员个人黑钱的创收之道。在一个地方民主选举不发挥作用、地方官员不对当地人民负责的制度环境下，地方政府的黑社会化是十分自然的现象。

河北香河县就是一个典型的例子。该县党委主要成员和人大主任公然利用职权以超低价抢地，并自办公司或转手亲属使用，甚至制作"列强瓜分"该县土地的"规划图"，看似何其荒唐！但是在一个多数人民保持沉默、任人宰割的地方，一切皆有可能，任何荒唐的事情都可能发生。事实上，这幕荒唐的闹剧早在人大主任出手抢地这件见怪不怪的事情上就以命定，而且和后者相比小巫见大巫。按宪法规定，地方人大本来应该由选民选举产生，地方人大选举产生同级人大常委会及其主任，因而人大主任理应代表当地最广大人民的最根本利益；该县人大主任却反其道而行之，为了一己私利剥夺了当地最广大人民最根本的土地利益，可见当地的人大选举没有发挥任何作用。

至于三强公司老总因为父亲的关系成为暴发户，已经是香河县黑色利益链中的"第二等级"，但是这个"第二等级"不仅通过贿赂村干部等手段低价夺取大量土地，自行开发并高价倒卖县建设局、水利局、老干部局、城市综合执法局、火葬场等多块地皮，垄断该县热力供暖、城市和周边供水和猪肉检疫，而且通过贿选控制乡村干部并大量使用黑恶势力为强拆，甚至让县建设局长、信访局长、执法局长、水利局长和老干部事业局长退休后在公司担任副总，俨然一个自成一体的政府部门，足见其能量之大。这些退休老干部出面代三强公司办理手续并镇压失地农民，显然是在为黑社会办事。然而，既然县政府已经黑社会化，他们的身份并没有发生本质变异，只是从表面上的"白道"正式进入"黑道"而已。

大凡涉及用地，无非遵循两类原则。如果是私人（如企业）需要用地，须遵循市场自愿原则，用地人和土地所有权人在自愿协商基础上达成交易，断无强迫之理，否则就成了抢劫；如果是政府需要用地，则用途须符合公共利益，因为公权力只能为多数人而非特定的少数人服务，而且政府也有义务首先和土地所有权人谈判协商，只有在不能达成一致、万不得已的情况下才能动用强制征收权，并和市场交易一样按公平市价支付公正补偿。中国 1982 年宪法第13 条明确规定，征收必须符合公共利益并给予补偿。然而，一旦公权可以私用，诸如三强公司之类私营性质的企业可以动用政府力量强征土地，那么公权和私权就发生了致命的混淆；公权力被私人劫持后必然变质，成为犯罪团伙明抢暗夺、侵吞私产的凶器。香河县之蜕变为"三强县"本身即已说明，地方政府的黑社会化是那里发生的一切土地侵权的总根源。

从表面看，香河县的黑官员和黑企业之所以屡屡得手，是因为征地制度不完善；在公正补偿原则得不到落实的情况下，低价强征、高价倒卖自然成为各级各地官员的生财之道。虽然 2004 年修宪并没有明确要求"公正"补偿，但是新修订的城市房屋拆迁条例已经明确了这一原则，可以视为对宪法的一种补充，而农村土地征收与房屋拆迁的公正补偿在原则上也不再是什么问题。一旦失地农民获得了充足的补偿，他们自然不会给政府添任何麻烦，中国就真的实现和谐社会了，政府官员也就不用成天为"接访""截访"以及各类群体性事件发愁……不过那样一来，政府也就没得钱赚了，至多只能靠人为开发造成的地价上扬赚点利润，但是寻租空间必定大大压缩；甚至干脆，这个买卖不来钱就不做了，广大人民也能因此而免于盲目"发展"带来的强征滥拆之苦。

因此，为什么公共利益和公正补偿的宪法原则得不到落实呢？众所周知，"徒法不足以自行"，再"牛"的原则都不可能自我实现；任何原则之所以成其为原则，都是人自觉实施的结果。但是谁来实施公正补偿原则？实施宪法或法律的权力当然掌握在政府手里——事实上，这是他们的宪法和法律义务。然而，如果他们的法律义务和自己的切身利益相悖，他们自然不会自觉履行义务；多给失地农民一块钱，官员或开发商就少得一块钱。在这种情况下，谁能强迫官员履行他们不愿意履行的义务呢？当然只有广大选民，因为他们才是公正补偿的真正受益者。如果他们缺位，那么无论何方神仙大佬都无法迫使各级官员落实和自己利益冲突的原则。

在有着数千年自上而下集权传统的中国，上级命令应该是很管用的；近年来，中央也确实出台了不少保护农民利益的政策。问题在于，自上而下的集权控制存在三个方面的根本局限——意愿、信息和执行能力。首先，县官们显然不会傻到给自己惹麻烦，去征收决定自己命运的上级官员的房子；事实上，后者住的省城根本不在他们的管辖范围内。换言之，征地这件事和上级没有直接关系，因而感受不到农民失地之痛；既如此，他们为何要管这茬闲事呢？即便"上访"诉状递到他们那里，也很容易被县官们收买摆平。其次，更可能发生的是，高高在上的上级领导根本不知道下面发生了什么事情；基本情况都不知道，至少不清楚，也不容易弄清楚，让领导怎么管？最后，即便上级知道了并愿意管，也存在上级命令是否能有效执行下去的问题。"上有政策，下有对策"的现象在中国比比皆是，更何况法不责众——如果全国上下都在违法征地，中央政令很容易流于形式。

既然自上而下的集权控制成效极其有限，就只有依靠自下而上的民主控制，而民主机制万变不离其宗——真正的选举。选举搞好了，各级人大真正发挥作用，人大代表和村官真正代表人民的利益，否则下次改选就得面临下台，地方官员巴结选民还来不及，哪里还会有那么多胡作非为？如此，则政府政策和官员行为都大体符合人民利益，根本就不会发生在"发展"的幌子下强征滥拆、侵占民利的现象。反之，如果人民不能控制政府，公权力成为官员私人寻租的工具，那么今日上演在神州大地的一幕幕悲剧或闹剧就不可避免了。固然，除了民主之外，法治也能对控制官员行为发挥一定作用；如果法院能恪守公平正义的最后一道关口，强力施行公正补偿原则，也能还失地农民一个公道。然而，中国现实告诉我们，既然盲目"发展"本身就是民主缺位的结果，那么任何力量都无力阻止征收拆迁的泛滥，更何况独立性严重欠缺的中国法院根本无力抵制行政干预；事实上，许多地方法院和检察院的作用恰恰是为黑势力的暴力拆迁保驾护航。在民主缺位的制度环境下，即便相对独立的法院也很容易沦为维护少数人既得利益的帮凶。

在这个意义上，选举是甄别一个合法政府和黑社会的基本标准。其实结社是公民基本权利，任何社团或组织都有在合法范围内争取自身利益的自由，但是任何团体都无权使用暴力手段强行将自己的诉求强加在整个社会之上。所谓"黑社会"，本质上就是通过暴力手段实现自身利益和诉求的组织；无论这种利益或诉求是否正当，使用暴力本身就是不正当的，因为目标正当与否本来见仁见智，因而任何私人都没有权利用暴力实现任何目标，除非是在迫不得已保护自己生命安全的情况下。人类之所以建立国家，就是为了防止私人暴力，让政府垄断合法的暴力；政府的暴力之所以合法，不仅是因为政府在行使暴力（如拘押罪犯）过程中必须遵循基本法律规定的正当程序，而且因为政府暴力的目标本身是正当的——保护社会公共利益不受侵犯。但政府又是由一个个具体的官员构成的，每个官员都是理性自私的个体，而选举正是连接官员个体理性和社会集体理性的纽带；通过选举和周期性竞选压力，官员不得不在决策和执行过程中以公共利益为目标。一旦缺少这根纽带，一切决定都由官员自决自定，一切执行都由官员自执自行，那么政府实际上就是官员假借公权名义、利用国家暴力牟取私人利益的组织，也就是一个侵犯多数人利益的地地道道的黑社会。

因此，任何不是选举产生的政权都符合黑社会的基本特征，因为所谓的"黑社会"无非是一个维护少数人利益、伤害多数人利益的帮派。假如哪个"黑社会"能做到"大公无私"，为了维护人民的利益而牺牲自己的利益，那么这样的"黑社会"简直是"活雷锋"！可惜，"雷锋"只是一个经过精心包装的符号，和现实生活中的真人相差甚远。现实人性就是理性自私、趋利避害，现实中由人构成的组织也是这样。这就注定了任何不是由当地选民选举产生的政府本质上都是维护极少数人既得利益的"黑社会"。换言之，要让地方政府"去黑"，惟一的办法就是将选举权落到实处。

如果民主选举不能一步到位，公民参与可以部分缓解特定领域的公权私用。如果地方在决定征收之前能广泛征求民意，尤其是被征地人的意见，或至少补偿标准的确定要求多数被征收者的同意，那么民意或许多少能得到一定程度的考虑。即便如此，如果像香河县这样的地方政府已经蜕变为根深叶茂、势力庞大的黑社会，那么民意很可能在各种黑势力打压下销声匿迹。更重要的是，如果民主制度不能确立，那么公民参与只能头疼医头、脚痛医脚、挂一漏万；既然不能从根本上改变政府的黑社会性质，自然也就遏制不住体制自动生成源源不绝的恶果。即便哪一天地被征完了、房子被拆光了，政府也必然早已盯上其它扰民的生财行当取而代之。和黑社会在一起，人民不可能过安稳日子；而要治理地方政府的黑社会化，还是绕不过选举这道关。

捌、思想与言论自由及其界限

不言而喻，言论自由是个每次必谈的话题。知识分子要是连说话的自由都没有，那靠什么吃饭呢？知识分子要说话，就得让平头百姓也说话。假如言论自由不是全体人的，而只是一部分人的，那么这种只能打引号的"言论自由"注定是朝不保夕的，就如同"文革"时期刘少奇和批斗他的红卫兵拿宪法说事，要尊重他作为国家主席的"言论自由"一样。"延安整风"的时候干嘛去了呢？

"文革"之后几十年来，中国的言论自由取得了巨大进步，但这种"自由"只是事实上的自由——政府不管或管不过来了，所以公民可以随便说点什么；只要政府想管，那么任何言论都在劫难逃，当下每天发生的删帖、封群、封号就是明证。换言之，宪法第 35 条规定的言论自由并没有得到制度性保障。诚如温家宝在 2012 年"两会"讲话中所言，没有制度改革，不仅言论自由得不到保障，而且也没有什么能阻止"文革"重演。

人民是制度进步的原动力

2010 年以来，广东等地罢工事件频发，引起广东省委和全国总工会呼吁加强非公有企业的工会建设。如果劳工维权事件最终能成功促使中国工会制度改革，将成为平民推动制度进步的又一个范例。事实上，从 1978 年安徽小岗村 18 户农民自立契约包产到户开始，人民一直是中国社会制度进步的原动力。无论是收容遣送的废除、户籍改革的启动、刑讯逼供的防治还是拆迁条例的修订，触发制度改良的动力都是孙志刚、佘祥林、唐福珍这些名不见经传的平常百姓。改革开放三十年来，这些普通公民用牺牲自己的青春乃至生命的代价换来了全国人民的同情和觉醒，进而推动中国社会制度一点一滴的改良。

然而，作为社会公器，制度不是一部分人说改就改，而是靠掌握公权力的政府制定、实施和维护的，制度改革必须得到政府的承认、肯定与配合才算有效。1978 年，小岗村的村民们可以自己逃离"人民公社"的窠臼，但是显然不能打破制度本身；只有在中央全面推行家庭联产承包责任制之后，"人民公社"作为一项制度方寿终正寝。孙志刚事件、佘祥林冤案以及结果尚不明朗的唐福珍事件也都是在中央政府决意改革的情况下，才取得了制度进步或至少启动了改革进程。由此可见，建设性的制度改革是人民推动和政府认可的官民合作产物。没有人民推动，政府往往缺乏改革动力；没有政府合作，人民的愿望再强烈也不能升华为制度化的成果。

值得深思的是，随着官民矛盾越来越尖锐，人民和政府之间的合作似乎变得越来越困难。如果 1978 年的家庭承包制从一开始就得到中央的肯定，甚至可以说是中央和地方政府主动推进的结果，那么 2003 年国务院至少在舆论压力下决然废除了施行半个世纪之久的收容遣送制度。然而，强大的既得利益群体早已寄生于不公正的制度框架并反过来动用权力资源维护现有格局，致使制度改革难上加难、举步维艰。唐福珍自焚和造成了和孙志刚事件同样的公共反响，学者上书全国人大也得到了社会的广泛响应，但是国务院顺势出台的城市土地征收与补偿条例草案却遭遇地方政府重重阻力，迟迟没有下文。2010 年以来南方发生的罢工事件本来是工会制度改革的契机，但是不少地方政府却如临大敌，唯恐走漏消息，甚至和不良企业联手打击工人维权，因而目前仍很难说劳工冒着失业的风险播下的改良种子是否能结出任何制度果实。

在制度得不到实质性改良的情况下，中国社会必将继续上演一幕幕孙志刚、唐福珍式的悲剧。如果社会悲剧得不到制度化解决，那么人民就只有通过网络泄愤、媒体审判等非制度化方式表达自己的情绪，社会将不断积累失望、无助、悲观、愤懑、对立和不信任感，近年来频发极端分子袭击幼儿事件就是一例，而既得利益也将在越来越不安定的社会环境下变本加厉地诉诸自我保护。伴随着社会生态的每况愈下，官民合作与制度改良的机会将越来越渺茫，贪腐横行、权力泛滥、暴力抵抗等极端事件此起彼伏，中国或将陷于万劫不复之地。要防止这种灾难发生，政府须有大刀阔斧、厉行改革的远见和雄心，通过革除制度的弊端遏制权力的滥用、消灭悲剧的根源，使中国官民合作和制度进步进入良性循环。

当然，既然改变制度的原动力来自人民，中国制度进步的最终希望在于人民的自觉努力。作为共和国的公民，他们不能像唐福珍那样用自焚等消极方式表达自己的不同意，更不应像富士康少数"80 后"员工那样用跳楼轻率放弃自己的权利，甚至不能像孙志刚事件中的网民那样只是在悲剧发生后表达自己的愤怒。他们应该向当年小岗村的农民看齐，用果敢而理性的方式维护自己的权利，而近年来理性维权的工人正是小岗精神的化身。更重要的是，全体人民都应该用更加认真的态度对待自己的宪法，并用更加积极的行动维护自己的权利。

　　未来中国面临的严峻挑战，在于如何使人民的维权努力和政府的制度改良进入一个良性循环。既然政府的自觉改造可欲而不可求，制度进步的契机最终仍在于形成一个积极主动、自觉自为、理性审慎而勇敢进取的公民团体。

公民表达自由不容地方政府侵犯

　　2010 年 11 月 5 日，湖南郴州市政府发布通告，从 13 日起"限摩规电"，禁止非城区号牌的二、三轮摩托车进入城区，并要求市城区加油站一律不得为非城区摩托车加油。由于郴州市从事摩托车营运者多达数千人，限摩不仅使这些人失去生活来源，而且也将极大影响当地个体经营者运送货物。15 日，近千名摩托车司机聚集郴州市政府门口请愿，要求政府收回此令，部分请愿者还上街"散步"以示抗议，结果和警方发生暴力冲突，部分请愿者被警察拘捕。[1] 无独有偶，广东深圳市 10 月 26 日 7—12 时发生了当地第六次停运事件，10 家绿色出租车企业的 57 辆绿的在不同重点地段停运，抗议电动车、蓝牌车等"非法营运"现象长期未得到有效改观，从而使绿的司机经营困难，结果部分出租车司机因参与停运而被永久辞退。[2]

　　在上述两起事件中，地方政府的干预可能都具备正当目的。郴州市政府认为，城区摩托车非法营运、随意停车揽客现象严重，扰乱了城区道路交通秩序和公共客运市场经营秩序，滋生了"两抢一盗"犯罪行为，"严重损害了城市文明形象。"深圳绿的停运则给市民的出行带来诸多不便，据说也影响了行业的正常营运、"损害了行业形象"，并在社会上产生了"不良影响"。然而，这些看似正当的目的却不足以为政府干预提供充分理由，因为地方政府忽视了言论和行为的根本区别。即便限制某种行为的规定是正当合理的，但

---

[1]　褚朝新："湖南郴州千人'散步'反对限摩，传警方抓 12 人"，《新京报》2010 年 11 月 16 日。

[2]　"深圳 46 名出租车司机因参与停运被永久辞退"，中国日报网 2010 年 11 月 17 日。

这不意味着政府就可以剥夺公民批评有关规定的自由；即便公民批评得不对，表达不同意见的自由仍然受到宪法保护。

不要忘记，郴州市政府在此面对的不是摩托车的"非法运营"行为，而是希望继续运营的摩托车主抗议禁运的表达方式——请愿和"散步"。也许非城区摩托车的运营确实造成了市政府声称的后果，尽管我认为这种后果似乎夸张了一点，尤其是我们的地方政府动不动就拿"城市文明形象"说事儿，好像这个虚拟的"形象"比老百姓吃饭还重要得多，但是不论如何，即便限摩令本身合法、违反限摩令的行为违法，也绝不意味着公民不能通过各种方式对这项命令表达不同意见。宪法第 35 条明确规定，"公民有言论、出版、集会、结社、游行、示威的自由。"请愿和散步都是公民表达自己意见的理性和平方式，理应受到宪法和国家法律的保护，地方政府无权限制或干涉。

如果在请愿或散步过程中发生了暴力事件，政府为了维护公共安全与秩序当然可以也应该及时制止，因为暴力和表达无关，政府压制暴力不仅不侵犯任何表达自由，反而是保证表达过程平和理性的必要手段。郴州散步过程中确实出现了掀翻警车和砸坏道路护栏的暴力行为，因而政府可以事后适当处理，但这些行为似乎是当地政府如临大敌、调动大量警力到现场，进而引起部分司机情绪激动的结果，政府自身首先应该承担处理不当的责任。其实不同方式的游行示威在许多国家都极为常见，根本没有必要视之为虎狼，而政府不必要的紧张和防御过度恰恰是恶化气氛、激化情绪、激发暴力的诱因。

至于深圳停运，确实属于宪法和法律目前没有规定的罢工行为，但是没有规定并不等于禁止。事实上，深圳绿的司机进行的五小时临时性罢工本质上属于一种表达，目的是为了让政府和社会重视他们的诉求。当然，就和游行集会一样，罢工作为一种表达方式也应该按照法定程序进行，但是在目前法律没有规定任何程序的情况下，只要短时间、象征性的罢工没有严重影响实质性的公共利益

（而不只是虚无飘渺的"行业形象"或"不良影响"），那么地方就不应随意禁止，更不应对于参与停运的司机进行打击报复。

在强调法治的今天，各级政府似乎都染上了滥用法律名义的习惯，似乎什么事情一旦经其认定为"非法"，那所有问题都解决了；既然你是"非法运营"或"非法停运"，那么你所表达的一切也都一概"非法"，而政府对"非法"采用的一切手段都似乎是正当的。然而，这种习惯忽视了法律的基本界限，那就是法律在原则上只能控制行为，而非思想和言论。事实上，什么合法、什么非法本身并不像市委书记拍脑袋那么简单。郴州市是否应该禁摩、深圳市的出租车司机待遇如何改善，并不应该由这些地方领导一纸命令说了算；只有在广泛征求市民意见的基础上，郴州市的摩托车规范、深圳市的出租车管理才能真正找到符合当地人民利益的答案。

和其它表达方式一样，和平集会正是反映诉求、解决矛盾、缓解压力的制度化渠道。一旦地方堵塞了表达不同意见的渠道，那么地方规定难免会严重影响某个人群的基本利益，而散步、停运乃至暴力冲突只会越来越多。

城管网评是违宪之举

据 2010 年 5 月报道，广州城管部门将组建网评队伍，"旨在正面引导城市管理方面的舆论。"[1] 起因看来是 2009 年"番禺城管队长醉驾打人""天河城管小贩互殴"等事件在网上传播后轰动一时，网络传播力受到广州城管系统的"高度重视"。广州城管的忧虑固然可以理解，但是由城管部门自己建立网评队伍并"正面引导"舆论则不仅注定徒劳无功，而且还显然违反了宪法第 35 条规定的言论自由。

初看起来，广州城管并没有也不太可能限制大家的言论自由，网民还是可以针对广州城管行为自由发表言论，但是只要稍加推敲即不难发现其中的问题。中国有句俗话，"身正不怕影子斜"；如果城管没做错，为什么害怕网络评论？如果做错了，那就更没有权力"正面引导"舆论，因为这样的"引导"显然就是误导和掩盖真相。网络言论当然不是句句都正确，其中甚或有造谣中伤、诬陷诽谤，但是如果我们还相信"群众的眼睛是雪亮的"这句话，相信绝大多数网民的基本人格和判断能力，那么网络言论是根本用不着"引导"的。"清者自清"，在经过一番自由辩论之后，网络评论自然会还广州城管一个公道。这不是说广州城管不能就事实真相发言，现在各级政府也都模仿国外建立了新闻发言人制度，而是说政府的发言或澄清只是庞大言论市场的一个版本而已；究竟采信哪个版本，广大网民自有公论。因此，广州城管拟建的网评队伍只可能产生两种结果：或者压根没有必要，或者构成对自由网络评论的操纵和误导。

不受操纵和误导的网络评论不仅是宪法第 35 条的题中之义，

1　见"广州城管部门将组建网评队伍引导网上舆论"，《京华时报》2010 年 5 月 18 日 。

而且对于中国社会的和谐发展极为重要。自 2003 年孙志刚事件以来，中国社会近年来的重大人权进步无一例外都是在网络舆论推动下取得的，城管问题本身也是如此。没有自由的网络言论，包括崔英杰案和湖北天门城管案这样重大的事件都不可能产生广泛的社会影响，更不可能引起政府本身重视并采取相应对策。一旦网络言论"被引导"，城管形象也许一时得到维护，但是社会其实更不和谐了；城管权力无所顾忌，侵犯人权的现象愈演愈烈，却在媒体和网络上都得不到反映，以至整个社会和政府都生存在信息匮乏的集体无意识之中，犹如"盲人骑瞎马，夜半临深池"，这样的社会怎么可能得到健康持续的发展呢？在屏蔽社会批评之后，"城管"注定将偏离城市管理的初衷。

不要忘记，广州城管乃至整个广州市政府都是由广州纳税人供养的，城管的职责本来是为了广大纳税人的利益依法履行城市管理职能，而不是维护自己的形象。城管是否适当履行了职责，当然不能由城管自己来评价，而是应该由接受管理的社会公众在言论自由的环境下进行评价。现在广州城管用纳税人的钱供养一支"网评队伍"，目的无非是对广州公众而言有害无利的自我形象维护，本身即已构成不正当的挪用。当然，发达国家的政府也有新闻发言人制度，但是新闻发言人的目的在于向社会披露政府信息或澄清政府立场，而不是刻意为政府自己说好话。再说了，为自己说好话本是天经地义之事，但是这种自我评价究竟会有多少人信呢？

广州城管建立网评之举让我想起了德国 1977 年的"官方宣传案"。在 1976 年的联邦选举前夕，德国出版和信息局等官方机构利用政府资金，发布了 600 万份传单为当政的社会民主党政府说好话，其中刊登在《镜报》的一幅政府资助的广告称："总之，本届政府给你们带来了更多的自由。"这些经费本来是给行政机构发布信息用的，现在却用来宣传现政府的政绩，结果被在野的基督教民主党告上宪政法庭。联邦宪政法院判决这种做法违反了《基本法》规定的议会民主和选举自由等宪法原则，而其中的一个重要理由就是所有纳税人都承担着维持国家的代价，因而无论哪个党派执政，政府都必须为了社会的公共利益而非自己的私利服务。这是为什么政府虽然掌管国库，却不能为了维护自己在选民或纳税人心中的形象而动用国库。这也是为什么诸如"美国之音"这样由政府资助的官方媒体确实可以宣传美国体制的好处，但是立场再正统也只能针对国外听众广播，在美国国内是听不到"美国之音"的，否则就等于在动用国家资源干扰国内的言论自由。

广州城管不能用广州纳税人的钱来维护自己的形象，更不能通过"正面引导"来操纵网络对城管行为的评论。

"垃圾"何劳领导清

据 2010 年 5 月报道，江苏滨海县一家民营网站开设的"滨海论坛"人气很旺，尤其是论坛曝光了当地教师体罚学生、学校乱收费和违规补课、学校负责人以权谋私等几起"教育事件"，其中有些引起了当政府的重视和处理，论坛也成为当地教师谏言和举报的网络平台，可是这个表达民意、倾诉民生的舆情渠道却被当地教育局封杀。[1] 滨海县教育局长承认在教育系统接入的城域网上封闭了论坛，致使众多使用校园网的乡镇和县城教师不能进入论坛。"封网"的真实原因无非是教师在论坛上揭露了"教育家丑"，县教育局自然很"反感"，认为"论坛成了少数别有用心的人恶意攻击滨海教育的阵地，少数人发泄不满的垃圾场，对滨海县教育形象产生了非常不良的影响"。

滨海县教育局这么认为一点都不奇怪，谁会喜欢别人对自己管辖的事儿说三道四呢？也许"滨海论坛"上确实存在某些无中生有、道听途说甚至恶意攻击的"垃圾"，但是清除网络"垃圾"哪里用得着劳烦领导出手？如果论坛只是一小撮在县教育局眼里"人品素质和教学成绩较差的教师"在那里自娱自乐，根本掀不起什么风浪，又有何必要插手那些无聊事？不过看来县教育局还颇顾忌论坛在当地的影响力，看来那一小撮还拥有为数不少的读者，否则如何可能"对滨海县教育形象产生了非常不良的影响"？只是如果那样的话，那么只要县教育局并不认为只有自己一贯正确，而县里的绝大多数教师和家长是无知的阿斗，只要"滨海论坛"上的绝大多数网民都有作为成人的基本判断力（否则滨海那个地方的素质似乎也太

1　"江苏滨海县一论坛被封，教育局官员称其垃圾场"，《扬子晚报》2010年 5 月 31 日 。

成问题了，如此又何来一贯正确的县教育局呢？），那么县教育局就更用不着"封网"了，因为论坛上广大明辨是非的网民就足以将那伙人驳倒批臭。更何况即便论坛上的某些指责不实，地方政府也不是哑巴，完全可以在有关部门调查后予以回应，以正视听。滨海县教育局的"封网"之举只能表明它确实将当地网民当作一伙"不明真相的群众"，特别容易上当受骗、"被坏人利用"，因而只有通过"封网"才能断绝"不良信息"对他们的影响。

当然，滨海县教育局根本没有权力判断什么是网民不能接受的"不良信息"，尤其当这些信息指向它自己的时候；这个道理就和被告没有权利宣判原告诬告一样简单，否则岂不什么都乱套了？除了酒鬼之外，任何人都没有权利宣称自己一贯正确，而所有反对自己的人必定错误；如果造物主对人类天赋的赐予是基本公平的，那么当同样的事实和道理摆在众人面前的时候，大多数"不明真相的群众"要比少数自诩一贯正确的精英更可能做出正确的选择。这正是为什么宪法第 35 条明确规定了公民的言论自由——不受干扰的说话和听话自由，而滨海县教育局的"封网"行为只能说明某些地方政府部门对宪法常识何其无知。

地方"封网"行为不只是藐视宪法，而且直接挑战中央权威。近年来，中央一直提倡建设和谐社会，而"封网"却恰恰要用假"和谐"扼杀真和谐。试想滨海广大教师不能通过"滨海论坛"等便利渠道反映当地教育部门的胡作非为，"不良信息"确实过滤了，滨海县的"教育形象"确实提高了，滨海看上去更"和谐"了，但是除了掩盖问题、扩大矛盾、为虎作伥之外，"封网"又能带来什么？滨海县的教育问题得不到反映，当地政府和上级部门无从得知，更谈不上处理，为非者更加有恃无恐；等到事件越闹越大，教师或家长逐级上访，最后云集北京讨要说法，地方问题不能在源头上得到及时解决，终于演变为中央不得不出面解决的全国问题，这不是给中央出难题又是什么？

　　由此可见，要营造真正的和谐社会，化解源源不断的上访大军，中央的当务之急不在于替代地方解决具体问题或亲自监督各地各级的众多地方官员，而在于完善言论自由等宪法规定的国家制度；要保证通畅的言路，首先就必须禁止公然违宪的地方"封网"行为。

"人肉搜索"追责须区别干部群众

2010 年 7 月 1 日施行的《侵权责任法》第 36 条规定，利用网络侵害他人民事权益的网络用户和服务提供者应承担侵权责任。这一条之所以引起诸多争议，是因为任何现代社会都有两种性质不同的内在需求：一是网络应该为个人生活提供便利而非烦恼，任何人都不希望自己因某个不合主流的言行举止得罪了多数网民而受到不必要的困扰；二是任何人都有发表见解以及接受甚至主动挖掘信息的自由，而这种自由对于一个社会控制权力滥用和官员腐败是极其重要的。事实上，这两种权利在 1982 年宪法中均有所体现：第 35 条规定了公民的言论、出版等自由，第 38 条则规定"人格尊严不受侵犯，禁止用任何方法对公民进行侮辱、诽谤和诬告陷害"。要兼顾上述两种需要，实际上就是要解决相应两种宪法权利的潜在冲突。《侵权责任法》的主要目的在于保护财产和经济权利之外的人身权，但是要实现一部基本法律对于促进国家公共利益的基本使命，对其条文的理解便不能局限于私人民法权利保障。为了中国社会的健康和谐，某些更深远的考虑可能要求限制乃至牺牲部分隐私权，至少是一部分人的隐私权。

第 36 条笼统规定了侵害"民事权益"的法律责任，而"民事权益"的界定本身受制于复杂的法律解释；如何兼顾多数网民的言论自由和个人隐私权益，以利在最大程度上协调不同群体的权利诉求，属于民法学人的使命，在此不赘述。任何法律的最终目的无疑都是保护个人，隐私权的法律保障就是要为个人提供一个安宁的处所，其中个人可以在不受外界骚扰的环境下追求有尊严的生活。然而，法律并不设定一种动辄担惊受怕的神经质人格；绝大多数人都有承受评论、指责、嘲讽乃至谩骂的一定能力，而并不会因此而受到实质伤害，更何况负面评论多半是因为个人公开言行在先引起，有的甚至为了成为"公众人物"而刻意吸引他人关注，因而无论正面与否，他人评论应被认定为其预期容忍的正常范围之内。言论自由的自然之理是任何人都有自由发表言论，但是他人也同样有自由对此发表评论，尖刻的批评乃至"爆粗"一般并不构成宪法或法律意义上的"侮辱"。必须理解的是，在一个人格健全的社会，不仅一般评论者有底线，被评论者有宽容，而且大多数读者听众都有鉴别金玉良言和"下三滥"的基本能力；庸俗乃至粗俗的骂街不仅不会损害被评论者的声誉，反而有损评论者自己的形象。更何况"清者自清"，被评论者完全有能力通过自由言论反击对自己的不实指责，国家并非网络空间的清道夫。因此，每日大量诸如此类的网络交流并非《侵权责任法》规制的适当对象；就像公交车上的挤压、推搡、踩踏一样，这些日常交流的是是非非与其留给法律规制，不如留给网民自我评价和约束。换言之，国家法律所保护的注定仅限于个人核心人格；只有在"人肉搜索"等网络行为确实给当事人造成了其预期之外的人身、财产、精神等实质伤害，才构成"民事权益"的侵权责任。

如果普通"群众"的隐私权和言论自由之间必须适当划界，那么这条界限为国家"干部"等公众人物保留的个人隐私将大为缩减。之所以如此，是因为公众对的政府官员具有天然的知情权。品德、个性、能力、财产、立场、行为乃至外表等个人信息对于常人而言是"隐私"，对于官员来说就是必须披露的公共信息，因为只有具备这些信息，人民才能理性判断特定官员是否适合作为"社会公仆"。和普通人不同的是，政府官员是靠纳税人的钱供养的，他们的所作所为理当符合社会多数人的公共利益，因而一旦成为公职人员即意味着自动放弃诸多隐私保护。换言之，《侵权责任法》第 36 条所保护的"他人"只包括普通身份的私人公民，政府官员等公众人物应被排除在外，至少其"民事权益"受法律保护的程度应远低于一介平民。为了保证"执政为民"、控制公权滥用，官员的隐私权必须为公民的言论自由和知情权让路。因此，对于官员等公众人物来说，"人肉搜索"根本不是一个问题，因为官员个人信息本来就是要向社会公开的；如果关于官员财产等本该公开的信息却因为种种原因难以公开，而网民有能力将这些信息调查清楚并公布于众，那不仅不是"侵犯隐私"，而且是对中国民主和法治立了一件大功。

因此，《侵权责任法》第36条在适用过程中必须谨慎区分"干部"和"群众"，否则就会违反宪法第35条保障的公民针对官员的言论自由。这首先意味着公民有评价政府官员的绝对自由，无论如何尖刻的批评都是宪法第35条保护的正当表达，因而都不可能构成对官员"民事权益"的侵害，任何对主观评价的限制或惩罚都必然是违宪的。其次，即便事实出入也一般不能被定性为侵权"诽谤"。试想如果网民爆料江宁贪官周久耕抽的"天价烟"是1500元一条，但实际上是1400元一条，周久耕能否诉网民或网络服务商"诽谤"并索要赔偿呢？假如这样，就没有人敢对他进行"人肉搜索"了，因为谁都不能保证挖掘出来的信息是100%准确的，即便准确也难以在法庭上举证。伴随着网络言论自由的消失，大小周久耕们就可以倚靠《侵权责任法》的保护而招摇过市、逍遥法外了。这难道不是对国家法律的最大讽刺吗？

这正是1964年美国里程碑判例"纽约时报案"所指的"冷缩"效应——诽谤法的严格实施确实保护了官员名誉或隐私，却将因小失大，造成公民和新闻媒体噤若寒蝉，整个社会也将失去控制公权滥用、防治官员贪腐的自由屏障。为了保障公民的言论自由和知情权，只好牺牲官员的隐私和名誉保护；作为"人民公仆"，应该不会在乎这点为了人民的长远公共利益而不得不付出的代价吧。"纽约时报案"是针对媒体的新闻自由，但是其逻辑对于网络言论而言同样适用。尤其在一个新闻监督力度不足的国家，传统媒体往往不能有效挖掘和披露社会理性治理所需要的关键信息，包括"人肉搜索"在内的网络力量就显得尤其重要。宪法第35条对于保证国家长治久安的深远意义，也正在此。如果《侵权责任法》第36条的实施不分青红皂白、实行官民"平等"，那么表面上保护了个人隐私，实际上是在保护大小贪官滥用公权、侵犯民权的自由。

当然，这并不意味着官员和公众人物的隐私失去了所有法律保护。作为人，他们的人格尊严理应受到法律的平等保护，只是在更大的公共利益面前，其权利的受保障程度有所缩减，而维权难度相应增加。如果官员依据《侵权责任法》第 36 条起诉"人肉搜索"，那么他至少有义务证明由此引起的流言蜚语中确实存在不实成分，因为个人信息大都掌握在他自己手里，同时证明不实言论实质性地侵害了他的"民事权益"。为了保证言论自由、防止"冷缩"效应，官员针对非法"人肉搜索"所能主张的法律救济应主要限于赔礼道歉、消除影响、恢复名誉等方式，赔偿则应严格限于直接的物质损失。事实上，绝大多数争议根本用不着动用公检法；如果官员自己上网澄清事实，那么不仅足以还自己一个清白——如果是清白的话，而且也直接推动了信息公开和官民对话。

劳教"推友"是错上加错

2010 年 10 月 17 日,"推友"程建萍和华春珲在无锡网上看到四川绵阳反日游行的视频,对一些游行者抢砸路边行人的录像机、照相机表示不满,随后在推特上发了一条推文:"反日游行和砸日货没有新意,你们可以坐飞机到上海去,砸上海世博园内的日本馆。"程建萍在转发推文时还加了一句:"愤青们,冲啊。"为此,程被无锡警方拘留 5 天,华被拘留 10 天,而拘留期满后,程又立即被其户籍所在地的河南公安部门从无锡押回,并被判处劳教一年,目前在河南女子劳教所。

凡是有一点中文常识的人都能读懂这条推文的真意:它显然不是真的鼓动人们去上海砸世博,而只是讽刺那些不理智的"愤青们"——你们不是仇日吗,有种去砸世博日本馆啊?!如果一开始发的推文还有那么一点暧昧,最后加的这句已将嘲讽之意点得明白无误;任何"愤青"看到这个段子,都不会为之热血沸腾,真的冲到上海去的,除非他是一个弱智的白痴。换言之,如果我们可以假定接收这条信息的中国"推友"并非不解其中义的白痴,那么这条推文是不会产生任何实际危险的。既然如此,有什么理由拘留这两位"推友",甚至将其中之一送入劳教所呢?

中国宪法第 35 条明确规定:"公民有言论自由"。推特上的信息是言论的一种表达方式,因而显然受到宪法保护。所谓宪法保护,就是指公权力不得无故通过惩罚言者来限制言论;只有当言论确实存在"清楚与现存的危险",一旦发表就马上会造成严重骚乱或其它形式的人身或精神伤害,政府才有权限制或惩罚言论。譬如 2005 年 8 月底,在伊拉克一座大桥举行的宗教庆典上,有人大叫"恐怖袭击来了!",结果造成众人在不明就里、慌乱逃窜中相互踩踏、伤亡惨重，这样的言论就造成了"清楚与现存的危险"，因而事后惩罚谣言散布者是完全正当的，言论自由显然不能被用来保护如此有害的言论。

然而，如果某个言论并不会造成如此清楚与现存的实际危险，如果言论所造成的潜在危险只是一种主观猜测，或这种危险不会马上发生，而是可能在将来某一个不定的时间发生，那么都没有正当理由限制言论。要不要举行反日游行，这本身是一个可以探讨的问题，而游行本身只是表明示威者的反日情绪，并不会造成任何直接的人身或精神伤害，因而有关部门根本无权禁止。甚至砸日货是不是反日的最有效表达方式，也应该允许商榷，只要这种主张在当时的情境下不会马上产生有害的行动，因为一旦有时间讨论，那么讨论或辩论本身就是防止有害行为的最有效途径。这并不表明我个人同意这种主张——恰好相反，我认为这肯定是愚蠢的，但我同样肯定地认为，任何人都没有权利将自己的判断在不经自由辩论的情况下强加到其他人身上。事实上，制止非理性的最有效方式是理性说服；非理性的粗暴处理方式不仅不会转化非理性思维，反而会衍生更大的非理性，暴力只能产生更多的暴力。如果不经说理辩论我就把你的嘴堵上，你能心服口服吗？

在所有暴力处理方式中，以合法形式出现的政府暴力是最糟糕的。这不仅因为政府以合法名义所掌握的暴力机器最强大、最说一不二因而也最容易走向专横，而且因为公权力的每一次错误滥用都从根本上损害政府的合法性，并腐蚀人民对政府法治的信心。也许有人会说，政府滥用公权的可能性不大，因为政府官员比你我平民百姓更高明，他们的判断要比社会多数人更可能正确。可惜的是，事实证明并非如此。"周老虎事件"等大量例子充分表明，政府并不等于正确；官员不仅未必有意愿维护真理，而且也未必具有高于常人的能力发现真理。毕竟，人民不是白痴，他们完全具有正常的是非判断能力。中国俗话说，"三个臭皮匠，胜过诸葛亮"；在多数人民和少数官员之间，我宁可信任前者的判断。本案再次证明了这一点：我相信任何"推友"在看到这条推文之后都不会把它理解为鼓动暴力，为什么我们的地方官员却偏偏以莫须有的罪名对当事人进行拘捕和劳教呢？这究竟是官员弱智还是别有用心？惩罚如此平常的正常交流，显然属于公权力的滥用，严重侵犯了两名"推友"受宪法保护的言论自由。

在侵犯宪法权利的实体错误之上，河南地方公安部门还运用了错误的限制方式。作为对人身自由的严重限制，劳动教养制度一直缺乏全国人大或其常委会的立法授权，因而显然违背已施行十年之久的《立法法》第 8 条。虽然劳教制度近年来确实主要被用于戒毒，但是仍然有相当部分的公民因其它理由而受到劳教管制，包括在本案中因言获罪的程建萍。劳教在中国相当于国外的轻罪，公民最长可失去四年人身自由，而这个时间实际上比许多刑事判决还长。尽管如此，由于劳教措施并非针对刑事犯罪，因而整个劳教决定过程也不带有伴随刑事诉讼的任何司法保障；在本质上，劳教的决定机构是以当地公安部门为主导的行政机构，不具备任何独立性或中立性，因而政府实际上做了自己案件的法官，违背了最基本的法治原则。这样就注定了劳教决定的草率和任意，地方官员可以将任何自己看不惯的人用"劳教"的名义关起来，从而严重侵犯公民的基本自由。

在本案，地方公安部门一错再错，以劳教的形式惩罚正常交流的"推友"，只能被理解为公权力的故意滥用。要防止类似的现象重演，除了让宪法言论自由落到实处之外，还须按《立法法》的要求废除现行劳教制度，进而将限制公民人身自由的任何措施都纳入法律的轨道。

批评学校是学生自由

　　据报道，北京大学将从 2011 年 5 月起在全校推广实施对"重点学生"的"学业会商"制度。[1] "重点学生"包括学业困难、思想偏激、心理脆弱、经济贫困、学籍异动、生活独立、网络成瘾、就业困难、罹患重大疾病、受到违纪处分等十类学生。北大学工部副部长表示，会商主要是了解多次挂科的学生学业困难的原因，但同时也会关注一些"思想偏激"的学生，因为一些学生经常夸大学校工作的细微漏洞，"比如动不动因为食堂饭菜涨两毛钱就批评学校。"

　　如果这些"细微漏洞"确实只是鸡毛蒜皮，那么学生对鸡毛蒜皮的批评——无论如何"夸大"——本身也只能是鸡毛蒜皮，但是一所被公认为倡导"兼容并包"的大学不仅将此升格为"思想偏激"，而且给予特殊的"会商"待遇，却绝不是鸡毛蒜皮，也不只是一种讽刺或黑色幽默，而只能被定性为一个严重的宪法问题，因为批评学校本来是学生的基本权利。宪法第 35 条明确规定，"公民有言论自由。"北大有义务遵守宪法，因为它是一所国家建立和维持的公立学校，因而它和政府一样带有公权力性质。一般人可能认为"公"字头或"国"字头的机构都很"牛"，但是在宪法眼里它们其实是"弱势"的，因为恰恰是"公"性质使它们和纯粹私人机构不同，让它们直接承担尊重宪法和公民基本权利的义务。

　　不过从北大会商制度的出台可以看出，有关部门对自己的宪法义务并没有足够清醒的认识。他们似乎也不理解一个常识：就和批评一个人是对那个人好，批评一个国家是对那个国家好一样，批评

---

[1] "北大将对'思想偏激'等十类学生进行会商"，《西安日报》2011 年 3 月 25 日。

北大也是对北大好，而无论批评本身是否在理，也无论批评者是谁。事实上，北大经常受到外界批评。有人批评，至少表明有人在乎；用俗话说，就是别人看得起你才说你几句。有人批评北大，表明北大可能做错了什么，固然不算什么好事；但是如果这样能促使北大反躬自省、改正错误，则未尝不能把坏事变为好事。因此，我一直以感恩之心看待外界对北大的批评，因为只有这样才能让自己所在的学校变得更好。

有人或许会说，外界批评得对，固然是对我好，但批评错了难道也是对我好吗？是的，批评错了也是对你好。这真是宪法第 35 条的深意所在。古今中外，我们没有看到吐沫星儿淹死过人的，但是讳疾忌医确实会死人。这个道理不需要在此多说了。错误的批评甚至流言蜚语真有那么可怕吗？一个流行的说法是那样会损害北大的"声誉"，但是我并没有看到北大的声望如何受损。更何况北大不是哑巴，对于不实的说法完全可以辟谣。只要保证言论自由、舆论公开，北大永远享有为自己辩护的权利；损害言论自由的环境，最大的受害者正是北大自己。一旦形成压制言论的习惯，那么遭到堵塞的不仅是错误或鸡毛蒜皮的批评，而且也包括那些正确乃至意义重大的批评；北大的管理将变得流弊丛生，而失去自我修复与革新的能力。即便拿声誉说事，我看损害北大声誉的也不是各式各样的批评，而恰恰是这个禁止自己学生批评的会商制度。

这个道理北大应该能明白，但"北大"是谁呀？是历史上的那个北大？是校长和院长们管理下的那个北大？是全体教职员工的北大？还是学生们的北大？这个问题还真不好回答。至少面对外界的批评，学校领导和决策者们应该会感触更深，因而自然会下意识地运用自己手中的资源来保护"北大"。这可不，外人批评北大，拿他们没什么办法，但是本校学生在自己的"管理"掌控之下，于是就出了这么一个"会商"制度。但是有关部门忘记了，本校学生和外人一样是权利受到宪法保护的公民。事实上，他们是大学管理的直接体验者，比一般外人更了解有关措施的效果与合理性，因而也更有发言权。再说既然已经承认工作存在"细微漏洞"，学校有什么权利不让他们批评呢？有什么权利认定什么思想中庸、什么思想"偏激"？又有什么权利自己界定"细微漏洞"和重大失误呢？食堂饭菜涨两毛钱对于在学校食堂吃饭的领薪教师和管理人员来说不是什么大事，但对于来自农村的家庭贫困学生来说却很可能不是小事，他们评论几句不也很正常吗？管理者和决策者的自我保护是一种可以理解的本能，但是压制在校学生言论的规定却对北大显然有害，而宪法第35条的作用恰恰在于遏制这种有害的本能冲动。

在这个意义上，宪法第 35 条其实不是规定了什么义务，而是为北大等所有公权力机构提供了一种强制保护。思想与言论自由不只是一条宪法规定，而是北大自新文化运动以来一贯倡导的反专制理念，也是历史积淀形成的象征北大精神的核心"品牌"。损害这个"品牌"才是对北大的致命伤害。

"绿领巾"侵犯学生表达自由

2011 年 10 月，西安市未央区第一实验小学让"学习、思想品德表现稍差"的学生佩戴"绿领巾"。此举被认为对这些孩子"心理造成极大创伤"，已被主管部门叫停。其实，要求孩子佩戴"绿领巾"的做法除了伤害他们的自尊，在学生当中造成"好生""差生""红领巾""绿领巾"的差别对待之外，更大的问题在于侵犯了所有孩子的表达自由。在目前的教育体制下，如果学校和老师要求学生做什么，学生显然是不可以不做的。因此，佩戴"绿领巾"是对学生服饰的一种强迫，而服饰是个人表达的一个重要方面，强迫要求某种特定的服饰只能被认定是对宪法第 35 条赋予的表达自由的粗暴干涉。

服饰属于一种表达方式，殆无疑义。记得在遥远的计划经济时代，国家什么都计划，连公民穿什么衣服都属于计划范围。在计划体制下，人民的服饰本来就十分单调，基本上是清一色的"中山装"，即便女性也很少穿红戴绿，喇叭裤、超短裙等"奇装异服"更属于禁忌之列。七十年代，我曾在上海长风公园亲眼看到一名青年因穿喇叭裤，而被保安当众脱掉外裤用竹条抽打，当时引来大量"围观"。在社会高度多元化的今天，这种现象当然是匪夷所思的。随便到哪所城市看看，不难发现当代中国人的服装几乎和西方人一样多元，也很少再有人会对平民百姓的穿戴指指点点。只有在"世博会"期间，上海市政府为了维护"市容"而禁止市民穿睡衣上街，而此举当时也引来颇多争议。不夸张的是，今天中国人早已形成一个基本共识，那就是老百姓穿什么不是政府该管的事。

用法律话语来表达，穿戴是个人的一种表达方式，受宪法第 35条规定的言论自由保护；除非是为了实现重要的公共利益，政府无权干涉这种表达自由。当然，表达自由不是没有底线的，譬如我们不能动不动就脱光衣服在大街上"裸奔"。毕竟，社会有一个基本道德底线；一旦公民超越了基本底线，宪法并不能保护我们不受法律制裁。然而，这个底线不能太高，政府规定的禁忌不能太多，否则就必然构成对表达自由的任意干涉。即便社会大多数人对某种特定式样的服装不感冒，也完全可以公开表达自己的反感，而没有必要通过公权力的强制手段迫使其消失。作为成熟的公民，平民百姓对自己的穿戴自然有自己的判断，凭什么说少数领导对服饰的判断就比多数百姓更高明呢？哪种服饰更好本来就是一个见仁见智的问题，有什么标准说一种服饰比另一种更"正确"呢？

和成年公民一样，未成年人的表达自由也受宪法第 35 条保护的保护。虽然未成年人因为心智尚未成熟而不享有选举权，但是作为人，他们同样享有宪法和法律保障的其它基本权利。当然，在人格形成阶段，未成年人的言行可以受到更多的管束，学校也可以对学生的外在形象有所要求，譬如禁止过于裸露或剃"阴阳头"等怪异表现。事实上，学校完全不必管得太多，因为学生（尤其是小学生）的穿戴一般由家长负责；即便有个别学生穿戴怪异，他们一般也是其他学生嘲讽而非追捧的对象。最后，即便学校可以禁止"奇装异服"，也不等于可以要求任何一种特定服装。只要不属于极少数过分"出格"的方式，学生完全可以选择自己喜欢的服饰，学校无权干预，更无权将某种特定的服饰强加在任何学生身上。

在这个意义上，红领巾和"绿领巾"同样成问题，因为两者都是学校对学生的强迫表达。当然，红领巾一般是对"先进"学生的一种嘉奖（至少以前如此），因而戴红领巾被认为是学生的一种"荣誉"。但事实上，戴红领巾是学校的要求；一旦发了红领巾，学生是不能不戴的，否则就会被学校老师以及同学视为"异类"。大多数人或许不以为然，一条红领巾没什么了不起，发了让戴就戴呗；教育领域不平等、乱收费等等猫腻多着呢，犯不着为这点小事较真，但我认为这并非小事。一条红领巾很便宜，甚至表面上不要钱，但它是对孩子意志自由的原始侵犯；不知不觉中，中国人的独立意志从小就被一点点蚕食，从这个模子里只能长出不能独立思考、不敢挑战权威、只会唯唯诺诺、只能人云亦云的应声虫。

当然，如今中国中小学更明显的强迫表达是千篇一律的校服。如果说红领巾或许多少还有点激发"革命斗志"的作用，校服则除了让一个学校的学生看上去单一整齐得可怕之外别无它用。说实话，我见过的绝大多数校服都设计得相当粗糙难看，各校的校服设计也大都雷同；让学生们皮皮遢遢套着这样的制服走来走去，是对自己学校的所有学生的一种侮辱。青少年本来朝气蓬勃、个性各异，穿上如此清一色的制服，又怎么可能好看？全国数亿中小学生，校服制作必定已形成巨大的利益链，学校和制造商都少不了好处；商业牟利必然尽量压缩材料、工艺等成本，如此制作的校服又能好到哪里？不信？那就取消硬性要求，把校服按照实际收取家长的费用明码标价放在商场橱窗里，让学生自愿去买，看看一年究竟能卖出几件。现在强迫每个学生买校服、穿校服，实际上已回到计划指令经济，甚至有过之而无不及；除了每周按要求穿个把次之外，平时是不会有人去穿校服的，因而"校服经济"其实是一种巨大的资源浪费。即便在计划经济的高峰，也没校服一说；那时的学生服装式样单调，但至少不像现在这样单一。在一个高度多元化的社会目睹清一色的校服奇观，反差之大令人叹为观止。

目前中小学对学生服饰的种种规定都是对学生表达自由的不当干涉，"绿领巾"只是其中一例而已。

富士康连环跳楼事件折射工会缺位

2010 年 5 月 25 日清晨，19 岁青年李海从深圳观澜富士康大楼上纵身跳下，制造了这家企业在过去半年内 12 位员工跳楼自杀、10 死 2 伤的纪录。如此令人震惊的"血汗"纪录却引来了诸多无关痛痒的"分析"，有的说是富士康的"企业文化"问题，因为企业内部管理实行严格的命令—服从模式，上级可以动辄训斥打骂下级；有的说是农民工不能适应快速工业化、城市化、现代化转型，致使企业不得不实行"严格"的管理政策；有的说是 80 后、90 后心理素质脆弱，不能像老一辈那样任劳任怨、做牛做马，不能接受吃饭、干活、上厕所、睡觉这种周而复始、机械乏味的流水线生活，甚至还有的说是媒体报道对员工自杀产生了不良的鼓励效果……一个员工跳楼可能是个人问题，但是面对那么多青年人群起而效之，我们却还热衷于在自杀者"自己身上找原因"，看来中国人确实已经发展到了不把自己的人命当回事的地步。

在我看来，接二连三跳楼自杀的原因很简单，那就是中国工人在工会保护缺位的环境下遭遇彻底"原子化"。如果不是劳动环境极其恶劣、工人个体极度缺乏团体关怀，决不会发展到接连选择跳楼自杀的程度。富士康的工人必须两分钟内在主板上贴 18 张胶纸，一天要贴 220 块主板，天天都在接受同一种指令、重复同一个动作，还不用说完不成规定任务的羞辱和处罚……在这样的工作环境下，任何正常人的精神都可能会出问题；压抑、烦恼、郁闷没处倾诉，久之必然在心里埋下"定时炸弹"，一旦触发就将上演一幕人生悲剧。这当然不是说工会的作用仅在于帮老板做员工的"思想工作"，而是如此非人道的工作条件只能在一个工会不发挥任何保护作用的企业里存在。事实上，从事发到现在，所有媒体报道从未出现过

"工会"二字，全国亿万网民、读者也从未想到工会居然和此事有任何关联，本身就已经为工会角色的习惯性缺位做了完美注脚。国内早已习惯了工会的无所作为，一出事就只想到"企业文化"、工作环境，或指责老板"黑心"，而不知道人性化的企业文化和工作环境不是老板出自善意、怜悯或慷慨之举，甚至也不是法律强制规定的结果，而是劳工通过工会参与企业决策为自己争取来的权利。

如果工会由工人选举产生、确实代表工人利益并有权和管理层谈判、参与企业决策，工人还会任由"黑心"老板剥削，长时间从事高强度、高压力的机械工作吗？还会任由企业管理层规定非人道的业务标准，甚至不得不忍受打骂羞辱吗？在一个符合基本人性的工作环境下，怎么还会接连有人走上跳楼自杀的绝路呢？即使一个黑社会成员也不会像富士康工人那样选择自杀，因为他有自己的"哥儿们"保护，他有安全感甚至归属感；他们在一起可能会危害社会，但是他们不会压抑、不会郁闷、不会自杀。反之，如果没有工会保护，那么每个工人个体在资本面前永远是弱势，他们遭受剥削、压榨、欺凌便只是丛林法则运行的自然结果。我们没有必要把资本家妖魔化，其实他们也不希望自己的公司发生有损社会形象的事情；只不过作为理性人，他们在利润最大化的铁律面前顾不了那么多，因而显然不可能指望他们发善心来改变工人的待遇。关键在于通过工会制度改变劳资力量对比，进而制衡资本的贪婪。我们有理由相信，资本主义国家的资本家至少和中国的同样贪婪，但是那里之所以没有发生连环跳楼事件，正是因为那里受宪法保护的工会在有效发挥作用。

当然，有人会说那是因为发达国家压根就没有富士康之类的"血汗工厂"，因为别人不仅经济发展和社会福利水平高，而且工会有效保障了自己的工人，或干脆说正是那里的工会维权等"高人权劣势"把这些工厂赶到了劳动力成本低廉的中国。这似乎成了中国改革和国际资本之间达成的不成文契约：外资之所以选择中国，是因为我们特有的"优势"；中国之所以接受外资及其所附带的"血汗”条件，是因为我们需要“发展”。但是我们真的需要这种以血汗、尊严乃至生命为代价的“发展”吗？这种“发展”除了拉动 GDP 增长、为少数官员增添政绩、耗费大量自然资源、污染子孙后代赖以生存的生态环境之外，究竟会给中国老百姓带来多大好处呢？富士康连环跳楼事件提醒我们，这已经是当代中国人不能不反思的问题。

政府在跳楼事件上能做也应该做的不是别的，正是改变目前 GDP 至上的“发展”模式，同时将宪法第 35 条为工人保障的结社自由落到实处。只要政府继续将 GDP 作为其首要政绩，那么资本家就改变不了利润最大化的本性，因为工会必然只是一个有名无实的摆设乃至助纣为虐的附庸；没有工会的有效保护，富士康连环跳楼之类的悲剧不久将成为我们身边见怪不怪的常事。

工会自治才是企业维稳正道

2010 年 6 月，广东省委书记汪洋公开呼吁"要在非公有制企业中完善工会组织"；全国总工会也发出《关于进一步加强企业工会建设充分发挥企业工会作用的紧急通知》，[1] 要求在外商和港澳台商投资等非公有制企业组建工会，并吸纳农民工进入工会组织，在依法选举工会主席的基础上"独立自主地开展工作"。由此可见，相当部分的外资和港澳台资企业在中国还没有工会。这些企业在国外或港澳台地区必须遵守当地的法律通过选举产生工会，为什么到了大陆就可以游离于国内法律之外而成为"独立王国"呢？如果工会根本不存在，那么工人的基本权利如何得到保障？企业又如何防止工人在基本需求长期得不到满足的情况下采取极端行为？要维持企业稳定、防止富士康悲剧重演，组建工会当然是绕不过的第一步。

然而，工人问题并不是组建一个工会就自动了结的。其实大多数国有企业都有工会，但是这些工会的作用似乎仅限于周末组织看电影、逢年过节发礼品等鸡毛蒜皮的事情上，在工人真正需要代表和保护的时候还是如同不存在一样无所作为，有的甚至帮助老板打压工人。无论是公有制还是非公有制企业，在工会自治得不到保障、工会并不能真正代表工人利益或在企业决策过程中完全缺位的情况下，工人基本权益和企业基本秩序仍然得不到保障，2009 年 7 月发生的"通钢事件"就是一个明证。我相信，包括企业老板在内，没有人愿意看到企业发生暴乱或自杀悲剧。问题在于，如果缺乏健全有效的工会制度，工人的基本利益和诉求得不到尊重，那么这类悲剧就必然会源源不断地发生。国内外正反两方面经验均表明，工

1　"全总发出紧急通知：全力推动非公企业组建工会"，《成都商报》2010 年6 月 5 日。

会自治不仅有效保护了工人的基本利益，而且也保证了企业运营和经济发展的稳定秩序。所谓工会自治，正是让工人选举产生自己的工会，在不受老板等外部势力干预下代表工人的利益，并就工资待遇、医疗保险、劳动条件、职业安全等影响工人切身利益的企业决策进行谈判。

事实上，工会自治是市场经济和现代国家的一个基本要素。如果说国家现代化的基本特征是政府放松管制、企业自主决策和经济市场化，那么工会自治是市场经济得以可持续发展的必要条件。计划经济也许不需要工会，但是市场经济绝对离不开有效的工会，因为市场经济体制将经营决策权从国家下放到私人，老板掌握了决定企业共同体生死的大权；就和不受控制的公权力必然导致滥用和腐败一样，不受控制的私权力同样也会导致滥用并助长贪婪，而国家既已放松微观管制，就不可能亲自纠正企业老板的所作所为。在这种情况下，如果工人缺乏自我保护的机制，那么所谓的"市场经济"只能是弱肉强食的原始丛林，而个体工人显然处于这条"食物链"的末端；久之，长期受到压抑的工人在忍无可忍、丧失希望的情况下必然诉诸非理性行为，进而中断甚至摧毁正常的企业运营和市场秩序。因此，除了宏观调控和社会福利之外，工会自治也是现代国家纠正市场经济负面后果的重要法宝。对于可持续的市场经济来说，企业自主和工会自治犹如机之两翼，相辅相成、不可偏废；要保证市场秩序和企业稳定，政府不仅不能干预甚至压制工人组建自己的工会，而且还要依法积极保护工人加入工会并选举工会代表的宪法权利不受资方破坏和干涉。

概言之，工会自治要求国家健全三个方面的制度。一是工人加入（或选择不加入）工会的宪法自由和选举工会代表的民主权利，二是工会参与企业决策的集体谈判机制，三是积极维权的工会代表不受恐吓骚扰与打击报复的法律保障；只有民主选举才能保证工会真正代表工人利益，只有集体谈判制度才能保证工会有所作为，只有法律保障才能免除工会代表积极维权的后顾之忧。法治国家工会自治经验表明，这些原则说起来容易，具体落实起来是极其复杂的。相比之下，中国的市场经济试验虽然已进行了三十年，工会自治却还没有起步，以至各地企业内部冲突此起彼伏、愈演愈烈。如果此时还不加快健全工会自治的各项制度，至少满足各地工人自发组建工会的民主愿望，那么中国的市场经济将永远是一架只有一个翅膀的飞机；这架失衡的飞机前程如何，自然会让机上所有的乘客担惊受怕。

放宽结社才是维稳正道

2011 年 11 月，广州市民政局发布《关于进一步深化社会组织登记改革助推社会组织发展的通知》，其中规定："除依据国家法律法规规定需前置行政审批外，行业协会、异地商会、公益服务类、社会服务类、经济类、科技类、体育类、文化类社会组织等可以直接向登记管理机关申请登记。"[1]广州社团登记新规简化了登记程序，缩短了审批时间，降低了部分行业协会的准入门槛，尤其是放宽了社团登记限制，突破了"一业一会"的传统限制，允许同一行业根据实际需要成立多个行业协会，对于中国非政府组织的良性发展具有开创性的重大意义，也恰恰是宪法第 35 条规定的结社自由的题中之义。

长期以来，在国内成立一个非赢利组织可谓难比登天，不仅程序繁复、成本高昂，而且受制于"一业一会"等荒唐规定和审批者几乎无限的自由裁量。曾有人开玩笑说，如果当地已经有一个官方正式承认的马列主义学习小组，就不允许再成立第二个，理由是"你们为什么不能在一起学习呢？"这种想当然就和强求不同教派的基督教会在同一个教堂里祷告一样，显然是荒谬的，其潜意识里大概是计划体制的大一统思维在作祟；好像"一个萝卜一个坑""一山不容二虎"，每个行业只需要一个协会就够了，而且也只允许一个协会，不然到底"听谁的？"对于某些政府授权成立并承担行业管理职能的协会，譬如律师协会，这种考虑有一定道理。但是绝大多数协会或团体并没有此类管制职能，譬如工会的职能不是管制工人，而是为工人争取权利。当然，许多国家也规定一个企业只有一个法

1　李强、文燕媚："广州社会组织直接申请登记，同一行业可成立多个协会"，《南方日报》2011 年 11 月 23 日。

律上承认的工会，但这种规定的目的不是限制工人，而恰恰是保护工人的集体力量不会因为内部分化瓦解而受到削弱。如果现在让所有企业的工会都受制于本行业领导，所有行业都受一个"全国总工会"的领导，那么后果必然是这些工会的作用只能限于在节假日发瓶油、发张电影票之类的。

各国历史经验表明，社团是人类个体自我保护的重要机制；通过结社，原本"弱势"的许多个人都变得"强势"起来。我常用的一个例子是美国老年人协会。无论在哪里，也无论在哪方面，已退休的老人都是"弱势"的。即便在具有尊老传统的中国，老人受子女虐待甚至被迫自杀的事例也呈急剧上升趋势。但在美国，他们组成了规模仅次于天主教的第二大协会，在国会山熙熙攘攘的游说集团中少不了他们的代言人。这样一来，原木年老休弱的他们就不再"弱势"了，退休金、医疗保险、养老保障当然也就不用看任何人的眼色，因为法律已经规定了很优厚的退休待遇。通过第一修正案保障的言论和结社自由，美国老年人有效保护了自己的权利和尊严。

反之，没有社团的保护，我们每个人都成了任人欺凌的"弱势群体"，整个社会就成了大吃小、强欺弱的丛林世界。这在工会问题上体现得特别明显。如果不能选举产生代表自己利益的工会，那么每一个工人在老板面前必然是一个弱者，不仅劳动收入受到极大压榨——中国当今最大的"剩余价值"就是工会维权作用缺失产生的，而且生产环境恶劣、工伤事故不断乃至工人心理健康受到严重摧残。正是由于缺乏结社等宪法保障的制度维权机制，中国近年来"身体维权"事件不断发生，从农民工的"跳楼秀"到深圳富士康的"连环跳楼"，从多地出租车司机"罢运"到东航飞行员"空中罢飞"……这些此起彼伏的非理性事件已经严重影响了中国社会的和谐与稳定，其共同根源都是弱势者得不到社团的适当保护，限制结社只能进一步恶化所有人的基本生存环境。要从根本上维护中国社会的和谐稳定，只有像广州新规那样放松结社管制。

广州新规正是延续了改革开放的基本精神，那就是市场经济、市民自治、国退民进。正如托克维尔在《美国的民主》一书中精辟指出，社团是公民自我管理和锻炼自治能力的重要场所，也是社会活力的重要来源；没有社团作为联系个人和国家的中间组织，那么人民只能事事依赖政府的直接保护和管制，由此形成的集权政府本身就是对公民自由的最大威胁。政府管制难免"一放就乱、一管就死"，社会则必然丧失自由的活力和自治的能力。对于中国来说，这个教训可谓"殷鉴不远"，计划经济就是明证；计划体制衰落之后，如果政府继续捆绑着社团自由发展的手脚，在社会管理方面"国退"了，但"民进"却受到阻碍，那么就变相为私人滥权创造了大量空间。改革开放以来，中国民间社团已经得到天翻地覆的发展，对于激发社会活力、促进社会公益发挥了巨大作用，仅汶川地震一例就足以彰显民间组织的能力。但是由于人为的制度约束，中国的民间社团还远没有发挥其应有的促进与保护功能。

当然，政府并非对所有结社都放手不管。某些社团或机构影响重要的公共利益，因而政府可以要求一定的资质并进行监管，譬如教育部门可以审批学历教育、学前教育、自学考试及其它文化教育的民办学校，人力资源和社会保障部门可以审批民办职业培训机构、技工学校等教育机构，卫生部门可以审批的民办非营利性医疗机构等，但是任何政府管制都必须建立在社会公共利益确实要求管制的前提上。绝大多数结社是不需要管制的，绝大多数政府管制只能是结社自由的负担、社会活力的累赘和制造社会不稳定的制度根源。

事实上，就和其它领域的政府管制一样，政府限制结社的理由是为了控制违法团伙等有害组织，但效果往往是"防君子、不防小人"；那些正大光明从事公益事业、希望获得法律承认、需要受到法律保护的社团得不到注册，那些偷鸡摸狗、杀人放火之徒则根本无所谓是否受到任何承认，不可能因为结社限制而停止其违法活动，因而结社限制的惟一作用就是将这些组织从"地上"变成"地下"，反而增加了监管难度。其实即便对于监管来说，放开登记也只有好处、没有坏处；政府可以要求所有社团如实披露必要信息，以便了解掌握社团性质等基本情况。在中国，限制结社政策的另一个后果是将众多非赢利组织赶到工商部门登记，造成非赢利组织、工商注册的另类现象，其管制效果可见一斑。

我们期待广州新规为中国的民间社团发展开创新气象，更期待活跃的民间社团为这个改革开放的发源地注射新的活力。

如何防止"文革"悲剧重演

2012 年 3 月 14 日，在全国人大会议闭幕的记者会上，总理温家宝再次呼吁"政治体制改革，特别是党和国家领导制度的改革"，并告诫道："没有政治体制改革的成功……'文化大革命'这样的历史悲剧还有可能重新发生。"虽然"文革"正式宣告结束已长达 35 年之久，但事实证明，这个警告并非多余。

改革三十多年来，中国从"文革"的百孔千疮中艰难走来，逐步摆脱了计划经济和极左思维的阴影，但令人匪夷所思的是，所谓的"文革遗毒"不禁没有肃清，反而有所扩散，甚至大有死灰复燃之势。由于公权力没有受到宪法的有效约束，人民无从参与改革决策，致使社会贫富差距不断扩大，弱势群体的基本权利乃至生存得不到实质保障，受压迫感和被剥夺感与日俱增。这种现象在本质上是宪法规定的民主决策机制不完善、公民政治参与不充分造成的，但是一个国家的民主实践越匮乏，民主参与的代价就越高昂，而多数人抱着"搭便车"心态，不愿意像乌坎村民那样站起来勇敢捍卫自己的民主权利，宁愿做沉默的"围观者"。其中有些人则在少数人别有用心的鼓噪下简单诉诸仇官、仇富情绪，指望哪一位"救星"再来发动一次"文革"，只等"天下大乱"，自己也能从"打砸抢"中分得一杯羹。

这种情形和"文革"似曾相识。早在 1957 年"反右"和 1958 年"大跃进"等运动中，颁布没几年的 1954 年宪法已经被完全抛弃，领导人的个人意志完全凌驾于宪法和法律之上，宪法规定的权力监督和制约机制遭到严重破坏，无法控制官僚特权腐败和社会不公现象。但是在普通公民的言论自由和民主选举权得不到保障的情况下，他们只能把针对官僚特权的仇视埋在心里，并在最高领袖发动的"文化革命"中骤然爆发出来。在很大程度上，"文革"就是冲着当时的既得利益阶层及其"官二代""红二代"来的，群众的仇官、仇权心理是"文革"一呼百应的重要社会土壤。"文革"的积极分子中当然有领袖指向哪里就冲向哪里的"纯愤青"，但也不乏指望在天下大乱中"咸鱼翻身"的机会主义者。

这种期待当然只是一厢情愿的幻想，即便发生也不会给任何人带来好处。今天如果真的"天下大乱"，那么部分官员或富商确实可能受到冲击，但是如此"折腾"，最后受苦最深重的还是广大百姓。"文革"殷鉴不远，试问究竟有谁是这场浩劫的赢家？也许贫富差距会缩小，但那是因为大家都变得一样贫困；也许贪官污吏会减少，但那是因为社会一穷二白、无财可贪；也许官僚特权看上去少了一点，但那只不过是言论和新闻受到更严格的控制，群众更"不明真相"罢了。在这样的社会，底层百姓究竟能得到什么好处呢？不要忘记，"文革"中死得最多的还不是那些受迫害的"右派""反革命"，而恰恰是在历次武斗中相互残杀和被屠杀的红卫兵们。目前有些网民之所以还在虚拟的"文革"极乐世界中梦游，只能是出于对不远的历史极度无知，以为"文革"就是"唱红打黑"，到头来只会发现自己被那些擅长台上"反美"、台下亲美的"精英"们利用了。

为什么"文革"对中国社会危害深重，却还有为数不少的中国人为之讴歌？这种看似不可理解的现象其实也是政治体制造成的必然后果。"文革"结束后，这场浩劫的制度根源曾受到一定程度的反思。1981 年，《关于建国以来党的若干历史问题的决议》明确否定"文革"，并指出毛泽东的"严重错误"。然而，"文革"思维并没有得到彻底的清算，反思和批判"文革"的言论也受到不同程度的限制，导致人民不能全面了解历史真相。事实上，在一个言论和出版自由受到基本保障的社会，并不难弄清"文革"这点历史，也不难就一些基本问题形成社会共识和常识。然而，一旦宪法规定的基本自由得不到有效保障，不同观点和立场不能自由辩论和交锋，那么黑可以说成白、白可以说成黑，社会就会在基本事实和观点的认同上产生难以弥合的裂痕。正是在这样的言论管制环境下，中国的极左思潮找到了畸形的发展空间。如果政治体制得不到及时改革，那么中国将面临社会共识完全破裂的危险。

要从根本上清理"文革"遗毒并遏制极左思维回潮，只有取消管制、广开言路，而言论自由是改革政治体制和走向宪政的第一步。实际上，改革并不可怕，因为改革的目的无非是真正落实现行宪法和法律的有关规定。正如广东省委书记汪洋指出，乌坎经验其实没有什么"创新"，只不过是老老实实按照宪法和村委会组织法的要求去做而已。真正可怕的是不改革。如果继续维持管制、混淆视听，人民不能依宪选举和监督代表自己利益的官员，滥征强拆、贪污腐败、草菅人命等侵犯基本权利的公权滥用得不到有效控制，那么温家宝警示的"文革"悲剧就离我们不远了。

作者介绍

张千帆：美国德克萨斯大学奥斯汀分校政府学博士，曾任南京大学法学院教授、博士生导师、《南京大学法律评论》主编、中国宪法学会副会长，现任北京大学法学院教授、博士生导师、北京大学人大与议会研究中心主任。主要研究宪政原理、比较宪法、中外政治与道德理论，代表作有《西方宪政体系》（上下册）、《宪法学导论》《宪政原理》《为了人的尊严》《新伦理》《宪政中国——迷途与前路》《宪政三论：自由·法治·民主》等。